禅茶

第一辑

《禅茶》编委会　编

中国文史出版社

图书在版编目（CIP）数据

禅茶．第一辑 /《禅茶》编委会编．-- 北京：中国文史出版社，2019.8
ISBN 978-7-5205-1705-8

Ⅰ．①禅… Ⅱ．①禅… Ⅲ．①禅宗—关系—茶文化—文集 Ⅳ．① B946.5-53 ② TS971.21-53

中国版本图书馆 CIP 数据核字（2019）第 267866 号

责任编辑：秦千里

出版发行：中国文史出版社
社　　址：北京市海淀区西八里庄 69 号院　邮编：100142
电　　话：010-81136606　81136602　81136603（发行部）
传　　真：010-81136655
印　　装：北京金康利印刷有限公司
经　　销：全国新华书店
开　　本：16 开
印　　张：17
字　　数：260 千字
插　　图：55 幅
版　　次：2020 年 1 月北京第 1 版
印　　次：2020 年 1 月第 1 次印刷
定　　价：58.00 元

序

中国是茶的故乡，茶文化的重要发祥地。悠悠几千年的发展，中华民族的茶香弥远、茶韵醇厚。中国茶文化兴于唐朝，盛于宋代，结合了儒释道思想精髓，自成一体，是中国优秀传统文化中的一朵绚丽奇葩。

佛教自古与茶文化有着深厚渊源。禅宗兴盛后，饮茶更是成为寺院禅僧日常修行不可缺少的部分，因此寺院都设有“茶堂”，茶堂西北角有一鼓即“茶鼓”，东北角则为“法鼓”；专门有一管烧水煮茶的“茶头”和尚，有的寺院还设有“施茶僧”；佛教寺院的茶则被称为“寺院茶”。据宋代普济的《五灯会元》载：“问如何是和尚家风？师曰：饭后三碗茶。”

所谓禅茶，要在佛教清净祥和的氛围之下，由专业的人员，即有禅定修为的僧人泡制，喝茶的人通过品茶对人生有所感悟。同时，禅茶就是一种境界，一种特定环境下的感知、感受，对人生的一种感悟。

由于中国当代禅茶文化建设是一个崭新的课题，基础研究薄弱，严重制约着建设的进程，我们佛教界以非功利的思维方式，支持最深层、没有直接经济效益的学术研究，不仅为禅茶的建设，也为中国各界茶文化建设提供发展的坚实基石。在学术研究的基础上，我们还将展开禅茶实践探索，尝试在佛教仪轨中重新摄入茶的要素，把禅茶作为整个佛教戒律的一个途径。因此，我们希望各个寺院、各位僧众以各种方式介入、关注禅茶的研究与实践，这是佛教界无法推卸的责任。

茶文化为中国优秀传统文化的重要组成部分，在实现中华民族复兴中国梦的伟大历史进程中，做好禅茶文化学术与实践两方面的研究和总结，具有非常深远的意义。

杭州灵隐寺、中国国际茶文化研究会禅茶研究中心每年都将举办具有学术原创性和实践开拓性的禅茶文化论坛；为禅茶研究提供科研经费，鼓励学术研究深入展开；最后将这些研究成果社会化，供社会各领域、佛教各寺院、茶艺各流派参考、借鉴、批评。

本论文集经过深入挖掘、探讨和整理，汇集了全国各地学者以及部分海外学者以禅茶文化为中心的茶文化研究成果，希望能为我国茶文化的发展与建设贡献出我们的一份微薄之力。

己亥年冬月

灵隐光泉于丈室

目 录

清规研究

相关研究

理论与方法

东亚文化共同体视域下的茶与禅

张建立

茶禅文化，在其漫长的形成发展过程中，蕴含了大量的民族精神积淀，不仅早已发展成为以中国为中心包括朝鲜半岛和日本在内的东亚文明圈共同的文化资源，而且也已成为增进东亚文明圈与欧洲文明圈、伊斯兰文明圈、南亚佛教文明圈的连带感的共同文化财富。在全球化、信息化突飞猛进、人与物的跨界移动、交流日益频繁便捷的今天，我们探讨茶禅文化既要着眼于某一国家民族文化层面各美其美式的研究，亦应该拓展研究视野，关注东亚乃至全球视域下的茶禅文化建构问题，从而为新时代的亚洲文明乃至世界文明建设发挥中华文化的重要作用。本文拟先通过简要回顾东亚共同体建设的历史过程，阐释加快构建东亚文化共同体的重要性和必要性；其次，主要通过对中国、朝鲜半岛以及日本的茶禅文化历史与现状的简要梳理，探讨将茶禅文化作为构建新时代东亚文化共同体路径之一的可能性。

一、东亚共同体建设的历史回顾

在东亚历史上，曾经影响最为深远的国际关系体系，就是与条约体系、殖民体系并称的朝贡体系。这是一个自秦、汉统一直至清王朝灭亡两千多年来实际存在的东亚国际秩序，是一个以中国中原地区政权为核心的等级制网状政治秩序。在这个体制中，中国中原政权处于中心地位，包括日本在内的各朝贡国承认这种地位，并依据与中央政权关系的远近，定期或不定期地以某种形式向其表达敬意，但在大部分时间内，日本处在该体制的边缘。朝贡体系内的国际秩序，是基于中国人的集团缔结原则来维持的。[①] 也就是说，朝贡体系不是基于阶级、信仰、种族、力量强弱等非自然因素，而是基于亲疏、内外、远近等主要来自家庭成员的差别来定位体系内的各个国家。19 世纪朝贡体系崩溃之后，在东亚地区至今尚未建立起一个稳定的国际秩序。日本一直试图建立以日本为中心的东亚国际秩序，诸如第二次世界大战时期的“大东亚共荣圈”、战后的“东亚共同体”构想。可以说这些都是自朝贡体系崩溃之后探索新的东亚国际秩序的产物。

第二次世界大战时期的“大东亚共荣圈”，是一种殖民体系下的东亚国际秩序构想。虽然很多昭和初期的日本知识分子，如“亚洲主义”的论客们，以及西田哲学系统的历史哲学者、政治学家等都纷纷被动员起来，甚至他们有的是自己主动参与了“大东亚共荣圈”理论的建构工作，[②] 但是，这种仿效西方殖民主义价值观、意欲以武力一统东亚、实现日本独霸东亚的“大东亚共荣圈”，令东亚人深恶痛绝，并早已遭到了东亚人的唾弃。

第二次世界大战后的东亚共同体建设是一个涉及经济、政治、安全与文化等多个方面的综合工程，因其缘起于危机推动的经济合作并较其他领域的合作卓有成效，所以学者们大多将东亚共同体建设在 21 世纪初的快速发展归结为经济利益的驱动。例如，有观点甚至认为，“如果 10+3 能够达成汇率稳定机制协议，通往东亚共同体之路就近在眼前了，剩下的任务就是完善安全保障环境”。[③] 也有学者从“地理与文化”“经济和贸易”“政治同安全”“法律及社会”四个不同层面，透视东亚共同体概念的复杂多样性，指出“东亚共同体的建设，只能从经贸领域的合作与协商开始，逐渐伸向政治和文化各个方向的交流、理解与信任，再朝着军事互信和安全机制的深层次拓展，最终走向东亚社

① 尚会鹏：《“伦人”与“天下”：解读以朝贡体系为核心的古代东亚国际秩序》”，《国际政治研究》2009 年第 2 期。

② （日）子安宣邦著、赵京华编译：《东亚论 日本现代思想批判》，吉林人民出版社，2004，第 51—54 页。

③ 石田护：《关于东亚共同体的重新思考：从功能性路径到制度性路径》，《国际经济评论》2014 年第 3 期。

会和价值的全面制度化建设。这不止是实践和政策操作上的由易到难，也是理论和逻辑分析时的从低到高”[①]从功能性路径转换到制度性路径，优先经济合作，逐次向其他领域深层拓展来建构东亚共同体，此类观点目前似乎已经成为大部分学者关于东亚共同体建设的共识。但恰如有的学者所指出的那样：“经济联系的加强、抵御风险的需要以及经贸合作的收益确实是东亚合作启动和快速发展的直接原因，但是仅仅用经济利益来解释东亚共同体这个集体身份符号的快速兴起是不充分的。”[②]

地区共同体建设，实质上也是一种秩序模式的塑造。从这个意义上来讲，有史以来，东亚地区曾先后出现过几种不同的秩序模式，即以中国为中心的东亚“朝贡体系”、以日本为中心的“大东亚共荣圈”，及以近年来“10+3”机制（东盟十国和中国、日本、韩国）为建设主体的尚未成形的东亚共同体模式。虽然“东亚共同体”或“东亚人”作为东亚地区集体身份符号的出现和引发关注是21世纪以后的事情，[③]但亦恰如有学者指出的那样，作为一个与“欧洲”“西方”对应的“东亚文化共同体”在17世纪中叶以前亦曾存在过。[④]温故知新，东亚共同体的建设并非仅是一个只能由经济到政治、安全、文化的线性推进工程。东亚共同体的兴起与消退，暗示了仅靠经济一体化带动东亚共同体建设的方法存在缺陷。东亚究竟有无结成共同体的可能，虽然不能忽视在经济等领域合作的推动作用，但更重要的还是在于如何通过加强东亚文化共同体的建设，增进东亚各族人民对彼此的文化价值体系的理解和认可，最终形成作为“东亚人”的身份认同。构建东亚文化共同体的路径有很多，茶禅文化作为

---

① 王逸舟:《“东亚共同体”概念辨识》，纪念中国现代国际关系研究院建院30周年《现代国际关系》2010年庆典特刊。

② 季玲:《情感、身份确认与社会身份的再生产——兼论“东亚共同体”符号的兴起与消退》，外交学院2011级博士研究生学位论文，第10页。

③ 2001年，由东亚知名学者组成的东亚展望小组（East Asia Vision Group，简称EAVG）向10+3领导人会议提交了题为《走向东亚共同体：一个和平、繁荣和进步的地区》的研究报告，正式提出了建立一个“东亚共同体”的地区一体化设想。参见“Toards an East Asian Community: Region of Peace，Prosperity and Progress”，East Asia Vision Group Report，2001，http://.mofa.go.jp/region/asia-paci/report2001.pdf.

④ 葛兆光:《从“朝天”到“燕行”——17世纪中叶后东亚文化共同体的解体》，《中华文史论丛》（总第八十一辑）2006年第1期。

东亚各族人民和平友好交流的产物，在新时代无疑可作为推动东亚文化共同体建设的重要路径。

二、东亚文化共同体中的佛教与茶

中国、朝鲜半岛以及日本等东亚主要国家的茶文化发展都与佛教有着千丝万缕的联系。正所谓，天下名山僧多占，自古高僧爱品茶。佛教与茶因缘深长，对促进茶文化的发展功不可没。据约卒于唐代贞元(785—805)末年的封演在其《封氏闻见记》卷六“饮茶”中记载：“茶早采者为茶，晚采者为茗。《本草》云：‘止渴，令人不眠。’南人好饮之，北人初不多饮。开元（713—741）中，泰山灵岩寺有降魔师大兴禅教，学禅务于不寐，又不夕食，皆许其饮茶。人自怀夹，到处煮饮，从此转相仿效，遂成风俗。自邹、齐、沧、棣，渐至京邑，城市多开店铺煎茶卖之，不问道俗，投钱取饮。”[①] 可以说，没有佛教僧侣传茶，没有寺院茶园，东亚茶禅文化就会成为无源之水、无本之木，也就更谈不上对人的生物性需求的基本满足；没有佛教特别是其中的禅的影响，东亚茶禅文化恐怕就不会发展成为介于世俗生活与宗教之间的综合性生活文化，也就难以被提升到“道”的精神高度。

现代韩国茶人尊奉朝鲜时代末期的草衣禅师(1786—1866)为其茶文化的集大成者。草茶文化的发展奠定了基础，因此又被称为韩国的茶圣。

日本茶文化的发展更是得益于佛教的助力，毋庸赘言。不仅仅是茶叶的传入得益于空海、最澄、荣西等大德高僧，日本茶道的开山村田珠光与集大成者千利休亦皆为禅学修为极高之人。日本茶道的茶会可谓是“用餐仪礼”与“饮茶仪礼”的一种精美的组合。对于将日本茶道视为修行得道的指月之指的修习者们而言，举办茶会的过程，既是修禅求道、证道的过程，也是悟道的过程。茶室壁龛间，常常会见到挂有“步步是道场”“直心是道场”“平常心是道”

---

① （唐）封演撰、赵贞信校注：《封氏闻见记校注（卷六）》，中华书局2005年，第51页。

等禅僧的墨宝，茶人们经常在各种场合以这种禅语来提醒自己努力修炼和永葆毫无造作、不浮不躁、不卑不亢、不贪不嗔的“和敬清寂”之心，使自己的举止言动没有一丝一毫的“不合理、徒劳无益、参差不齐”，这不仅是一个精神层面的要求，也是准备怀石、点茶、吃茶法的技术层面上的要求。

关于中国、韩国、日本茶文化发展与佛教的关系，特别是关于清规中的饮茶等，已经有很多深入的研究，不复赘言。篇幅所限，在此，侧重介绍日本佛教中禅宗清规之外的“季御读经引茶”中的饮茶礼仪，以供今后探讨构建新时代东亚茶禅文化参考。

学习日本茶道，其基本程序是先学习行礼、寒暄的方法，接下来学习每一个茶道具的操作方法及其相关知识，然后是由浅入深地学习各种点炭、点茶的方法及其相关知识，这些分步修习的最终目的就是为了能够完成一次理想的茶会。要想成功举办一次茶会，不仅要学习如何做主人，还要学习如何做客人。茶会是“用餐仪礼”与“饮茶仪礼”的一种组合。因此，当学会点茶、吃茶做法后，还得再学会制作和品尝怀石料理的礼法。只有对作为主人和客人的所有角色、职责都修习完毕，并做到了如指掌、熟稔于胸之后，方可去尝试独立做茶会，体会茶道的妙谛。笔者是在对日本茶道的茶会等有了一定的实践体验后才去阅读古文献的，所以当浏览“引茶”等早期宗教法会上的饮茶仪礼记录时，笔者的第一个感觉就是，这些文献中记录的实质就是僧侣们习茶的分解动作。

关于法会上最早记录的饮茶仪式，就是“季御读经”的“引茶”。在9世纪后半期，四季或两季的三天或四天的御读经时，在第二天或第三天进行“引茶”仪式，这已成为惯例。其后，“季御读经”的“引茶”作为显密寺院的例行法事，一直延续至镰仓时代中期左右。[①]

关于记述“季御读经”时“引茶”的史料有很多。例如，平亲信的《亲信卿记》天禄三年（972）8月24日条中记有“侍臣施煎茶于众僧，相加甘葛煎及厚朴和生姜等，随用施之”；同记天延二年（974）8月15日条中记有“季

① 张建立：《平安时代至镰仓时代的制茶》，《艺能史研究》2001年第155号。

御读经杂事，……可召仰诸司、内藏御、差油、脂烛布、土器、托盘、瓶子、生姜、布施……药殿申请云，茶七十枚、生姜九升”；[①]《西宫记》“季御读经”项中记有“召内藏寮生姜、托盘、土器九百口，召典药厚朴为引茶料”等[②]；1115年至1118年间成立的《云图抄》的背书记载：“次藏人三人，最前人，居土器廿口于托盘持之，次人持茶，近代次人持甘葛煎，已上入土瓶”，“先甘葛，次茶，各饮之”[③]；《山槐记》仁平二年（1152）8月22日条中记有“廿二日甲申天晴，时时雨降，参内，引茶役四位显成朝臣，五位伊长，藏人宪定，非藏人家辅持土器土瓶等，临刻限，茶不候之由，行事小舍人为恐申上之，不足言，参内之后责出引茶了，不可说事也，如然事非大事，行事藏人，出纳及小舍人可存事欤，南殿引茶杂色源盛赖云々”。[④]

从这些史料记载来看，“季御读经”“引茶”的准备工作以及“引茶”当天都需要很多人。例如，内藏寮要负责准备“托盘、土器、瓶、碗”等点茶、吃茶用具；典药寮要负责准备“厚朴、茶”等物品；行事小舍人以及被称为“杂色”的无位之人负责磨茶；相当于四位、五位、六位级别官职者担当负责点茶的“引茶役”；藏人各自负责拿茶托、端茶碗；“施煎茶于众僧”的侍臣负责为众僧分茶；等等。这些人可能只是在按照以往约定俗成的做法，在各司其职，各尽其责，例行公事。当然，偶尔也免不了出错，如《山槐记》仁平二年（1152）8月22日条中记载，在22日这天进行“引茶”的时候，负责磨茶的行事小舍人、杂色等就未能及时将茶磨好备用。这些史料记载为我们描绘了一幅“引茶”时的忙乱景象，每每浏览这些文献记录，笔者都会情不自禁想起自己最初修习日本茶道时的情景。“引茶”时所需的同样的工作，在日本茶道中已经变得井然有序，日本茶道将这些分散的工作职责都变成了由主人和客人双方共同承担的工作，虽也有约定的点茶、吃茶之法，但在约定的做法范围内，茶人可以自主地表达自己对日本茶道精神“侘”的理解。但是，在能够独

① 東京大学史料編纂所編：《大日本史料第1编之14》，東京大学出版会1965年。
② 近藤瓶城編：《史籍集覧・編外（西宮記）》，近藤出版部1932年。
③ 塙保己一編：《群書類従・第五輯》，経済雑誌社1902年。
④ 藤原忠親：《山槐记》，日本史籍保存会1916年。

立举办茶会，表达自己对日本茶道精神“侘”的理解之前，必须得一样一样地从最基本的打扫庭院、洗涮茶器、备茶、汲水、备炭等琐细的工作开始慢慢地学习方可。只有在师傅的指导下、在同伴们的帮助下将所有的动作都了熟于胸后，方可独自一人去承担主客之职，方能有更大的余裕去体悟出一点点可意会却难以言传的东西。

另外，“引茶”时可随用施之的“甘葛煎及厚朴和生姜汤等”，在茶会中变成了正式入席前在候客室里饮用的“香煎”。当然了，现代茶人做茶会很少会使用甘葛煎、厚朴、生姜汤来做香煎的，但在形式上并没有丝毫改变。再者，茶会用茶与“引茶”仪式上吃的茶一样，都使用粉末状茶——抹茶来点服，茶点好后，正式茶会时，像“引茶”那样又负责点茶的人送到饮者面前的情况不多，一般是由客人自己来取用。

法会饮茶不仅仅是“季御读经”第二天进行的“引茶”，举行北斗修法等法会时也有饮茶仪式，如日本古文书《醍醐寺文书》“二二五号北斗御修法用途注文案”（建长 8 年，1256）中记载，为了消除灾祸进行北斗修法，法会间不仅要向佛供茶，而且还要给参加法会的人献茶。另外，作为御影供的布施也会向僧侣赠茶，在举办相应的法会期间为僧侣献茶也是极为自然之事。此外，各种称之为“讲”的宗教集会的饮茶更是必不可少。例如，《权记》长保三年（1001）9 月 17 日条记载：“御八讲了，夕座法用之后……升立茶煎具。”

总之，法会的吃茶礼仪，可以说为日本茶道的吃茶法提供了可资借鉴的文化要素，甚至可以讲，法会的吃茶礼仪实质就是日本茶道吃茶法的分解演练。另外，法会的吃茶礼仪虽也有一定的惯例可循，但总体而言，包括“季御读经”第二天进行的“引茶”在内，大多还是侧重于吃茶解渴解乏的生物性需求层面。与之相对，禅林的饮茶，则强化了吃茶的求道性，为“茶会”发展成为能够满足人们精神需求的文化形式，发挥了重要作用。

三、东亚各族人民生活文化中的茶礼

说起佛教与茶，特别是所谓的茶禅一味，总给人一种严肃的修行之感。毋庸赘言，在东亚各族人民的日常生活中，对茶的利用是丰富多彩的，还存在着有别于佛教法会或者清规中的饮茶方式的茶礼。早在宋代官至礼部尚书的黄裳（1043—1139）就曾在其著作《演山集》卷四十六中称：“茶之为物，祛积也灵，寤昏也清。宾客相见，以行爱恭之情者也。天下之人不能废茶，犹其不能废酒，非特适人之情也，礼之所在焉。”①正因用茶为礼，小小的一片茶叶，才得以成为东亚民族精神文化的重要载体。纵览古今，东亚地域各民族，无分贵贱贫富，以茶待客乃是其用茶为礼的主要形态。

客来奉茶，如今在东亚地域早已是司空见惯的文化现象。这一待客之礼，初见于中国《晋书》列传第四十七“陆纳传”：“谢安尝欲诣纳，而纳殊无供办。其兄子俶不敢问之，乃密为之具。安既至，纳所设唯茶果而已。俶遂陈盛馔，珍羞毕具。客罢，纳大怒曰：‘汝不能光益父叔，乃复秽我素业邪！’于是杖之四十。”②从现存文献记录来看，这在当时应该尚属个别文化现象。

到了唐代，如前述唐代封演《封氏闻见记》卷六“饮茶”所记载的那样，饮茶蔚然成风，茶文化日趋成熟，以茶待客的礼仪亦日趋丰富并得以普及。最早的茶会记录，亦是见于唐代。《太平广记》记载，奚陟(745—799)“为吏部侍郎，时人方渐以茶为上味。日事修洁。陟性素奢，先为茶品一副，余公卿家未之有也。风炉越瓯，碗托角匕，甚佳妙。时已热，餐罢，因请同舍外郎就厅茶会。陟为主人，东面首坐。坐者二十余人。两瓯缓行，盛又至少，揖客自西面始，杂以笑语，其茶益迟。陟先有痟疾，加之热乏，茶不可得，燥闷颇极”。③陆羽（732—804）《茶经》“六之饮”记载：“若坐客数至五行三碗，至七行五碗。”④《太平广记》与《茶经》的记载，既反映了唐代以茶待客以及专门邀客奉茶的礼仪已经日趋完备且很普及，也说明当时的茶礼仪式并未形成一个通行的规范，所以才会出现“坐者二十余人。两瓯缓行”与“若坐客数至五行

① （宋）黄裳：《演山集》卷四十六第 3 页，收录于《景印文渊阁四库全书集部·别集类》，中国台北：台湾商务印书馆 1985 年。

② （唐）房玄龄、褚遂良、许敬宗等编撰：《晋书》，中华书局 1974 年版，第 2027 页。

③ （宋）李昉：《太平广记梦二》第六册，卷二百七十七，中华书局 1961 年，第 2198—2199 页。

④ 千宗室主编：《茶道古典全集》(第 1 卷)，淡交社 1956 年，第 107—108 页。

三碗，至七行五碗”的区别。

唐代以后，宋元时期的茶书也很多，但其内容大多侧重于细化点好一碗茶的技巧方面的记述，鲜见对客人提出要求。换言之，以茶待客，更注重的是作为主人在点茶技巧方面的修为，似乎只要主人能够拥有丰富的茶知识，就自然能够为客人奉上一碗可口的茶。到了明代，由于明太祖朱元璋下诏废除团茶，改制叶茶为贡，[①]这不仅使自明代之后的制茶、饮茶方式及茶器都发生了根本变化，而且以茶待客的观念也发生了一些转变。陆羽《茶经》称茶“为饮最宜精行俭德之人”，可谓是对主客品行方面的一个共性规范。但到了明代，如陆树声著《茶寮记》（1570 年前后撰）不仅提出了对主人品行的规范，而且还单独提出了对客人的要求。“一人品煎茶非漫浪，要须其人与茶品相得。故其法每传于高流隐逸、有云霞石泉磊块胸次间者。”“六茶侣翰卿墨客，缁流羽士，逸老散人，或轩冕之徒，超轶世味者。”[②]明代茶人张源在《茶录》（1595 年前后成书）中直接提出了饮茶以客少为贵的观点，“饮茶以客少为贵，客众则喧，喧则雅趣乏矣。独啜曰神，二客曰胜，三四曰趣，五六曰泛，七八曰施”。[③]明代茶人许次纾 (1549—1604) 在其《茶疏》里还特设“论客”一节专论茶客：“宾朋杂沓，止堪交错觥筹；乍会泛交，仅须常品酬酢。惟素心同调，彼此畅适，清言雄辩，脱略形骸，始可呼童篝火，酌水点汤。量客多少，为役之烦简。三人以下，止若一炉，如五六人，便当两鼎炉。用一童，汤方调适。若还兼作，恐有参差。客若众多，姑且罢火，不妨中茶投果，出自内局。”及至今天，无论中国大陆，还是中国港澳台地区，高雅别致的茶馆、茶空间开遍大小城市和乡镇，丰富多彩的茶艺亦不断推陈出新，茶礼文化的发展又迎来了一个鼎盛时期。

比较而言，据朝鲜史书《三国史记》记载，虽然早在善德王（？—647）时代，茶就已经从中国传到朝鲜半岛，到了兴德王 (？—836) 时代，饮茶在朝

① 《明太祖实录》（第 212 卷），中国台北：“中央研究院历史语言研究所”，1962 年，第 3143—3144 页。

② 布目潮沨编：《中国茶书全集》（上），日本汲古书店 1987 年，第 145—146 页。

③ 布目潮沨编：《中国茶书全集》（上），日本汲古书店 1987 年，第 252 页。

鲜半岛已经很兴盛了，[①]但在朝鲜半岛，特别是在近代以前从未能达到过像中国唐代那种茶铺遍地“不问道俗，投钱取饮”的程度，朝鲜半岛的饮茶还主要局限于一些贵族阶层或寺院僧众。据朝鲜王朝实录记载，朝鲜王朝的“茶礼”一直是朝鲜国王或王世子招待来自宋、明朝廷使者的重要外交礼仪。世宗十五年（1433年）十二月条甚至还明确规定：“本国大小使客勿设茶礼。”[②]现代韩国较为流行的一些茶礼形式，如高句丽行茶法、忠谈禅师行茶法、四仙行茶法、八关会行茶法、献供弥勒三尊茶礼、献供青铜弥勒大佛茶礼、茗园八正禅茶法、朝鲜时代佳会闺秀茶礼、士人茶礼等等，[③]其传习者大多称创制该茶礼是依据朝鲜王朝的各类传说典故等，但由于真正能较全面准确地反应朝鲜半岛茶礼发展情况的可考文献史料相当少，所以当下流行的许多韩国茶礼形式，其实多为中国茶礼与日本茶礼要素的拼盘产品。唯一较为完整地记述了朝鲜王朝茶礼的史料，除了宋徽宗宣和六年（1124）国信使徐兢（1091—1153）出使高丽回国后写的见闻录《宣和奉使高丽图经》第32卷“器皿三茶俎”篇之外，大概就是朝鲜世宗（1397—1450）时代的历史记录《世宗庄宪大王实录》里收录的“宴朝廷使仪”吧。据该文献记载，“宴朝廷使仪”，以“茶礼”开始，以“酒礼”结束。主持“茶礼”是朝鲜国王或王世子才拥有的特权，而且当时能够享受“茶礼”的也仅限于来自中国朝廷的使者，接待“邻国如日本、琉球国之类使者”只设酒宴招待，并无茶礼。[④]现代韩国流行的五花八门的茶礼形式，几乎没有参照上述两份唯一较全面记录朝鲜半岛茶礼的可考文献。

日本的饮茶略滞后于朝鲜半岛。茶初传日本也是被视为贵重物品对待的，以茶待客的礼仪最初也仅局限于贵族阶层和富裕的寺院僧众。例如，日本后花园天皇之父贞成亲王（1371—1456）的日记《看闻御记》中有很多关于寺院与

① 金富轼：《三国史·三》（第10卷）第15页，首尔：国立首尔大学校奎章阁韩国学研究院收藏。

② 《世宗庄宪大王实录》（第62卷）第25页，首尔：国立首尔大学校奎章阁韩国学研究院收藏。

③ 林瑞萱：《中日韩英四国茶道》，中华书局，2008年，第137—163页。

④ 《世宗庄宪大王实录》（第133卷）第47—48页，首尔：国立首尔大学校奎章阁韩国学研究院收藏。

公家贵族间日常生活中的“茶礼”记录。《看闻御记》应永二十三年（1416）十二月二十五日条：“先拈香，次诵经，次斋食，茶礼了。”[①]应永二十七年（1420）四月二日条：“退藏庵坊主参，对面。于客殿有茶礼，坊主暂杂谈了，归。”[②]应永二十八年（1421）正月十三日条：“崇光院烧香，次于地藏殿谒见长老有茶礼。”[③]应永三十二年（1425）七月八日条：“明元等参来，有茶礼。去夜连歌百韵赓了，人数同前。”[④]室町时代中期有代表性的五山文学禅僧、东福寺住持季弘大叔著《蔗轩日录》文明十七年（1484）十一月一日条：“一众来贺，茶礼如常。”[⑤]寺院里每逢重大活动都少不了茶礼待客。例如，大德寺现存的古文书记录中，宽永十八年（1641）六月的“九八一大德寺入院式掟书”记述了评选大德寺新住持及其入院仪式要求，其中规定在四个时间，即方丈评议开始时、新住持决定时、带来侍真证书时、请出法衣时都要“茶礼如常”。并且，在新住持被推举出来时举办的茶礼要伴有酒食，由简单的饭食、3次酒、5种果子与茶构成。其他三种情况，可只有茶礼，不用上酒食。[⑥]由于日本的地理环境适合种茶的地方较多，随着各类大小茶园的开辟，茶叶的自给自足度不断增强，茶叶的质量也不断提升，饮茶风习也越发得以普及，甚至出现了很多“一服一钱茶”[⑦]的庶民卖茶摊点，以茶待客的茶礼也益发得到普及。

此外，在日本，就像高丽、朝鲜王朝迎接明朝使节时要举行“茶礼”一样，在接待中国朝廷使者时也会举办茶礼。例如，据《满济准后日记》永享六年（1434）六月五日条记载，当时室町幕府将军迎接明朝使节时亦举行了茶礼。首先，明朝使节将天子诏书放置在备好的高桌之上；然后，烧香二拜，宣

① 《続群書類従補遺二 看聞御記（上）》，続群書類従完成会1930年，第58页。

② 《続群書類従補遺二 看聞御記（上）》，続群書類従完成会1930年，第234页。

③ 同上，第284页。

④ 同上，第507页。

⑤ 东京大学史料编纂所编：《大日本古记录(第3)・蔗軒日録》，岩波书店1953年，第112页。

⑥ 东京大学史料编纂所编：《大日本古文书　家わけ第十七（大德寺文书之二）》，东京大学出版会1971年，第321—323页。

⑦ 丹生谷哲一：《一服一钱茶小考》，《立命馆文学》第509号，1998年12月。

读诏书，日本幕府将军接收诏书致谢；最后，日本遵循应永九年(1402)的惯例举行茶礼接待明朝使节。但由于经久不做，加之其时日本茶礼与“唐礼”（即中国茶礼）已经有所不同，负责茶礼的内官还出现了拿错建盏的失误，等等。[①]

目前，提起日本茶文化，大家很自然地会联想到日本茶道。特别是很多日本茶道修习者，甚至还会拘泥于“茶之汤”或“侘茶”这一称呼，就连对“茶道”一词的日语读法也都不一致，有的读“ちゃどう（cyadou）”，有的读“さどう（sadou）”。[②]其实，从日本自19世纪末至20世纪初出版的一些生活百科全书及事典类书来看，直至20世纪初，更多的日本人把所谓的日本“茶道”、“茶之汤”或“侘茶”都统称为“茶礼”。例如，1887年出版的生活百科全书《现今万宝新书》第118节特以“茶礼之起源”为题，阐述日本从中国移栽茶树最早始于日本桓武天皇，茶道之礼式形成于足利义政（1436—1490）公之时，经珠光传授给武野绍鸥，再传至千利休得以大成，日本茶礼诸流派均出自千家。[③]1918年刊行的《广文库》收录的《近代世事谈》（1734）中记载：“茶礼之式始于东山义政公”，“茶礼乃仿照禅家隐遁之风体，学其朴素闲静而创”，无贵贱区隔，武士也不许带刀，主客促膝而坐，坦诚相待，闲适悠然。能阿弥、南都称名寺的珠光、武野绍鸥、千利休等都是非常有名的茶人。[④]1930年刊行的《古事类苑》收录的《茶人大系谱》（1832）介绍武野绍鸥时，称其“从宗陈宗悟二居士受茶术。……时茶礼大起，传其术于千宗易”。[⑤]如果按照日本人一般的理解，“茶礼”是奉行“和敬清寂”这一精神理念的“茶道”、“茶之汤”或“侘茶”的别名或统称的话，那么，我们也就可以说，滥觞于中国唐宋时期的“茶礼”，传到日本，发展成了“和敬清寂”理念的主要载体。

① 《続群書類従補遺二　満済准后日記》，続群書類従完成会1928年，第584页。.

② NHK放送文化研究所：《茶道》の読み，https://.nhk.or.jp/bunken/summary/kotoba/term/005.html

③ 《现今万宝新书：百般实用》，大阪共友出版1887年，第123页。

④ 物集高見：《広文库》(第12册)，広文库刊行会1918年，第989页。

⑤ 神官司庁编：《古事类苑》(第48册)，古事类苑刊行会1930年，第603页。

四、结语

通过以上简要的梳理可知，茶禅文化虽然早已发展成为以中国为中心包括朝鲜半岛和日本在内的东亚文明圈共同的文化资源，但是，其文化形态则因国而异，不尽相同。打造新时代的茶禅文化，显然不能仅仅是对既往禅院清规饮茶的翻版，既要考虑以茶禅修道者的特殊性，亦应该照顾到面向普通民众的普适性。即使是站在推动东亚文化共同体建设的立场上来思考禅茶文化，也不能将其打造成为某些人自以为是的各种文化要素穿越历史、跨越国界的异文化要素的简单拼盘。

茶叶虽小，其力量却不容小觑。如果历史允许假设，如果没有 1773 年 12 月 16 日波士顿倾茶事件引发的美国独立战争，那么即使是最擅长预测的国际政治学者，恐怕也难以推知今天的国际格局将是怎样的情形吧。茶因禅传，禅因茶兴。禅茶文化的发展不应仅停留在中、日、韩三国各美其美、美人之美的层面，还应放眼世界，追求美美与共，努力避免用民族国家的边界来切割东亚共有文化的思路，进一步加强茶禅文化历史的研究，并与时俱进地取舍古老的茶禅文化资源，打造面向未来引领东亚乃至世界的茶禅文化，使其作为未来东亚国家之间共同合作、共同生存、共同繁荣的文化资源，为新的世界秩序重构再立新功。

（张建立　中国社会科学院日本研究所）

中日茶道哲学的比较研究

李萍

茶原本只是万千植物中的一种，因被人发现并将其药用、食用、饮用而成为了“人化的物种”。中国文人、士大夫、僧侣们将饮茶活动仪式化、审美化从而使茶进入到与人共在的意义世界，茶道因而出现。保持长久饮茶习惯或者具有茶文化传统的不同民族或不同地区的人们，从多个侧面和视角解读茶与人、茶与生命的关系，也就有了各自的茶道体系。就国际而言，最为典型的就是中国的茶道与日本的茶道；就国内而言，中国各地不同茶产区盛行风格迥异的茶道；等等。茶道哲学则是对茶道进行的反思，即再思考茶道内蕴的基本精神、思维方式、价值体系、审美判断、信仰命题等等。本文将从比较哲学的视角对中日茶道哲学做出初步探讨。

一、何谓茶道和茶道哲学

从字义上说，茶道意指基于茶自身的性质而淬炼出的精神世界。就茶自身的性质而言，它无疑首先是一片树叶，是可以被加工成适合人类食用和饮用的植物，因此，茶本身并无道，是人的淬炼才将茶上升为载道、悟道的工具，从而有了茶道，所以，茶道要依靠人的主体性意志和生命智慧去把握。这就意味着茶道不过是由茶体会道，品茶的过程只是方便法门，至于饮茶者是否体会到了、体会到了怎样的水平，这些都与当事人自身的悟性有关，不难理解，每个人对茶道的领悟是完全不同的。

众所周知，《茶经》是一本影响深远的茶书，《茶经》作者陆羽的伟大贡献就是提出了“清饮法”。他设置了一系列判断好茶、好茶汤、好茶器的标准，密切了茶汤与人的关联，提升了品茶活动在日常生活世界的地位，自此中国人开始将“茶事”作为生活中的一个重要事件。陆羽无疑是中华茶文化的主要构建者和集大成者，然而，他并不是中华茶道的提出者。通读《茶经》就会发现，陆羽论述的重心是茶而非道，《茶经》主要谈的是如何制作出好茶、如何像样地喝一杯好茶，全文并未出现“茶道”一词。尽管如此，唐代依然为中国茶文化涂上了浓重的一笔，陆羽以及同时代的唐代文人、士大夫们习茶品茶、撰文立说，为中华茶道的提出做了充分的思想铺垫。

宋代是众多中国式传统文化现象得到深化、精致并达到顶盛的时期。在饮茶方面，宋代饮茶不再往茶水中添加香料等其他味重之物，甚至陆羽唯一保留的加盐做法也被抛弃，单纯的茶汤之原味得到突出。宋代盛行的是点茶法，将茶饼碾成细末，置于茶盏中，先注少量沸水调成膏状，继之边注沸水边用茶筅击拂茶盏中的茶汤，使之产生泡沫后饮用。饮茶方式是细咽慢啜式，喝茶的过程被延长了，其间就出现了煮茶者（茶主）和饮茶者（茶客）之间的互动，因茶而发问内心，由此反观周遭世界，意欲升至物我两忘的超然境界，这才开始触及茶道[①]的真谛，进入茶道之境。

一般而言，哲学是一种批判性反思，它的研究对象是思想或意识，而非直接的物或现象，它的分析工具以定性研究为主。因此，茶本身或饮茶活动都不能直接构成哲学的对象，但茶道可以是哲学分析的对象，茶道哲学研究是对茶道做出的再思考，旨在揭示品茶、饮茶等活动背后包含的精神、观念、意识等思想层面及其本质。茶本身不是哲学的对象，单纯的饮茶活动也没有什么哲学意蕴，茶道的注入才使得喝茶演变成品茗，品茗的过程是一种精神调节和自我

① “茶道”一词在西方文献中通常被翻译为“the tea ceremony”或者“the cult of tea”。冈仓天心 1906 年用英语完成的《茶之书》则采用了“teaism”一词，构成他的“茶之学说”（teaism）的思想来源是佛教禅宗，他突出强调的是这样的“茶之学说”创造出的审美意义。本文所谈的“茶道”虽然也倾向于采纳 teaism 一词来翻译，但主要强调的是“茶之悟”，即品茶者在饮茶过程中所产生的关于己与心灵、己与人、己与自然等关系的启示。这样的茶道之思想来源是中国传统儒学的基本义理。

解放，在茶的世界饮者得以体悟人生智慧，领略生命意义。

什么是茶道哲学呢？对茶道的形而上学思考或形式化考察，就是茶道哲学。茶道哲学的研究对象是茶道，是对茶道的反思。哲学本身不直接关联日常现象或生活经验，它只对思想成果、人类思考的产物（例如艺术、伦理、宗教等）进行再加工。茶显然是单纯的物质，茶道则介于物质与精神之间，具有日常性和非日常性双重属性，而茶道哲学则完全脱离了物质性关联，也摆脱了日常性的庸常和牵扯，它要揭示茶道背后的人的存在方式，直接回答茶道中的茶与人的关系究竟怎样的问题。探究茶道的思维方式，就是茶道认知学；探究茶道的鉴赏方式，就是茶道美学；探究茶道的人际共在，就是茶道伦理学；探究茶道的终极寄托，就是茶道信仰；等等。这些各类研究的上位概念就是茶道哲学，它们都是茶道哲学这一个种之下的不同属。茶道哲学研究的着力点在于阐释茶被饮用的过程所蕴含的文化精神、观念意识，这样，就将茶这一原本仅是物质性存在的东西升华、转变为了精神性的对象，这样的升华、转变过程同时就是哲学分析和哲学论证的过程。

从一定意义上说，茶道哲学研究就是力图完整呈现并合理解释茶道背后所蕴含的精神性主体。为此，它要对各种因茶而生起的文化、精神、观念等进行再思考，为精神性主体的成立予以证成。当然，茶道和茶道哲学并非自说自话，更非神秘的领地，人们对茶道的哲学认知不仅是可以言说的，也可以被他人合理接受。茶道哲学研究要下功夫论证茶道的表述是否成立、茶道的体系是否合理，这些问题的有效回答取决于我们进行论证的出发点是否恰当和推理过程是否严密。由于哲学出发点的不同，人们可以提出不同的茶道哲学体系或流派。不过，由于哲学分析所得出的结论本身只是一种观念式假设，这种假设的合理性不在于是否被某个经验现象证实或证伪，而是取决于自身体系的内部一致性和完整性。因为哲学就是讲理，茶道哲学同样要进行逻辑的建构和概念的反思，得出内在一致的一般性思想成果。

与一般的哲学研究不同，茶道哲学还要吸收茶学相关的知识（包括农学、植物学、园林学等）、茶文化方面的思想成果（包括茶文学、茶民俗学等），同时又要对这些知识和思想成果做出有深度的再思考，对它们背后的思想背景、知识前提、观念基础等做出检视，从而推导出某些更具原初性的基本判断。茶道哲学关联的对象或者说必不可少的知识积累是十分庞杂的，所以，茶道哲学研究困难重重，任重道远。

茶道哲学的主体是所有参与茶道体悟、思虑、信仰的人们，除了少数著书立说、留下诗文字句的文人墨客，更多的是普通的品茗者。由于主体的基数扩大、基盘增厚，茶道哲学在深度介入现代人的生活方式、关注现代人的精神世界和提升现代社会人文素养等方面有望做出具有开创性意义的引领工作。不过，普通的品茗者只是潜在的茶道哲学主体，实际做出思虑、有所感悟的品茗者才是现实的茶道哲学主体，而茶道哲学研究的深入和独立开展还离不开专业从事茶道哲学研究的学者们，他们应当责无旁贷地担当起这一学术重任。

最后，我们仍需强调的一点是，茶道哲学关注的焦点不只是品茗者，主要且重点在于品茗过程，即品茗者是否全身心投入、进行了精神层面的观照，这才是茶道哲学的主体应该追问的核心所在。茶道有时也会对此有所关注，茶道哲学则更加递进，它会探讨这样的精神拷问是否可以清楚无误地明示、表述，在思想的呈现是否首尾一贯。茶道哲学本质上持有可认知主义立场，这也是茶道之外茶道哲学仍然必不可少的重要原因之一。茶道哲学将对品茗过程中的品茗者个体的心智变化、思虑扩充和伦理修为进行检视，同时由于品茗形成的环境、氛围等将影响到品茗者群体进行社会交往、心理释放和精神引导等活动，这些具有人际沟通、社会交往、观念共在等意义的活动也会成为茶道哲学考察的对象。易言之，茶道哲学不只是个体意义上的自修自为，同时也是社会层面的共在互动，因此，茶道哲学研究的主体具有空间上的延展、时间上的跨越和主体间的交互作用等特点。

二、中华茶道的传统文化基础

就保存下来、沿用至今的各种中华文化传统而言，茶道是非常具有代表性的，它不仅凝结了中国文化的基本精神，而且也顺应不同的时代格局有所损益，发展出了多种表现形式，具有广泛的地域性。

关于中国文化传统的内容及其特征的讨论，可谓汗牛充栋，学者们提出了许多富有启发的观点，可以相信，这样的讨论还将继续下去，因为中国文化传统是流动的、生生不息的，对中国文化传统的认识不会停止。笔者认为，中国文化传统的总体结构是“一体两用”，即以儒释道的合流互渗之一体为骨架，中医和茶道构成其两翼，这两翼是儒释道之体的巧妙现实化及其合理定在。对传统中国人来说，中医医身、茶道修心，身心和合所生成的价值追求可以借助儒释道一体的学统予以充分诠释。早在魏晋之时三教合流的倾向就已经出现，隋唐产生了众多三教合流的文化成果，如建筑风格、学术教义、生活样式等，中华茶道就是代表性的重要产物。

梳理茶史不难发现，中国人饮茶方式的变化轨迹，即由煮茶、煎茶、点茶到泡茶，一方面茶的原味真性日益得到彰显，茶的物质性得到充分肯定；另一方面饮茶方式愈益化繁就简，饮者越发大众化，茶道日益成为“味蕾通大道”，“生活即道”的具象化代表，茶道的生活性得到贯彻。这里包含了中华茶道中的日常性与非日常性的紧张及消解。中华茶道追求的是平凡中的不平凡。茶本再普通日常不过，但极品茶却可遇不可求；茶随处可见，饮茶随时可行，但从中澄明正心、反躬自省并悟及人生、事业、世界至理却甚难；茶道乃生活道，人人可企及，但通透明亮的茶道真谛却说不清、道不明。凡此种种，显示出中华茶道的迷人之处。

在中华历史上，对茶道贡献甚巨的无疑是社会闲逸人士。他们的学养、闲暇都为茶道增添了雅趣、唯美的色彩，给庸常生活制造了意外之喜、情理之乐。士大夫阶层唱和于茶文茶诗，无数的文人僧侣致力于将茶事变成雅趣尚品，茶与人的关系由解渴式生理需要满足升华为精神层面的关照、自省，品茗者通过类推、比附、移情等主动式作为完成了心灵的净化。

人在品茶中观照内心，茶人得以自修，茶事得以升华，茶成为中国社会喻理说道的媒介。中华茶道呈现方式是以内容见长，需要饮茶者的主体介入和身心共在。中华茶道还强调以此悟之理、得之道返观现实，联系自身，身心不离，思遨游于天际而虑系于此在。中华茶道向饮茶者展示出值得向往并安心于此中的精神境界。

从哲学层面看，可以将中华茶道的基本精神概括为“温润”。依据阴阳五行说，同样是饮品的醍醐、甘露是极阳之物，与之相对，茶叶是极阴之物，性大寒，因此，“若热渴、凝闷、脑疼、目涩、四支烦、百节不舒”，“聊四五啜”，“与醍醐、甘露抗衡也”（《茶经·一之源》）。陆羽对茶的功效做了极为简明的交代，茶叶本性寒，以火烤炙、热水冲泡，得以中和，茶汤就可以温暖人身、滋润人心。中国古代文人多以茶聚送别即将远行的友人，做短暂的告别，寄托长久的思念。例如张籍（766—830）在《送晊师》中写道：“九星坛下煎茶别，五老峰头觅寺居。作得新诗旋相寄，人来请莫达空书。”由茶而聚的人们相互温暖，惺惺相惜，茶诗、茶文、茶会成为人世间的雅事、闲趣，为平凡的人世和常态的生活添加了一抹别样的景致。

概括而言，中华茶道是包含了众多差异性于一体的复杂体系，儒释道各派各有自己的茶道，社会各阶层也推衍出了不同的茶道，不同地方的茶道更是异彩纷呈。和而不同、求同存异，这正是中华文化绵延数千年不坠的内在品质之一。中华茶道象征了中国人国民性中的乐生、怡情，中华文化的内敛、入世，华夏文明崇尚自然的倾向。在全球化时代，中华茶道完全可以成为中华文明的使者，与东亚诸国进行文化交流，与韩国茶道、日本茶道同源异趣、相得益彰；同时还可以与西方的咖啡文化、酒馆文化形成对照，成为东方文化的重要代表，共同推动人类生活品质和文化追求的发展。

三、日本茶道的禅宗根源

对于日本茶道属性的认识，即便是日本研究者当中也存在许多争议。例如，熊仓功夫就将“茶道”理解为“以饮茶为主体的聚会艺术技能”，[①] 因为他将“道”解读为“规范”，换句话说，只是一种仪式化、礼节化的功夫。熊仓指出，之前的茶会被称为“茶汤”或“风雅”，仪式化或标准化之后才成为

① 熊仓功夫：《日本的茶道》，载于《茶文化的传播及其社会影响》，王家扬主编，台北：碧山岩出版社，1992年，第337页。

日本茶道。久松真一则认为，“茶道的最终根据、终极的目标就是修行佛法以得道。而且所谓佛法，在茶道中就是指禅”。[①] 久松将“道”视为禅宗精神，在他看来，日本茶道只是禅意的生活化。

为了准确理解日本茶道，就必须深入考察中日茶文化交流的历史。中日茶文化交流持续时间很长，常常伴有多个渠道，而且呈现出引入、推广、创新、别立的曲折历史过程。不过，其间有中断，因此，需要谨慎梳理。

据史书记载，早在唐贞元廿一年（805），日本佛教大师最澄（767—822）到中国（浙江天台山国清寺）学佛时初次品饮到了茶汤，十分欣喜，回国时将茶籽带到日本，栽种在日吉神社并获得成功，那里至今仍留有日本最古老的茶园。他还将茶作为贡品向宫廷进贡，自此皇室贵族开始饮茶。另一位高僧空海（774—835）也到中国（长安青龙寺）留学，返回时带走了茶籽，种在奈良法隆寺，这也被视为大和茶的发祥地。《日本后记》还记载了弘仁六年（815）僧人永忠向嵯峨天皇献茶。因茶在当时的日本量少稀有，极其名贵，普通庶民难以接触到茶。此时形成的日本茶文化只是极少数贵族的修养，仅限于皇室贵族、僧侣阶层。而且这段饮茶的历史持续的时间不长，很快就消散了。

学界公认的、在中日茶文化交流中起到关键作用的是南浦绍明（1235—1308）。据日本《类聚名物考》记载：“茶道之初，在正元中筑前崇福寺开山，南浦绍明由宋传入。”另据日本《本朝高僧传》记载：“南浦绍明由宋归国，把茶台子、茶道具一式带到崇福寺。”日本《虚堂智愚禅师考》也载：“南浦绍明从径山把中国的茶台子、茶典七部传来日本。茶典中有《茶道清规》三卷。”南浦绍明于1259年入宋，1267年回国，先后在中国杭州的径山寺等地学佛9年，回国时不仅带去了径山寺的茶种和种茶、制茶技术，还有茶宴道具和茶书，同时传去了供佛、待客、茶会、茶宴等饮茶习惯和仪式。

此外，还有一位入宋僧不得不提及，他就是日本禅师荣西（1141—1215）。荣西以禅师的身份撰写了《吃茶养生记》，一方面将养生、吃茶与修禅紧密联系起来，发展出了寺院茶。荣西确立了日本茶文化与佛教，特别是禅宗的密切

---

① 久松真一：《茶道的哲学》，东京：讲谈社，2015年，第45页。

关系，也使饮茶与养生联系起来，前者至今仍然体现在日本茶道中，后者则被彻底改造，内容有所淡化并最终退出。另一方面他通过“上层路线”深化了茶文化与权势人物、政治集团的合流，他所开创的这一传统被后人继承，千利休就是一位这样的践行者。

荣西的《吃茶养生记》以关注身体健康、治疗疾病的角度切入，将饮茶作为极日常化的行为大力推广；正是有了这样的推广，才提供了日后日本茶道产生的思想基础和文化土壤。突出吃茶的功利性而非饮茶的超功利性，荣西实际上引入并构建了俗的茶文化，区别于之前自唐传入的雅的茶文化。荣西及其《吃茶养生记》是将茶作为治病养生的手段，他看重的是茶的功用性，并未触及脱离茶汤之后的形上层次，所以，他确实不能划入日本茶道的源流之中，但他对日本茶文化有着独特的贡献。

荣西之后的村田珠光（1422—1502）开启了向民间茶的转化。但所谓“民间茶”不是大众化意义的民间，因为当时日本民间已经开始饮茶，平民举办的茶会通常被称为“云脚茶会”“淋汗茶会”，村田所做的工作当然不是向平民茶会靠拢，而是将寺院茶的仪式理念简易化后推向庶民社会，从而提升平民茶会的品味。他之所以被视为日本茶道的开山者，是因为他重在揭示茶与静心、修行的关系。这样的静心、修行工夫恰恰是在日常生活中借助品茶的仪式化完成的，从而向目不识丁、无法断文识字的民众开启了精神提升、审美趣味进步的通道。

武野绍鸥（1502—1555）是连歌者（类似于现代的诗人），他将品茶的感悟贯穿在连歌中，一方面丰富了连歌的主题，同时也提升了品茶的文化气息。他对日本茶文化的另一大贡献是主张抛弃唐物，力主使用日本本土的器材，这直接推动了日本茶器乃至陶艺等工艺水平的发展。其弟子千利休（1522—1592）则是日本茶文化史上的一座丰碑。他彻底消除了茶道中的游戏性，不仅总结、提炼了日本茶道精神（和敬清寂），而且在饮茶方式等各个方面做了诸多努力，例如他确立了草庵式的茶室建筑，改革了茶具，确定了茶室外围环境和室内陈设的风格，开创了数人围坐传饮的饮茶法[①]，千利休之后（其后人、门人、弟子等）严格依此定型化、标准化、程序化的习茶套路沿用至今。从思想史上看，千利休的茶道并非独创，而是集大成，他扬弃了早期的贵族茶、寺院茶、书院茶，将茶道定格为仪式化的修行。受邀赴茶会的人来到仿佛"世外""彼岸"的草庵式茶室，宾主都预先为此进行了精心准备，从而只可能是永不再重复的一期一会。对茶道传人或习茶者而言，这是对先祖及其文化的敬重；对受邀的宾客而言，这是在感受仪式之庄重过程中体会茶道传人或习茶者的用心，所谓明心见性，从而突破你我私见、达至心与心的交流沟通。可见，千利休及其后人（即今日人们说到的日本茶道，主要是抹茶道的"三千家"流派）的日本茶道关涉纯粹的审美趣味，它完全脱离了茶的日常性和茶汤的物质性，进入到形式美（仪式美）境界。

需要说明的是，即便是日本佛教中的茶文化也接受了多种其他思想成果，这带来了日本茶文化的多样性，例如，"禅宗的南宗，因其深受道教信仰之影响，故建立了一套精致繁复的茶会仪式。僧侣们于举行茶会时，集结于达摩祖师的画像前，依循着隆重正式的仪节，以同一茶碗，轮流饮茶，这些禅宗仪礼最终于15世纪时在日本发展成为茶道"。[②]在今日的日本，除了人们耳熟能详的"抹茶道"，还有煎茶道、佛门茶礼等。

日本茶道源自从中国传入的饮茶文化，但因禅宗僧人的深度介入和武士文化的渗透，最后形成了与中国显著不同的表达形式和呈现仪轨，日本茶道的成熟过程同时就是"脱唐化""去中化"的过程，或者换句话说，是日本茶文化传统的自主意识觉醒的过程。中国文化传统的儒学和道家在日本茶道中难见踪迹，就是一个很好的例证。我们可以用"空寂"一词概括日本茶道的基本精神。"空"并非空无一物，而是立于有无之外的"不二"，是要澄明心境、简化思虑，这是一种非认知主义的立场；"寂"则指融合了静、净、敬的"内观"，不假外物，不求他人，只向自身开放，这是一种非合作主义的人生态度。可

① 即宾客接过茶碗，小口饮过后传给下一位宾客，每位宾客都从茶碗的同一个位置喝茶，直至最后一位正好饮尽全部茶汤。

② 冈仓天心著，谷意译，《茶之书》，济南：山东画报出版社，2015年，第34—35页。

见，空寂在于督促习茶道者通过反复练习茶道中的一招一式，磨炼自身，净化自身，以达到排空欲望、去除杂念从而获得精神自由的目的。日本茶道倡导的是超尘世生活的非日常性。作为文化传统的代表性符号，保留并推广日本茶道的理由十分有利；但由于它与现代快节奏、均质化的生活世界迥然有别，格格不入，事实上，被许多年轻人所排斥。日本茶道的未来将取决于它如何消解这二者的紧张关系。

日本学者大多将全部日本茶道的历史分成四个阶段：第一阶段是平安时代（794—1192）的贵族茶；第二阶段是镰仓时代（1185—1333）的寺院茶；第三阶段是室町时代（1338—1573）的斗茶；第四阶段就是千利休开创的草庵茶至今。荣西处于第二个时期，严格来说算是日本茶道的“史前时期”。当然，上述划分方式其实是站在“三千家”（所谓日本茶道的正宗）的立场上做出的。

事实上，在日本茶文化界，除了上述通常被视为日本茶道代表的“三千家”之外，还有松平不昧的道具派茶道，他撰写了《赘言》一书，强调茶具、食物在茶道中的突出位置；薮内竹心的道德派茶道，他在《源流茶话》一书中认为茶道无非传播礼法道理，提倡把茶从艺技之道解放出来、使之成为文人的乐趣的煎茶道。从今天的眼光看，前者的重点是茶道审美，后者的重点是茶道修身。江户后期随着国学的兴起，具有儒学（又被称为“世教”）根基的茶道道德论日渐式微，道具论占据了上风。[①]

日本知名茶人柳宗悦曾说，“‘茶’处处是道。正因为是道，它是公，同时也是应当遵守的法则。茶绝不允许个人的好恶，它绝不是仅仅停留在个人的喜好这样的小事水平上。茶道超越了个人，茶道的美是法则的美，突出个人的‘茶’不是‘好的茶’，‘茶’是属于他人的‘茶’，‘茶’不是个人之道，而是人间之道”。[②]今天的日本茶道克服了茶的功用性，以高度抽象、形式化的仪轨追求茶的非功用性，茶成为纯粹的中介，茶人（研习茶道的人）的心迹、

① 与日本不同，在中国茶道中，茶具与茶德合一论始终是主流倾向，唯茶具主义或茶道唯美主义鲜少受到追捧。这显然体现了儒学对中国茶道的深刻影响。

② 柳宗悦：《茶与美》，东京：讲谈社，2000 年，第 146 页。

精神、意念得到提升，今天的日本茶道既是术（一成不变的仪轨、程式等），又是艺（器具、室内陈设、插花、焚香等多种艺术表现），同时还是心（个体内在精神的追问）。

（李萍　中国人民大学茶道哲学研究所）

漉水囊——《茶经》中隐藏的佛教内核

沈冬梅

陆羽《茶经》卷中《四之器》列有茶具二十四器之一的漉水囊形制及材质："漉水囊，若常用者，其格以生铜铸之，以备水湿，无有苔秽腥涩意。以熟铜苔秽，铁腥涩也。林栖谷隐者，或用之竹木。木与竹非持久涉远之具，故用之生铜。其囊，织青竹以卷之，裁碧缣以缝之，纽翠钿以缀之。又作绿油囊以贮之。圆径五寸，柄一寸五分。"[①] 漉水囊这看似寻常的一件茶具，却隐藏着陆羽与佛教之间不寻常的关系，是《茶经》中隐藏的佛教内核。

一、陆羽与佛教的关系

陆羽与佛教有着复杂而深厚的渊源，不同人生阶段的关系却又波澜曲折，经历了接触、远离及最终的回归，而在每一个阶段，甚或即使在远离的阶段，佛教的精神与原则，一直都伴随着陆羽和他的茶。

陆羽幼年寄身寺院却不愿学佛。陆羽幼时被弃野外，为竟陵龙盖寺智积和尚收养于寺中；然虽从小寄生缁素，陆羽却未心存佛门，而是属意外学外道，向心儒家。"始三岁，惸露，育于竟陵大师积公之禅院。自九岁学属文，积公示以佛书出世之业，予答曰：'终鲜兄弟，无复后嗣，染衣削发，号为释氏，

① 陆羽《茶经》卷中《四之器·漉水囊》，见笔者《茶经校注》，中国农业出版社，2006年版，第23页。

使儒者闻之，得称为孝乎？羽将授孔氏之文可乎？’”智积师父不能说服陆羽弃儒学佛，“因矫怜抚爱，历试贱务，扫寺地，洁僧厕，践泥圬墙，负瓦施屋，牧牛一百二十蹄”，为了不让陆羽学习外道，让其不停劳作。然而陆羽力学不辍，以至积公派人专门看管，主者严加折辱，陆羽终于不堪忍受，逃寺而去，“卷衣诣伶党”。智积师惜才而追及之，答应允许陆羽同其本师许其弟子一样“十二时中一时学外道”：“念尔道丧，惜哉！吾本师有言：我弟子十二时中，许一时外学，令降伏外道也。以吾门人众多，今从尔所欲，可捐乐工书。”要求陆羽放弃演艺方面的书籍即可以回寺学习儒家等外道之学。然陆羽终不返寺，弃寺弃师弃教。[①]

陆羽因一身的才华为竟陵太守李齐物赏识，从而负书求学于火门山邹夫子，再与贬于竟陵任司马的崔国辅相与交游三年，终成一时名人。

天宝十五年（756）夏，安禄山叛军进逼长安，玄宗逃往四川，肃宗继位，改元至德。“自中原乱，士人率渡江”[②]，多至江浙之地：“天宝末，安禄山反，天子去蜀，多士奔吴为人海。”[③]时在陕西南部考察茶事的陆羽作《四悲诗》，亦渡江南下，至吴兴（今湖州），结识诗僧皎然。

皎然弃儒弃道入佛，道行才情，或影响陆羽。皎然不仅是作为一个诗僧——创作者的形象存在，自己还写了有关作诗和诗评的著作《诗式》《诗评》。皎然对陆羽的《茶经》是充分肯定的，其《饮茶歌送郑容》“云山童子调金铛，楚人茶经虚得名”[④]，用反语表现出当时陆羽《茶经》所负有的盛名。《饮茶歌诮崔石使君》“孰知茶道全尔真，唯有丹丘得如此”首次提出“茶道”一词[⑤]，可谓对陆羽《茶经》的加持。而他本人对诗作的态度、对佛教的态度，或许对陆羽也有影响，可能影响陆羽转变对佛教的态度。

---

① 陆羽《陆文学自传》，（宋）李昉等编《文苑英华》卷七九三，并参校《全唐文》所录文字。见《茶经校注》附录一，第104—105页。

② 欧阳修等《新唐书》卷一九四《权皋传》，中华书局，1975年版点校本，第5567页。

③ 顾况《送宣歙李衙推八郎使东都序》，见《全唐文》卷五二九，中华书局1983年影印本，第5370页。

④ 《杼山集》卷七，《禅门逸书》初编，台北，明文书局1981年影印明末虞山毛氏汲古阁刊本，第72页。

⑤ 《杼山集》卷七，第74页。

董逌于北宋末年所作《广川画跋》引秦再思《纪异录》所纪代宗时智积法师被诏入宫讲法[①]，茶非羽煎不饮，寻陆羽入宫秘煎奉师，以有似羽煎者而尽饮之，出羽见师，或为陆羽转念之契机。

宋人、明人著述皆有引用北宋前期秦再思《纪异录》“饮必羽煎”所记录智积师父“知茶”之事，言其自陆羽离开龙盖寺一段时间后就不再喝茶，从侧面反映了陆羽茶艺的高超水平以及智积识茶、爱茶之深：

积师以嗜茶，久非渐儿供侍不鄉口，羽出游江湖四五载，积师绝于茶味。代宗召入内供奉，命官人善茶者以饷，师一啜而罢。上疑其诈，私访羽召入。翌日，赐师斋，俾羽煎茗，喜动颜色一举而尽。使问之，师曰，此茶有若渐儿所为也。于是叹师知茶，出羽见之。[②]

董逌，字彦远，东平人，郡望广川。宣和中以精于考据赏鉴擅名，“靖康末尚官司业”[③]，建炎三年秋七月庚子“中书舍人董逌[④]充徽猷阁待制”[⑤]。清代四库馆臣在《广川画跋》书目解题中言“古图画多作故事及物象，故逌所跋皆考证之文”，而在考证之文中，特别列举“其中如辨正《武皇望仙图》《东丹王千角鹿图》《七夕图》《兵车图》《九主图》《陆羽点茶图》……引据皆极精核”。董逌学识渊博，画跋之外，还撰有皆冠以“广川”的书跋、藏书志、诗诂，以及《钱谱》。内容多为宋明以来文章至清四库馆臣引征。

对于传为阎立本所绘《萧翼赚兰亭图》，董逌据秦再思《纪异录》“饮必羽煎”内容考证其当为《陆羽点茶图》：

将作丞周潜出图示余曰：此萧翼取兰亭叙者也。其后书跋众矣，不考其说，爰声据实，谓审其事也。余因考之：殿居邃严，饮茶者僧也，茶具犹在，亦有监视而临者，此岂萧翼谓哉？观孔延之记，萧翼事商贩而求受业，今为士

① 秦再思，生平不详，约宋真宗咸平中前后在世，作《洛中记异录》十卷，又称《纪异录》（后人引用，有称“洛中纪异”或“纪异”者），记唐五代及宋初杂事，南宋初年曾慥《类说》节录此书，另有明人刻《宋人百家小说·偏录家》本。此条未见曾慥《类说》著录，而见于董逌所编《广川画跋》。

② （明）陈耀文《天中记》卷四四“饮非羽煎”。

③ 《四库全书总目》卷一一二《广川画跋》解题。

④ 宋俞琰《读易兴趣要》卷四：“中书舍人东平董逌彦远撰《广川易学》二十四卷”。

⑤ 李心传《建炎以来系年要录》卷二五，中华书局1956年版，第514页。

服，盖知其妄。余闻《纪异》言：积师以嗜茶……于是叹师知茶，出羽见之。此图是也。故曰《陆羽点茶图》。[①]

这则故事，可能会从两方面影响陆羽重新审视其对佛教的态度。一是代宗成为陆羽与师父再度见面的促成者，这个当世身份最高的中间人，或许会影响陆羽对佛教的态度。陆羽弃教的一个重要原因，是唐玄宗对于孝道——实际也即是对儒家的推崇。代宗召智积师父“入内供奉”，即请智积为代宗讲法，或当改观陆羽从对国家重要性的层面上对佛教的判断。二是智积知茶，对陆羽有识茶之恩，已经非陆羽之茶不饮的他，在陆羽出游江湖四五载之后，甚至于“绝味于茶”，陆羽在皇宫里得知这样的事情，内心当会受到冲击，情感上也会重新亲近师父，进而影响他对佛教的态度。

然而《茶经》在见皎然之时已经成书，更是早在见智积师之前成书。

据陆羽《陆文学自传》，上元二年（761），他已经著有“《君臣契》三卷，《源解》三十卷，《江表四姓谱》八卷，《南北人物志》十卷，《吴兴历官记》三卷，《湖州刺史记》一卷，《茶经》三卷，《占梦》上、中、下三卷，并贮于褐布囊”，则《茶经》初稿成于写自传之前。此前一年，陆羽至湖州后“结庐于苕溪之湄，闭关对书”，自己结庐而居，在皎然和尚到湖州居妙喜寺后，又曾与之“同居妙喜寺”[②]。所以陆羽《茶经》中的佛教因素漉水囊是在受到皎然的影响之前。

《纪异录》记陆羽于唐宫廷中再见智积师父是在代宗时（762—779），已经与皎然定交之后，如前所论，再见智积很可能是陆羽对佛教的转念之机，更在《茶经》成书之后。所以，《茶经》中列佛家用具“漉水囊”为茶具二十四器之一，表明的是陆羽早年寺院生活影响之沉积，是佛教核心因素在陆羽身上文化基因一般的存在。即使他离弃了师父、寺院和佛教，早年寺院生活影响之沉积，成为根植在他心底深处的佛教因素，在最不经意的地方，悄无声息地彰显出来。

---

① 《广川画跋》卷二《书〈陆羽点茶图〉后》。

② 辛文房《唐才子传》卷四《皎然传》，见周本淳《唐才子传校正》，江苏古籍出版社 1987 年版，第 120 页。

从茶器“漉水囊”此一器物可以看到佛教对于对陆羽影响的潜移默化。因为对于一般俗家大众而言，以瓢勺取清水即可，滤水之具既非常用，更非必需。但对于僧徒而言，水用漉水囊过滤，则可以滤出水中“八万四千”“无量”细微生命并放生，滤水之具则是必需品。

二、关于漉水囊

“漉水囊”在佛教中的重要地位由来有自，汉传律论，无论大小乘或律宗经典中规定佛子诸般随身物品皆有“漉水囊”。如《梵网经》“菩萨戒”：“若佛子！常应二时头陀，冬夏坐禅，结夏安居。常用杨枝，澡豆，三衣，瓶，钵，坐具，锡杖，香炉奁，漉水囊，手巾，刀子，火燧，镊子，绳床，经，律，佛像，菩萨形像。而菩萨行头陀时及游方时，行来百里千里，此十八种物常随其身。头陀者。从正月十五日至三月十五日，八月十五日至十月十五日。是二时中，此十八种物，常随其身，如鸟二翼。”[①] 又《摩诃僧祇律》卷第三云：“随物者，三衣、尼师坛、覆疮衣、雨浴衣、钵、大犍稚、小犍稚、钵囊、浴囊、漉水囊、二种腰带、刀子、铜匙、钵支、针筒、军持、澡罐、盛油皮瓶、锡杖、革屣、伞盖、扇及馀种种所应畜物，是名随物。”[②]

关于漉水囊的缘起，《四分律》卷五十二记佛在舍卫国时言：“不应用杂虫水，听作漉水囊。”又言：“比丘不应无漉水囊行[③]乃至半由旬。若无，应以僧伽梨角漉水。”[④]《摩诃僧祇律》卷十八：“比丘受具足已，要当畜漉水囊，应法澡盥。比丘行时应持漉水囊。”[⑤] 即比丘在受具足戒后，漉水囊即成为他们随身必备的物品之一，用之才能如法用水。

《十诵律》则载有“漉水囊法”：“漉水囊法者，比丘无漉水囊，不应远行。

① 《梵网经》卷二，《卢舍那佛说菩萨心地戒品》，《大正藏》第24册，第1008页。

② 东晋天竺三藏佛陀跋陀罗共法显译《摩诃僧祇律》卷三，《大正藏》第22册，第245页。

③ 《五分律》卷第二十六，佛言：“从今不听无漉水囊行，犯者突吉罗”，《大正藏》第22册，第173页。

④ 《四分律》卷五十二，《大正藏》第22册，第954页。

⑤ 《摩诃僧祇律》卷十八，《大正藏》第22册，第373页。

若有净水若河水流水，又复二十里有住处，不须漉水囊，是名漉水囊法。”①

菩萨戒十重戒中杀戒最居第一，菩萨以慈为本，众生以命为贵也。关于漉水囊对于放生、护生的意义，《萨婆多毘尼毘婆沙》所言最详，其卷六《九十事第十九》言：

此是共戒，比丘、尼俱波逸提，三众突吉罗。凡杀生有三种：有贪毛角皮肉而杀众生；有怨憎恚害而杀众生；有无所贪利有无瞋害而杀众生，是名愚痴而杀众生。如阐那用有虫水，是谓痴杀众生。此杀生戒凡有四戒，于四戒中此戒最是先结。既结不得用有虫水浇草土和泥，便取有虫水饮。既不得用一切有虫水，便故夺畜生命。既制不得夺畜生命，便夺人命。凡夺物命有四结戒，以事异故尽名先作。是中犯者，若比丘取有虫水浇草土和泥，随用水多少，用用波逸提。若欲作住止处，法先应看水，用上细迭一肘作漉水囊，令持戒审悉者漉水竟，着器中向日谛看。若故有虫者，应二重作漉水囊、若三重作漉水囊。故有虫者，此处不应住。②

杀生有三种，而用有虫水为“痴杀众生”，于杀生四戒中“最是先结”，既结此戒，则不得用有虫水浇草土和泥及取饮。为守此戒，佛家在选定住止处时“法先应看水”，如果用三重漉水囊仍不能将水中虫滤尽，则“此处不应住”。而如果不能守此戒，就犯堕罪：“若比丘用有虫水煮饭、羹汤、浣染、洗口身手足一切用者，随尔所虫死，一一波逸提。”③

有关漉水囊之形制，《四分律》卷五十二有佛言之制之种种不同：“不应用杂虫水，听作漉水囊。……如勺形，若三角，若作撗郭，若作漉瓶。若患细虫出，听安沙囊中。……听还安著水中。”④按：佛教中漉水之物有多种，据《根本萨婆多部律摄》卷十一“受用有虫水学处”载佛又言：“应知滤物有其五种：一、谓方罗；二、谓法瓶；三、君持迦；四、酌水罗；五、谓衣角。”⑤

---

① 《十诵律》卷五十七，《大正藏》第 23 册，第 422 页。

② 《薩婆多毘尼毘婆沙》卷六《九十事第十九》，《大正藏》第 23 册，第 545 页。

③ 《薩婆多毘尼毘婆沙》卷八《第三誦九十事第四十一》,《大正藏》第 23 册，第 552 页。波逸提：六聚罪之第四，译为堕，犯戒律之罪名，由此罪堕落于地狱，故名堕罪。

④ 《四分律》卷五十二，《大正藏》第 22 册，第 954 页。

⑤ 三藏法师义净奉制译《根本萨婆多部律摄》卷十一，《大正藏》第 24 册，第 589 页。

《四分戒本如释》对此有详解：“应知滤物有其五种：一谓方罗，应用细密绢，一尺二尺，随时大小。二谓法瓶，即阴阳瓶。三谓君持迦，乃瓶也。以绢鞔口，细绳系项，沉放水中，待满引出。仍须察虫，无方受用。四谓酌水罗，即小团罗子。五谓衣角罗，应取密绢方一磔许，或系瓶口，或置碗口，滤济时须。非是袈裟角也。”[①] 漉水囊只是多种漉物中的一种，称、用最多而已。

唐僧义净(635—713）于高宗咸亨二年（671）由海道往印度求学，游历三十余国，归国途中在南海室利佛逝国停留时，把他在印度及其所历南亚诸国各处实地考察所得的四十条佛教仪轨戒律，撰成《南海寄归内法传》。在其卷第一《七、晨旦观虫》中记录了彼时南亚诸国漉水具——水罗（“水罗是六物之数，不得不持”）的制法：“凡滤水者，西方用上白叠，东夏宜将密绢，或以米揉、或可微煮。若是生绢，小虫直过。可取熟绢笏尺四尺，捉边长挽福取两头刺使相着，即是罗样。两角施带、两畔置㸦，中安横杖，张开尺六，两边系柱，下以盆承。”[②]

北宋元丰三年余杭沙门元照作《佛制比丘六物图》，六物者：“一僧伽梨，二郁多罗僧，三安陀会，四钵多罗，五尼师坛，六漉水囊”，即三衣、上衣、里衣、钵、坐具、漉水囊，是十八随物中最基础最必备的六物。其叙漉水囊：“物虽轻小，所為极大。出家慈济，厥意在此。今上品高行，尚饮用虫水，况诸不肖，焉可言哉。”言出道宣《四分律删繁补阙行事钞》[③]。元照认为《四分律》关于漉水囊的做法是“私用者”，亦即为个人所用者，另录《南海寄归内法传》公共所用漉水囊的制法：“若置于众处，当准《寄归传》式样：用绢五尺，两头立柱，钉钩着带系上，中以横杖撑开，下以盆盛等。”[④]

---

① （明）广州沙门释弘赞在犙绎《四分戒本如释》卷第九《饮用虫水戒第六十二》，《卍新续藏》第 40 册，第 267 页。

② 义净《南海寄归内法传》，《大正藏》第 54 册，第 208 页。

③ 宗赜《禅苑清规》附《新添滤水法》所录此论即在“宣律师”名下，见苏军点校《禅苑清规》，中州古籍出版社，2001 年版，第 137 页。

④ 元照《佛制比丘六物图》，《大正藏》第 45 册，第 901 页。

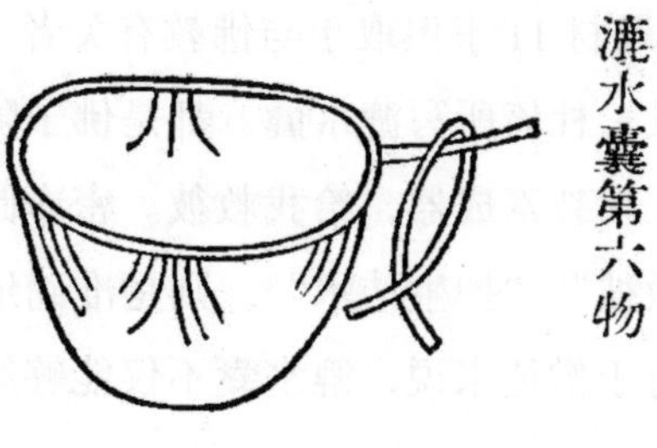

佛制比丘六物图·六漉水囊

三、唐人与漉水囊

唐代佛教宗派开枝散叶，但于戒律所论的戒痴杀用漉水囊依然遵奉。释道世《法苑珠林》成于高宗总章元年（668），“大指以佛经故实分类编排，推明罪福之由，用生敬信之念”，其卷八二《放生篇·引证部》：“《梵纲经》云：若佛子，以慈心故，行放生业”，“比丘若行二十里外，无漉水囊，犯罪”。

陆羽于上元二年（761）之前撰成《茶经》初稿，大抵在此之后，漉水囊亦常见诸于文人与佛子的文字之中。

代宗大历（766—779）时起茶宴初兴，主要流行在浙东、浙西地区（唐时浙西包括今江苏南部的苏州、镇江等地区），文人茶宴赋诗，尤以联句（又称联唱）为多。据学者研究，广德元年（763）至大历五年（770）鲍防[①]（722—790）任浙东观察使薛兼训的从事时，周围先后集结了五十多位诗人，创作出五十多首联句唱和诗等诗作，当时被编为《大历年浙东联唱集》二卷[②]流传。浙东文人群曾于大历四年（769）在云门寺济公之上方聚会，同作偈子。据鲍防《云门寺济公上方偈序》：“己酉岁，仆忝尚书郎司浙南之武。时府中无事，墨客自台省而下者凡十有一人，会云门济公之上方，以偈者，赞之流也，

① 鲍防，字子慎。天宝十二载（753）登进士第，大历初为浙东节度使薛兼训从事，五年（770）入朝为职方员外郎。在浙东时，为越州诗坛盟主，与严维等联唱，编为《大历年浙东联唱集》二卷，与谢良辅合称“鲍谢”。事迹见《全唐文》卷七八三穆员《鲍防碑》、《旧唐书》卷一四六、《新唐书》卷一五九。

② 《新唐书》卷六〇《艺文志》著录《大历年浙东联唱集》二卷。

姑取于佛事云。”[1]而题材 11 事俱取于与佛教有关者。如鲍防所写护戒刀，缺名所写澡瓶、班竹杖，杜倚所写漉水囊，都是佛子随身十八种常物之一。杜倚《漉水囊偈》云：“裂素成器，给我救彼。密净圆灵，护生洁水。”称赞漉水囊能够“给我救彼”“护生洁水”，则是准确地点出了漉水囊在佛徒生活中的重要作用，对于僧徒来说，漉水囊不仅能够给我洁水，同时关键是还能救彼护生。

与陆羽关系密切的诗僧皎然亦赋有一首漉水囊诗《春夜赋得漉水囊歌送郑明府》：

吴缣楚练何白皙，居士持来遗禅客。
禅客能裁漉水囊，不用衣工秉刀尺。
先师遗我式无缺，一滤一翻心敢赊。
夕望东峰思漱盥，昽昽斜月悬灯纱。
徙倚花前漏初断，白猿争啸惊禅伴。
玉瓶徐泻赏涓涓，溅着莲衣水珠满。
因识仁人为宦情，还如漉水爱苍生。
聊歌一曲与君别，莫忘寒泉见底清。[2]

历经儒、道、释三教的皎然和尚，从儒、释两家出发称赞漉水囊，“因识仁人为宦情，还如漉水爱苍生”，儒者当政，仁爱为人，一如释家用漉水囊之爱苍生。

大历中起居舍人包何《同李郎中净律院梡子树》：“木梡稀难识，沙门种则生。叶殊经写字，子为佛称名。滤水浇新长，燃灯暖更荣。亭亭无别意，只是劝修行。”[3]白居易《送文畅上人东游》：“得道即无著，随缘西复东。貌依年腊老，心到夜禅空。山宿驯溪虎，江行滤水虫。悠悠尘客思，春满碧云中。”[4]记僧人行游时“江行滤水虫”。僧人智暹《律僧》诗云：“滤水与笼

① 邹志方《会稽掇英总集点校》卷十五，人民出版社，2006 年版，第 211—212 页。
② 《杼山集》卷七，第 75 页。
③ 《全唐诗》卷二〇八，中华书局 1999 年版（增订本），第 2171 页。
④ 《全唐诗》卷四三六，第 4844 页。

灯，长长护有情。自从青草出，便不下阶行。北阙应无梦，南山旧有名。将何喻浮世，惟指浪沤轻。”[①]言律僧遵守戒律，滤水护水虫、笼灯护飞虫、不践新生草等种种护生。唐求《赠行如上人》：“不知名利苦，念佛老岷峨。衲补云千片，香烧印（一作焚篆）一窠。恋山人事少，怜客道心多。日日斋钟后，高悬滤水罗。”[②]记行如上人每日于斋饭后，将滤水罗高高挂起。

白居易之弟白行简甚至还专门作有《滤水罗赋（以滤彼水虫疏而无漏为韵）》，其文曰：

罗之名兮惟一，罗之用兮不同。彼以获禽为利，此以救物为功。象夫天而圆其外，体乎道而虚其中。执拯溺之心，忘乎云鸟；表好生之德，及其水虫。观其膺用之初，裁成之始。利物提挈，顺时行止。夕挂于壁，若满月之在天；晓用于人，状圆荷之在水。……且夫环之劲铁，取其坚而不朽；羃以轻纱，取其疎而无漏。彰妙用于不凡，表深仁而善救。滤颜生之瓢，水欲饮而徐清；漉范令之釜，鱼将烹而获宥。……斯则用资于生，不资于杀；仁在乎密，不在乎疎。夫以道存仁恕，水何大而不滤；物莫隐欺，虫何微而见遗。虽焦螟之生必全，有以小为贵者；江汉之流虽大，尽可一以贯之。功且知其至矣，用宁忧于已而。客有抚而歌曰：玉卮无当兮安可拟，风瓢有声兮不足比。惟滤罗之用也大哉，故取此而去彼。[③]

用优美的文字形象地描绘了滤水罗象天体道的形制、好生救物的功用。

总体上看，漉水罗在唐代得到僧俗两界的重视，僧人们在戒律的范围内奉行漉水囊法。

四、宋代及之后的漉水囊与漉水法

六祖惠能（638—713）“自心即佛”的“顿教”法门奠定了禅宗的基础，而在戒律方面，亦倡行不执戒相、心性为体的“无相戒”法，“自归依三身

---

① 宋李龏编《唐僧弘秀集》卷十，文渊阁四库全书本。

② 《全唐诗》卷七二四，第8386页。

③ 李昉等编《文苑英华》卷一一〇，中华书局1966年版，第502页。

佛”[1]，摈弃以往律学的各种主张，将“戒体”统一于“修体”，并定“修体”为无相。惠能“不道之道”禅修理论，引发了中土“无修之修”的禅行生活[2]。无相戒法，只求心戒，是一种迥异于传统持戒的戒法，对后世传戒制度发生重大的影响。

慧能的再传弟子马祖道一（709—788）则更提出“平常心是道”的命题，提出“只如今行住坐卧，应机接物尽是道”。[3]马祖以后，自身宗风的变化，加之种种的历史机缘，禅宗在中国迅速发展，僧团不断扩大。道一的法嗣百丈怀海禅师有感于禅宗“说法住持，未合规度，故常尔介怀”[4]，因而别创禅林，改变禅僧寄居律院的局面，并且大约在自唐顺宗至宪宗的十几年间（805—814）制立禅门共居规约《禅门规式》，宋元时期形成完备的丛林清规，在戒律方面完成了中国化的转变，从制度上保证僧团的管理与发展。

在“行住坐卧、应机接物尽是道”的背景下，传统戒律比丘必备之物漉水囊及其滤水法，也发生了变化。北宋元丰三年余杭沙门元照作《佛制比丘六物图》，其六漉水囊依然引录道宣的文字，表明漉水囊的状况甚不乐观：“今上品高行，尚饮用虫水，况诸不肖，焉可言哉。”甚至“有不肖之夫，见执漉囊者言：律学唯在于漉袋。”[5]北宋孤山沙门智圆撰《漉囊赞(并序)》：“去圣既远，制度颓坏。殆耳其空言而不目其事实也。今之僧尚不识其规模状貌，况禀之而日行乎？”[6]认为是因为云圣日远，今世僧人不识漉囊状貌制度，更何从实行？元照认为更有甚者，“今有然不知所为处深：损生妨道者，犹不畜漉袋，纵畜而不用，虽用而不泻虫，虽泻而损虫命。且存杀生一戒，尚不遵奉。馀之威仪见命。常没其中”。

---

① 慧能《坛经》，《大正藏》第48册《南宗顿教最上大乘摩诃般若波罗蜜经六祖慧能大师于韶州大梵寺施法坛经》，第339页。

② 温金玉《六祖惠能“无相戒”法》，2013年9月六祖惠能圆寂1300周年学术研讨会。

③ 道原《景德传灯录》卷二八《诸方广语·江西大寂道一禅师语》，见顾宏义《景德传灯录译注》，上海书店出版社，2009年版，第5册，第2252页。

④ 《景德传灯录》卷六《洪州百丈怀海禅师》附《禅门规式》，《景德传灯录译注》，第1册，第428页。

⑤ 元照《佛制比丘六物图》，《大正藏》第45册，第901页。

⑥ 智圆《闲居编》第十四，《卍新续藏》第56册，第886页。

北宋崇宁二年（1103），净土宗、云门宗僧人宗赜编著《禅苑清规》十卷，是中国佛教现存最早的清规典籍，对宋元时期中国佛教寺院制度礼仪的发展发挥了重要影响。有感于漉水囊法之有戒不守，宗赜在《禅苑清规》十卷之外，自撰《新添滤水法（并颂）》，集传统律论中与漉水有关的内容及名僧大德的言行，并为之作颂，反复阐述滤水法的重要性。首以"《菩萨戒经》十八种物中滤水囊第九，常随其身，如鸟二翼"；次以"《大集经》云：畜生身细，犹如微尘十分之一，大者百万由延。故知滤水是大慈悲，乃成佛之因也。""义净三藏《放生仪》云：滤食水之人，来世当生净土"。期望大众"殷勤滤水存悲济"，成就"来世生净土""将来成佛因"。"他年净土微尘佛，尽是罗中漉出来。"在现世中，虽然"世云滤罗难安多众"，宗赜自己则一直在其主持的寺院中勉力实践滤水之法：

崇宁元年于洪济院厨前井边安大水槛，上近槛唇别安小槛，穿角傍出。下安滤罗，倾水之时全无迸溢，亦无大众沾足。浴院后架仿此，僧行东司亦皆滤水，出家之本道也。后住长芦，诸井滤水二十余处。常住若不滤水，罪归主执之人。普冀勉而行之。[①]

此后至明清，仍不时有僧人论述漉水囊，"漉水囊，护生行慈之要物也，故在六物之数。凡为僧者，不可旦夕离身。其底用致练，其匡用铁。初漉时，须深谛视。还放时，切忌损伤。大行由此而生，切莫轻为小物"。[②]也有僧人呼吁，"汝当存诚持守。竭力恢张。岂止四生有赖。抑使三宝增光"。[③]然而于漉水一法的轻戒破戒毕竟呈显无遗。

五、结语：漉水囊的如法之废

陆羽在《茶经》卷下《九之略》中提出可以不用漉水囊的条件："若瞰泉临涧，

---

① 宗赜《禅苑清规》附《新添滤水法》，第142页。
② 晚明元贤《律学发轫》卷下，《卍新续藏》第60册，第570页。
③ 《沙弥律仪毗尼日用合参》卷下，《卍新续藏》第60册，第410页。

则水方、涤方、漉水囊废。”[①] 从南朝宋元嘉年僧伽跋摩译《萨婆多部毘尼摩得勒伽》所论可知并不犯戒：“云何漉水囊？无漉水囊不得远行，除江水净、除涌泉净、除半由延内。若半由延内寺寺相接，不持漉水囊，不犯。”[②]“瞰泉临涧”同“江水净”“涌泉净”，故而“不持漉水囊”并不犯戒。

《茶经》中对于漉水囊的使用与止用皆合于戒律，实是看似未及佛教内容的《茶经》的佛教内核。

（沈冬梅　中国社会科学院古代史研究所）

① 《茶经校注》，第 101 页。
② 《萨婆多部毘尼摩得勒伽》卷第六，《大正藏》第 23 册，第 604 页。

日本禅茶文化

禅堂清规对中日茶礼的影响

滕军

论及清规的历史要追溯到中国的唐代。至百丈怀海禅师（720—814）时，当时达摩传来的禅宗在中国已有二百七八十年的历史。禅旨已颇为人们知晓，但仍没有成立正式的教团，也没有像样的禅寺。百丈怀海禅师在洪州新吴（今江西南昌奉新）的大雄山大智寿圣禅寺里集结了数百名修行僧，但因没有严格的组织规则，修行僧的生活十分杂乱。于是，百丈怀海禅师制定了《百丈清规》。

《百丈清规》中规定了禅寺的布局、僧堂的设计、僧侣们日常起居的动作、我禅寺的礼法等等。《百丈清规》成立于唐贞元年间（785—804），此间正是中国茶文化兴起之时，陆羽、皎然、白居易等都十分活跃，留下了不少有关饮茶的诗文，其中描写禅院饮茶情景的也颇多。《百丈清规》中也应包括有禅院茶礼的内容。但遗憾的是，其原文于元末失传，如今只能在《宋高僧传》第十、《唐新吴百丈怀海传》、《景德传灯录》第六、杨亿编《禅门规式》中略见残篇。《百丈清规》之后又有《禅苑清规》（1102）、《入众日用清规》（1202）、《丛林校定清规总要》（1274）、《禅林备用清规》（1311）等清规的问世。这些清规都是对《百丈清规》的辑要、删集。所以，其水平参差不齐。至元末 1335 年，百丈怀海的第十八代法孙东阳德辉在元顺帝的敕令与支持下，集结当时有学术水平的沙弥共同作业，将散落在各处的《百丈清规》残篇收集一处，审查勘定，终成《敕修百丈清规》。此清规无疑反映了当时中国禅寺的生活规范。

在《敕修百丈清规》中的九章（共91节）中，有四章（共25节）涉及禅堂茶礼。其四章是：

住持章第五

两序章第六

大众章第七

节腊章第八

其25节是：

1. 告香；

2. 受嗣法人煎汤；

3. 专使特为新命煎点；

4. 新命辞众上堂茶汤；

5. 专使特为受请人煎点；

6. 受请人辞众升座茶汤；

7. 山门特为新命茶汤；

8. 方丈特为新旧两序汤；

9. 堂司特为新旧侍者汤茶；

10. 方丈特为新首座茶；

11. 新首座特为后堂大众茶；

12. 住持垂访头首点茶；

13. 两序交代茶；

14. 入寮出寮茶；

15. 头首就僧堂点茶；

16. 方丈特为新挂搭茶；

17. 赴茶汤；

18. 新塔挂人点入寮茶；

19. 方丈小座汤；

20. 方丈四节特为首座大众茶；

21. 库司四节特为首座大众茶；

22. 前堂四节特为后堂大众茶；

23. 旦望巡堂茶；

24. 方丈点行堂茶；

25. 库司头首点行堂茶。

下面，具体分析一下第23节“旦望巡堂茶”的茶礼。原文如下：

住持上堂，说法竟白云，下座巡堂吃茶，大众至僧堂前，依念诵图立。次第巡入堂内，暂到与侍者随众巡至圣僧龛后，暂到向龛与侍者对面而立，大众巡遍立定。鸣堂前钟七下，住持入堂烧香巡堂一匝归位。知事入堂排列圣僧前问讯，转身住持前问讯，从首座板起巡堂一匝。暂到及侍者随知事后出。烧香侍者就居中问讯揖坐，俟众坐定，进前烧香及上下堂、外堂。先下间，次上间，香合安元处。炉前逐一问讯，揖香毕，归元位。鸣钟二下，行茶瓶出，复如前问讯，揖茶而退。鸣钟一下收盏，鸣钟三下，住持出堂。首座大众次第而出，或迫他缘，或住持暂不赴，众则粥罢，就座吃茶，侍者行礼同前。

其大意是说，住持在佛堂说法完毕，说：“下座巡堂吃茶！”于是众僧按念诵经文时的排列方法依次站好（关于其排列方法，可参考《念诵巡堂之图》。然后众僧按规定的方式巡回入僧堂。刚来的修行者与侍者绕到佛龛的后面，刚来的修行者面对着佛龛，对着侍者站好。众僧巡回一圈之后站到定位上。堂前钟响七下时，住持进入僧堂烧香，在僧堂里巡回一圈坐到规定的位子上。接下来知事入僧堂，先向佛龛行合掌礼，然后到住持前行合掌礼。一声禅板响后，由首座领头，众僧们在僧堂内按一定的路线再巡堂一圈。这时，知事、侍者和刚来的人走在队伍的末尾。负责烧香的侍者在僧堂中间的香炉边行礼，然后进香。之后为僧堂内外的香炉一一进香，将余下的香放回原处后，行归位礼。这时，钟响两下，侍堂的僧人手持茶瓶进入僧堂，行礼斟茶之后退出。这时，钟响一下暗示开始收茶碗，钟再响三下暗示住持退场，接下来便是首座、众僧依次退场。如果有其他事或住持暂不出堂，大家便吃粥，吃粥后再用茶，其茶礼与前相同。

从以上《敕修百丈清规》中有关禅堂茶礼的25节之一的“旦望巡堂茶”的进行过程中，我们可以看到宋元时期中国禅堂茶礼的概貌。其茶礼的进行有严格的步骤，各级禅僧的进场时间有明确的先后，所在的位置有明确的不同。引导、敲钟、敲板、烧香、上茶者分工明确。甚至板敲几下、钟敲几下都有明确的文字规定。这些非常具体的细则规定只有在长期的禅寺茶礼的实际经验的积累之上才能形成，应该说，《敕修百丈清规》正是对我国宋元时期禅堂茶礼的高度总结和指导总则。

如今，在日本京都的东福寺，其开山圆尔辨圆辞世已有近七百余年。但在每年圆尔辨圆的忌日（10月17日）里，东福寺都要举行“方丈斋筵”。从中可以看到《敕修百丈清规》所述茶礼的缩影，也可以凭此追溯宋元时期中国径山寺禅堂法式的轮廓。当然东福寺茶礼经日本僧侣七百余年的精雕细刻、反复磨砺，加之有实际资料可考，我们可以叙至细部：

当日，大方丈（禅寺的主要建筑）入口处悬挂“煎点”的木牌，方丈内部的中堂正面悬挂圆尔辨圆的画像，其两侧悬挂寒山、拾得的画像。画像前摆一张桌子，上置花、烛、茶、汤（热水）、果、饷（供物）。方丈地中央设有香台，上置香炉。至定时，侍衣（负责引导者）手持点名册站在方丈外长廊处点名，已在长廊下集结好的禅僧按被点到的顺序依次入场。在方丈门口有侍药（负责茶事者）迎立，凡禅僧入场时都与之合掌互致礼。入场后，禅僧们按照摆放在方丈前的照牌上的说明找到自己的定位站好。这时主持入场，主持先走到主对位处，与站在主对位上的人（一般是请来的贵宾）致一礼，然后转身向站在宾位、宾对位上的人致一礼。之后，做合掌的姿势行走至主位上。这时，主位、宾位、主对位、宾对位上的人一齐将小坐垫折起来放在一边（这种小坐垫只在坐禅时用）。入场完毕后，侍衣进场，走三步，行单腿下跪礼，用中启（一种指令扇）指在场的人一周，于是在场者一同合掌坐下，并将写有自己名字的小牌放在右膝旁。

侍衣再次入场，沿香台的东侧走至烛台前，将蜡烛点燃，再沿香台的东侧退出。接着，侍香（负责点香者）在场外由左脚起动走三步用右脚迈入场内，立定，向在座合掌致礼，在座者均回礼。侍香拱手走至场中央的香台，行单腿下跪礼，双手取出香台下的香盒，用左手的拇指、食指、中指将香盒盖打开，并将盖重叠在香盒的下面。然后沿香台的西侧走至方丈北面的桌前，用右手的拇指、食指、中指捏一些香末放在香炉里。然后由右脚起动向后退半步，两脚并齐，左转，绕过场中央香台的东侧至场中央香台的前侧，再捏一些香末放在香台上的香炉里。然后，侍香行单腿下跪礼，将香合放回香台下。拱手站立。最后，侍香右腿起动退三步，合掌行礼。在座众僧均合掌回礼，侍香退场。

接着，侍衣再次入场。通过中央香台东侧走至桌前将蜡烛灭掉。然后，侍衣退场。接着，侍香在左，侍药在右，排成一列，由左脚起动走三步用右脚迈入场，至主位前，深致一礼，坐到自己的位子上，将写有自己名字的小牌放在右膝旁。

侍衣入场，绕场一周，从东北角转至西北角，将缺席者的名牌收掉。接下来，由奉行（负责杂务者）将放置在主对位和宾对位身旁的座头屏风收掉。在坐者将各身边的小坐垫折好放在右侧，将佛珠放在坐垫上。

接下来是用餐。端食盘（黑色方盘上放有米饭、酱汤、炖菜）的工作是由四名供给僧和四名提给僧完成的，供给僧和提给僧并列进入方丈。供给僧空手，提给僧端一个食盘。双双至主位处，供给僧从提给僧手上接过食盘，递给坐在主位上的住持。如此，依次将食盘端送给每一位在座的禅僧。

然后，奉行入场，手持中启行礼。于是众人开始用餐。当然是简单的素食。用餐完毕后，当住持放下筷子时，在场的人也一同放下筷子。接下来便是撤下食盘，要领与前相同。

下面便是供茶。供茶僧右手拿一只黑色点心盒（内盛有点心），左手拿一只带有碗托的黑釉茶碗（内盛有茶粉）。供茶僧在住持前行单腿下跪礼，将点心盒放在住持的右侧。然后，用双手将茶碗放在住持的左侧。之后，供茶僧以同样的方式为主对位、宾位、宾对位上的人端来点心和茶碗。对于其他在座，则用大食盘送递茶点。

点茶僧左手提执壶（内盛有热水）右手拿茶刷入场。茶刷插放在执壶口上。点茶僧走至住持前。这时，住持将碗及碗托端起，点茶僧往碗里斟热水，为使水不外溅，用茶刷轻掩壶嘴处。斟完水，把执壶收至右腋下（这样做可以将袈裟的宽袖子捋起，以方便右手的动作）。点茶僧用茶刷在茶碗里搅拌，直觉搅拌出一层泡沫。当在座的茶都点好之后，全体一齐喝茶。

喝茶毕，供茶僧入场，将点心盒、茶碗撤下。至住持及主对位、宾位、宾对位前行单腿下跪礼，在其他坐前免礼。

在座一同起立，由住持领先依次退出方丈。“方丈斋筵”至此结束。

以上，笔者对日本东福寺茶礼进行了较详细的记述。此茶礼已有七百余年的历史，至少在东福寺被“上演”了700多次。至于其中的细部，为什么要这样做，连东福寺的僧人们也说不清楚。但他们只一味地代代传承着，在开山祖师的遗像前不敢有半点儿的差错。也许正是日本文化中所特有的重视传承的传统，才能让我们在今天看到如此庄严的禅寺茶礼。

参考资料：

1.《茶道古典全集》，淡交社，1958年。

2. 西部文净《禅与茶》，淡交社，1976年。

3. 伊藤古鉴《茶与禅》，春秋社，1985年。

4. 滕军《日本茶道文化概论》，东方出版社，1992年。

（滕军　北京大学）

日本“四大茶会记”所载中国禅僧墨迹挂轴初探

江静　杨洋

在日本茶人眼里，壁龛（“床の間”）是茶室中最为神圣的场所，壁龛中悬挂的书画作品，也就是所谓的“茶挂”，更是反映茶会主题与主人情趣的关键之物，具有十分重要的意义。被奉为“茶圣”的千利休曾言：“未有如茶挂般如此重要的道具，此是帮助主客修茶汤三昧，得道开悟之物。”[①]本文将通过对“四大茶会记”的解读，考察日本茶道形成早期茶室用中国禅僧墨迹挂轴的基本情况。

所谓“四大茶会记”，是指16世纪中期茶道形成早期出现的最为著名的四部会记，即《松屋会记》《天王寺屋会记》《宗湛日记》《今井宗久茶汤日记拔书》，是我们了解千利休（1522—1591）时代日本茶道情况的基础史料。所谓“茶会记”，简称“会记”，是指茶事的记录，包括记录自家茶会情况的“自会记”和记录他家茶会情况的“他会记”，记录的内容包括茶会的时间、地点、参加人员、壁龛装饰、使用道具、茶会料理，有时还会加入茶会时的谈话摘要和对茶会情况的简短评论，是茶道史研究的重要史料。

① 久松真一校注并解题：《南方录》，京都：淡交社，1975年，第10页。原文为日文，此为笔者译文。

一、“四大茶会记”及其有关中国禅僧墨迹茶挂的记载

（一）《松屋会记》及其相关记载

《松屋会记》是日本现存最早的茶会记。作者为茶人松屋久政、松屋久好、松屋久重祖孙三代。松屋家世代经营漆器商铺，为奈良当地豪商，拥有著名的松屋三名物：南唐画家徐熙（？—975）的白鹭绿藻图、放茶容器松屋肩冲及存星盆。

松屋久政(1521—1598)年轻时即热衷茶道，与千利休交往甚密，被认为是珠光流茶道的传承者。松屋久好（？—1633）系松屋久政的嗣子，曾与父亲一起参加天正十五年（1587）举办的北野大茶会。松屋久重（1567—1652）系松屋久好之子，著有《松屋名物集》《松屋笔记》《茶汤秘抄》《茶道四祖传书》等。

《松屋会记》皆为他会记，始记于天文二年（1533），终于庆安三年（1650），持续百余年。具体情况如下：“松屋久政他会记”始记于天文二年（1533），终于庆长元年（1596）；“松屋久好他会记”始记于天正十四年（1586），终于宽永三年（1626）；“松屋久重他会记”始记于庆长九年（1604），终于庆安三年（1650）。其中，以“松屋久好他会记”记载内容最为详细。《松屋会记》原本现已散佚，本文依据的是《茶道古典全集》整理的版本。

《松屋会记》对于茶会用茶挂皆有记载，兹举两则与中国禅僧墨迹有关的记载如下。

永禄十一年（1568），松屋久政应邀参加堺市宗也举办的茶会，对于茶室内的挂轴，他记录如下：

> 墙上挂着圆悟的墨迹，长一尺一寸有余，宽两尺多，上面的文字到年号共有十九行，上下隔水均用平纹丝绸，文字部分用金色的绸缎装饰。[①]

从这则记载中，我们可以看出这场茶会使用的茶挂是南宋高僧圆悟克勤

---

① 千宗室监修《茶道古典全集》第九卷《松屋会记》，京都：淡交社，1957年，第66页。原文为日文，此为笔者译文。

（1063—1135）的墨迹。然而，作者只对墨迹的装裱情况有详细的记录，对墨迹的文字内容却只字未提，甚是遗憾！

宽永八年（1631），松屋久重记录了京都豪商大文字屋举办茶会时使用的挂轴：

墙上挂着虚堂墨迹，长九寸五分，宽二尺二寸五分以上，上下均用北绢，中间用金色绸缎装饰，绸缎印有紫色的小花。①

可见此场茶会使用的是南宋高僧虚堂智愚（1185—1269）的墨迹，只是从此记录中，我们依然不知墨迹的内容。

通过对《松屋会记》中记载的书法茶挂的初步检索，我们发现：1. 有至少22位宋元禅僧的墨迹曾62次出现在现存的松屋祖孙记录的茶会中。2. 苏轼、黄庭坚、张即之、赵孟頫等四人的书法作品偶尔也会出现在茶会上。3. 有至少18位日本僧俗的书法作品曾80次出现在现存的松屋祖孙记录的茶会中，其中，多数作者担任过京都大德寺住持。

（二）《天王寺屋会记》及其相关记载

《天王寺屋会记》是堺市豪商津田宗达、津田宗及、津田宗凡和江月宗玩祖孙三代所作的茶会记录。津田家族凭借与明朝的贸易积聚了大量的财富，因此也收藏了大量的茶道名器，他们的商号名为“天王寺屋”。

津田宗达（1504—1566）不仅是一名豪商，也是堺市自治组织“会合众”的成员之一，曾在大德寺修禅，并随武野绍鸥习茶，拥有茶器名品三十种，可谓茶道名人。天文十七年（1548），他开始记录自办或出席的茶会活动，直到永禄九年（1566）去世，留下自、他会记各两卷。

津田宗及（？—1591)，津田宗达长子，政商。曾随父亲学习武野绍鸥流茶道，与今井宗久、千利休一同担任织田信长、丰臣秀吉的茶头，负责他们的茶事活动，为“天下三宗匠”之一。留下的茶会记包括：《宗及茶汤日记他会

① 千宗室监修《茶道古典全集》第九卷《松屋会记》，第280页。原文为日文，此为笔者译文。

记》四卷，记录了永禄八年(1565)到天正十五年（1587）出席的各种茶会活动；《宗及茶汤日记自会记》六卷，记录了永禄八年到天正十五年自家举行的各种茶会活动，其中一卷是天正十一年到天正十五年在大阪的自会记；《道具拜见记》一卷，记录了永禄九年到元龟三年（1572）期间目睹的珍贵茶道具。

津田宗凡(？—1612)，津田宗及的嫡子、天王寺屋的继承者。随父学习武野绍鸥流茶道，曾任丰臣秀吉的茶头。留下的茶会记仅有天正十八年（1590）的《他会记》一卷。

江月宗玩（1574—1643），津田宗及之子、津田宗凡之弟，嗣法大德寺春屋宗园，历住大德寺、博多崇福寺、堺市南宗寺、平户正宗寺第，深受公武两方上层官员的崇信，在茶道、书画、墨迹鉴定方面皆有非凡的才能，奉小堀远州为茶道老师，与千利休之孙千宗旦交往甚密，促进了大德寺禅与千家茶道的融合。留下的茶会记仅有元和元年（1615）到元和二年（1616）的《他会记》一卷。

《天王寺屋会记》包括以上四人的茶会记，记录时间始于天文十七年（1548），终于元和二年（1616）。它不仅是我们研究日本茶道史，也是我们了解当时武家政权及社会状况的珍贵的历史资料。《天王寺屋会记》原本多已散佚，本文依据的是《茶道古典全集》整理的本子。

出现在《天王寺屋会记》中最多的茶挂是南宋高僧西岩了惠（1198—1262）的墨迹，兹举几则相关记载如下：

弘治四年（1558）六月二十六日，津田宗达举办了招待春林宗俶和尚、宗闲等三人的茶会，“茶室中挂着西岩了惠的墨迹”[①]。

同年十二月十七日，津田宗达举办了招待木村新右卫门和道易的早茶会，茶席内“挂着西岩了惠的墨迹”[②]。

天正八年（1580）十一月，津田宗及邀请宗传、宗叱和道叱三人参加茶

① 千宗室监修《茶道古典全集》第八卷《天王寺屋会记》，京都：淡交社，1970年，第59页。原文为日文，此为笔者译文。

② 千宗室监修《茶道古典全集》第八卷《天王寺屋会记》，第64页。原文为日文，此为笔者译文。

会，茶席内“挂着西岩了惠的墨迹”[①]。

以上三场茶会是津田父子在自家举办的茶会上使用了西岩了惠的墨迹。天文十八年（1549）十二月，津田宗达与千利休之子千道安等人参加了兵库助赖次举办的早茶会，茶席内也是“挂着西岩了惠的墨迹”[②]。

通过初步检索，我们发现：1. 至少有 18 位宋元禅僧的墨迹曾 215 次出现在《天王寺屋会记》中。2. 李仲和、米芾、张即之、冯子振、赵孟頫等人的书法作品偶尔也会出现在茶会上，其中以冯子振（5 次）、张即之（3 次）较多。3. 有至少 13 位日本僧俗的书法作品曾 110 次出现在《天王寺屋会记》中，其中，以镰仓时代初期的公卿、歌人藤原定家（1162—1241）的作品最受欢迎，出现次数多达 84 次，此外，除了京都大德寺几任住持，某些著名的富商茶人的作品也开始出现在茶会中。

（三）《宗湛日记》及其相关记载

《宗湛日记》是博多豪商神屋宗湛所作的茶会记录。

神屋宗湛（1551—1635），又称神谷宗湛，博多豪商“神屋”商号的继承人。神屋家世代从商，自室町时代中期起即是博多豪商，其曾祖父神屋寿贞因成功开发了石见市的银矿山，积聚了大量的财富。神屋宗湛先后受到织田信长、丰臣秀吉的支持，作为特权政商，与朝鲜、中国、吕宋（今菲律宾）、暹罗（今泰国）等国进行海上贸易，获得巨额利润。作为博多第一豪商，曾资助丰臣秀吉平定九州、征伐朝鲜，后又资助丰前国（今福冈县东部、大分县北部）领主黑田长政建设福冈城。神屋宗湛曾于天正十四年（1586）在大德寺随古溪宗陈（1532—1597）受戒剃度。宗湛爱好茶道，与千利休、津田宗及等人有深交。

《宗湛日记》记录了天正十四年（1586）十一月末到庆长十八年（1613）

---

① 千宗室监修《茶道古典全集》第八卷《天王寺屋会记》，第 345 页。原文为日文，此为笔者译文。

② 千宗室监修《茶道古典全集》第八卷《天王寺屋会记》，第 14 页。原文为日文，此为笔者译文。

十二月期间，神屋宗湛在京都等地出席的各种茶会以及在博多自家茶室举办的茶会的情况。日记对茶人的动态、茶器的形状及价格、茶挂的形制及部分内容等皆有记录，是研究日本茶道史、美术史以及安土桃山时代政治史的珍贵史料。《宗湛日记》原本已不存，本文依据的是《茶道古典全集》整理的本子。《宗湛日记》对于茶挂的记载大多也如前面提到的两本会记般比较简单。例如，天正十五年（1587）正月，神屋宗湛应邀出席堺市富商茶人钱屋宗讷举办的茶会，对于席间悬挂的无准师范的墨迹，他介绍如下：

> 无准墨迹，长一尺左右，宽两尺三寸左右，上下均用刺松藻色的丝绸，中间用红色和金色的绸缎装饰，文字用紫色的牡丹花纹装饰，留白，字数有三十二字，共八行。①

此则记载对于墨迹的内容没有提及，不过从“三十二字，共八行”来看，应是四言偈语。

相比四大茶会记中的其他三种会记，神屋宗湛有时也会记录墨迹的内容。例如：文禄二年（1593）一月十六日，神谷宗湛受邀参加名护屋（位于今佐贺县）施药院全宗举办的茶会，茶室里挂着密庵的墨迹，“立一尺三四寸、横一尺四五寸”，内容为四行诗偈，每行十字，宗湛特别对墨迹的部分内容作了记录，前两行诗偈为“参禅无他术，〇要心坚固。棒打俱不回，颈佛魔弗〇”，末尾有“日住华藏密庵书”的题识②。

通过初步检索，我们发现 :1. 至少有 13 位宋元禅僧的墨迹曾 31 次出现在现存的《宗湛日记》中。其中，以虚堂智愚的墨迹最受欢迎，出现次数为 10 次。2. 张即之、赵孟頫的作品偶尔也会出现在茶会记中。3. 至少有 4 位日本僧俗的书法作品曾 15 次出现在《天王寺屋会记》中，其中 8 次是藤原定家的作品。

---

① 《茶道古典全集》第六卷《宗湛日记》，京都：淡交社，1970 年，第 177 页。原文为日文，此为笔者译文。

② 《茶道古典全集》第六卷《宗湛日记》，第 286—287 页。

（四）《今井宗久茶汤日记拔书》及其相关记载

《今井宗久茶汤日记》是堺市豪商今井宗久所作的茶会记。

今井宗久（1520—1593）除了经营仓库，从事金融，还贩卖铁炮、火药，并因此积累了巨额的财富，与织丰政权关系密切。今井宗久曾随武野绍鸥学习茶道，并成为绍鸥的女婿。先后担任织田信长、丰臣秀吉的茶头，与千宗易、津田宗及并称为“天下三宗匠”。

《今井宗久茶汤日记》大部分已散佚，现存部分为天文二十三年（1554）到天正十七年（1589）期间 83 场茶会的自会记和他会记，称《今井宗久茶汤日记拔书》，收录在《茶道古典全集》第十卷，也是本文依据的版本。

天文二十三年（1554）正月二十八日晨，今井宗久与武将松永久秀参加了武野绍鸥举办的茶会。对于茶席使用的茶器，今井宗久作了十分详细的记载，其中关于茶挂介绍如下：“壁龛处挂着虚堂的墨迹”，“墨迹挂轴长三尺一寸，宽一尺三寸，上下均用深橄榄绿色的绢布装饰，中间用浅色的金丝织花锦缎装饰，挂轴上垂下两条金丝的织花锦缎”①。

永禄四年（1561）三月十五日，今井宗久和武将三好实休、千利休一起参加了针屋宗春举办的茶会，“茶室壁龛处挂着西严了惠的墨迹”②。

通过初步检索，我们发现 :1. 至少有 7 位宋元禅僧的墨迹曾 18 次出现在现存的《今井宗久茶汤日记拔书》中。其中，以虚堂智愚的墨迹最受欢迎，出现次数为 10 次。2. 出现在《今井宗久茶汤日记拔书》中的中国文人作品仅 1 件，作者为明代文人詹仲和（1488—1505）。3. 藤原定家和大德寺住持古溪宗陈的作品也出现在《今井宗久茶汤日记拔书》中。

---

①《茶道古典全集》第十卷《今井宗久茶汤日記拔书》，京都：淡交社，1970 年，第 3 页。原文为日文，此为笔者译文。

②《茶道古典全集》第十卷《今井宗久茶汤日記拔书》，第 11 页。原文为日文，此为笔者译文。

二、“四大茶会记”所载中国禅僧墨迹茶挂的主要作者

“四大茶会记”共记载了19位宋僧、15位元僧的墨迹茶挂，其中，较多出现的宋元禅僧依次是：西岩了惠（85次）、虚堂智愚（69次）、圆悟克勤（30次）、无准师范（21次）、密庵咸杰（18次）、中峰明本（14次）、一山一宁（13次）。现依次介绍如下：

西岩了惠（1198—1262），一作西岩了慧，俗姓罗，四川蓬州人，嗣法无准师范。曾住持宁波天童寺。了惠墨迹出现在茶会中的次数虽然最多，可是，除两次外，皆出现在津田宗达、宗及父子自家举办的茶会上，可见他的墨迹颇受宗达父子的喜爱。

虚堂智愚（1185—1269），俗姓陈，今浙江象山人。嗣法镇江金山寺运庵普岩（1156—1226）。绍定二年（1229）初住嘉兴兴圣寺，后又历住嘉兴报恩光孝寺、庆元府显孝寺、婺州云宝林寺、庆元府阿育王寺、临安府净慈寺、径山寺诸刹。为宋理宗、度宗归依师，教化鼎盛。有《虚堂和尚语录》十卷行世。至于智愚墨迹特别受茶人青睐的理由，主要有以下三点：首先，智愚是一名道行高远的禅门巨匠。其次，如前所述，智愚既是南浦绍明的嗣法师，又是一休宗纯的前世僧，绍明不仅将南宋的制茶技术和茶宴礼法传到日本，也是大德寺开山宗峰妙超的嗣法师；宗纯则是茶道开山祖村田珠光的传法师，也是大德寺的中兴之祖，两人皆是日本茶道史上的重要人物，智愚也因此缘分在茶人心目中具有无上崇高的地位。最后，日本茶道界向来重视传承有绪的茶道具，早期持有智愚墨迹的人物中，多有茶道名家，他们使用过的茶道具，是后世茶人争相追逐的珍品。[①]

圆悟克勤（1063—1135），俗姓骆，今四川成都郫县人。嗣法五祖法演（1018—1104），先后在南北七处寺院传法，晚年住持成都昭觉寺，“传法地域遍布相当现在的四川、湖南、江苏、河南、江西诸省，曾受到上至皇帝、皇亲国戚、大臣权贵，下至普通儒者、僧俗信众的信奉或支持，声名卓著，弟子

① 关于虚堂墨迹在日本近世茶道界的流传情况，可参考拙文《虚堂智愚墨迹东传与日本近世早期茶道》（载《日语学习与研究》2015年第5期）。

很多”[①]。有《碧岩集》十卷、《佛果禅师语录》二十一卷存世。根据山上宗二的说法，茶道开山祖村田珠光将他从一休宗纯处获得的圆悟克勤墨迹用于茶会，开创了茶室挂墨迹的先河[②]。此外，江户时代成书的《南方录》也提到珠光茶室“悬挂秘藏的圆悟墨迹”[③]。圆悟克勤作为一代名僧，又是大慧、虎丘两派的祖师，他的墨迹受到茶人推崇也是情理之中的事情。

无准师范（1178—1249），俗姓雍，今四川省梓潼县人。嗣法径山寺住持破庵祖先。历住明州清凉寺、镇江府焦山普济寺、庆元府雪窦寺、明州阿育王寺等。绍定五年（1232），奉宋理宗之命主持临安府径山兴圣万寿禅寺。住持径山寺十七年期间，多次应召入宫，为宋理宗及皇太后说法，获赐“佛鉴禅师”号及金襕袈裟。有《无准师范禅师语录》五卷、《无准和尚奏对语录》一卷存世。无准师范在日本影响很大，日本禅宗早期形成的二十四流派中，有三分之一是无准师范的弟子及其法孙们创建。

密庵咸杰（1118—1186），俗姓郑，今福建省福清县人，应庵昙华法嗣。南宋乾道三年（1167），主衢州乌巨山乾明禅院，后相继住持衢州大中祥符禅寺、建康府蒋山太平兴国禅寺、常州褒忠显报华藏禅寺、临安府径山兴圣万寿禅寺、临安府灵隐寺、明州天童景德禅寺。有《密庵和尚语录》一卷行世。嗣法弟子众多，最负盛名者为松源崇岳、破庵祖先、曹源道生，三人分别形成的松源派、破庵派、曹源派，皆为中日禅宗史上的重要派别，影响深远。

中峰明本（1263—1323），俗姓孙，今浙江杭州人，嗣法天目山高峰原妙（1238—1295）。居无定所，或泊船中，或止庵室，自称幻住道人，以深厚的佛法修证、高洁的道德情操受到帝王士大夫的尊崇，被誉为“江南古佛”，声名远播海内外。著有《天目中峰和尚广录》三十卷、《天目明本禅师杂录》一卷、《幻住庵清规》一卷、《梅花百咏》一卷等。中峰明本是元代来华日僧的主要参访对象，见载于史料的明本日本弟子多达二十一人，其中嗣法者有远溪祖雄、

---

① 杨曾文：《宋元禅宗史》，北京：中国社会科学出版社，2006 年，第 383 页。

② 桑田忠亲校注并解题：《山上宗二記》，载千宗室等編《茶道古典全集》第六卷，京都：淡交社，1958 年，第 72 页。

③ 久松真一校注并解题:《南方録》，京都：淡交社，1975 年，第 52 页。此为笔者译文。

复庵宗己、无隐圆晦、业海本净、古先印元、明叟齐哲、义南菩萨等七人。

一山一宁（1247—1317），俗姓胡，今浙江省临海县人。嗣法阿育王寺住持顽极行弥。至元二十一年（1284），住持庆元府昌国县祖印寺，三十一年，为普陀寺住持。元成宗大德三年（1299），受赐金襕袈裟及“妙慈弘济大师”号，以“江浙释教总统”的身份出使日本。先后住持镰仓建长、圆觉、净智、南禅等寺。后宇多法皇赠其“一山国师”之号。有《一山国师语录》二卷行世。

三、“四大茶会记”所载中国禅僧墨迹茶挂的作者法系

据初步统计，宋元禅僧墨迹出现在“四大茶会记”中共有326次，这些墨迹分别出自34位禅僧之手，这些僧人皆来自圆悟克勤的法系。圆悟克勤的弟子中，以虎丘绍隆和大慧宗杲后世影响最大，两人分别开创了虎丘派和大慧派。虎丘派在密庵咸杰之后又分为松源系、破庵系、曹源系三支，延绵流长，影响深远。各派传承关系如下图所示：

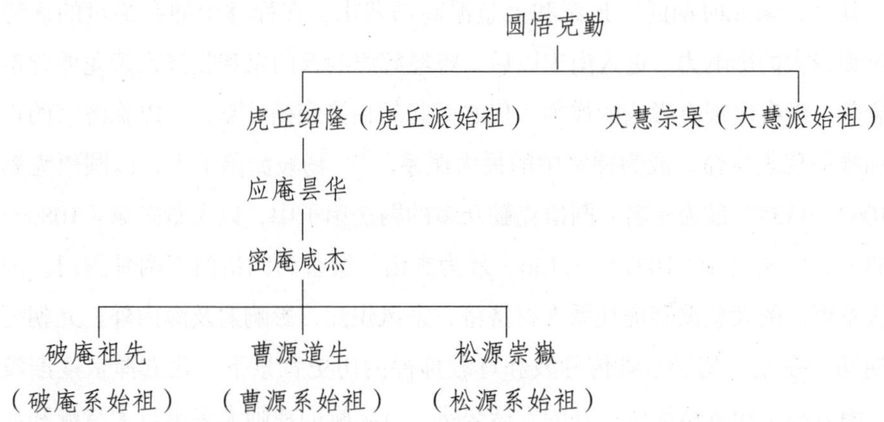

出现在“四大茶会记”中的大慧派僧人共计8人，墨迹数合计23次，详情如下：拙庵德光（2次）、楚石梵琦（7次）、大川普济（1次）、北礀居简（4次）、物初大观（4次）、东阳德辉（2次）、笑隐大訢（2次）、用章廷俊（1次）。

出现在“四大茶会记”中的虎丘派僧人共计25人，墨迹数合计为271次。除去密庵咸杰（18次），其下三支派系详情如下：

虎丘派松源系：蒺藜正昙（2次）、灭翁文礼（1次）、兰溪道隆（4次）、虚堂智愚（69次）、大休正念（2次）、西涧子昙（2次）、古林清茂（3次）、了庵清欲（8次）、月江正印（1次）、竺仙梵僊（1次）、灵石如芝（2次），共计11人，墨迹出现次数合计95次。

虎丘派破庵系：破庵祖先（1次）、无准师范（21次）、无学祖元（1次）、牧溪法常（1次）、西岩了惠（85次）、兀庵普宁（6次）、愚极智慧（1次）、镜堂觉圆（1次）、清拙正澄（2次）、中峰明本（14次）、龙岩德真（1次），共计11人，墨迹出现次数合计134次。

虎丘派曹源系：痴绝道冲（11次）、一山一宁（13次），共计2人，墨迹出现次数合计24次。

上面的统计结果显示，茶挂用墨迹的作者集中在虎丘派和大慧派，特别是虎丘派僧人的墨迹最受茶人青睐。之所以出现上述情况，当出于以下三方面的原因：

其一，宋元时期的虎丘派和大慧派高僧辈出，在禅林中拥有绝对的优势地位和极大的影响力。进入南宋以后，曾经辉煌的云门宗和临济宗黄龙派皆走向衰落，没有出现有影响的禅师。代之而起的临济宗杨岐派，“以临济宗的正宗和唯一代表自命，成为禅宗中的最大派系”[①]。杨岐派弟子中，以圆悟克勤（1063—1135）最为有名。圆悟克勤众多的嗣法弟子中，以大慧宗杲（1089—1163）、虎丘绍隆（1077?—1136）最为杰出，被誉为圆悟门下两甘露门。两人法系形成的大慧派和虎丘派人材济济，宗风炽烈，影响遍及海内外。元朝统治期间，在元王朝崇奉藏传佛教和尊教抑禅的历史背景下，北方禅宗逐渐没落，南方禅宗却依然保持良好的发展势头，有影响的禅师大多出自大慧派和虎丘派。

其二，日本禅宗法系主要来自虎丘、大慧两派。东传日本的禅宗24流中，

① 杜继文、魏道儒：《中国禅宗通史》，南京：江苏人民出版社，2008年，第439页。

有19流来自虎丘、大慧两派，其中，1支属于大慧派，18支属于虎丘派。北宋时期的来华日僧大多以巡礼天台山、五台山等佛教圣地为主。进入南宋以后，随着北方相继被金、辽两国统治以及禅宗在江南的兴盛，日僧来华的活动区域主要集中在南方地区，目的由巡礼变为了学习佛法，特别是禅宗的学习，在南方拥有绝对影响力的虎丘、大慧两派的高僧成为日僧来华访学的主要对象。五山十刹制度确立后，拥有五山的杭州、宁波成为来华日僧留学的主要城市，正如夏应元所言，以来华日僧参访人数多少为序的话，南宋时期杭州的径山寺为第一，至元代则为杭州的天目山①。南宋高僧中，无准师范、虚堂智愚在日本影响最大；元代高僧中，天目山中峰明本、金陵保宁寺古林清茂是日本僧人参学的主要对象，以上四人皆出自虎丘派。

其三，大量虎丘、大慧两派高僧的墨迹东传日本，为其出现在茶会上创造了条件。笔者曾做过初步统计，日本现存宋元禅僧墨迹至少有648件，其中，包括13位赴日僧留下的190件墨迹以及未曾去过日本的禅僧留下的458件墨迹。13位赴日僧中，仅1位属曹洞宗僧，其余皆为虎丘派僧。458件墨迹中，有427件墨迹明确出自虎丘、大慧两派高僧之手②。这些墨迹东传日本后，首先是保存在相关的禅寺中，后来，随着15世纪中叶日本进入战国时代，不少寺院走向衰落，部分墨迹因此流出寺院，传到以幕府将军为首的上层武士手里，不久，又被富商茶人所收藏，成为茶会中的挂轴。

四、结语

“四大茶会记”的作者皆为富商茶人，均与织丰政权等当权者关系密切，交往的对象包括上层武士、寺院高僧、富商茶人以及公卿贵族，反映的是16世纪中叶到17世纪初关西和博多地区茶道界的基本情况。

“四大茶会记”关于墨迹挂轴的记载往往只涉及墨迹的作者、尺寸、裱装

① 夏应元:《古代日本人来华活动路线研究》,《世界历史》1992年第6期，第13、14页。

② 详见拙著《日藏宋元禅僧墨迹选编》序言及附录，西南师范大学出版社、人民出版社，2015年。

形式，对于墨迹的内容少有交待，反映了相比墨迹的内容，茶人们更多关注的是墨迹的作者和形制。究其原因，可能是因为宋元禅僧墨迹的内容多为法语偈颂，能理解其中深意的茶人并不多，大多数人只是出于惯例，甚至是为了炫耀传承有绪的名物而悬挂墨迹。

出现在“四大茶会记”中的书法作品除了宋元禅僧墨迹，还有中国文人以及日本僧俗的作品，情况如下：1. 中国文人作品 19 件次，作者包括苏轼（1037—1101）、黄庭坚（1045—1105）、米芾（1051—1107）、张即之（1186—1263）、冯子振（1253—1348）、赵孟頫（1254—1322）等，这些人有个共同的特点，即皆为亲近佛法，特别是禅宗的书画名家。2. 日本僧侣作品 90 件次，其中 2 件分别出自华严宗僧明惠上人（1173—1232）和大德寺开山宗峰妙超 (1282—1337) 的嗣法师南浦绍明（1235—1308）之手，其余为 18 位大德寺历代住持所作。3. 日本在家人作品 115 件次，其中有 100 件次出自平安时代末期、镰仓时代初期的公卿兼著名和歌创作者藤原定家（1162—1241）之手，反映了他在茶人心中的特殊地位。

总而言之，在 16 世纪中叶到 17 世纪初关西和博多地区的茶道界，中日禅僧墨迹是茶挂的首选之物，至于其中的原因，笔者曾总结为以下三个方面：首先，茶与禅，特别是日本茶道在形成过程中与禅宗的密切关系为墨迹的使用奠定了基础。其次，“茶圣”千利休的倡导推动了墨迹的流行。最后，禅僧书法符合日本人独特的审美意识[①]。

（江静，浙江工商大学东方语言文化学院；杨洋，安徽文达信息工程学院）

① 详见拙文《日本近世茶会中的宋元禅僧墨迹》，载《法门寺博物馆论丛（总第 5 辑）》，2012 年。

试论明治期的“茶禅一味”

——以茶人和文人作品为中心

顾雯

饮水思源是日本文化中的一大课题。茶、禅和禅宗等文化的源头都来自中国，如何摄取理解异国先进文化，如何表达对外来先进文化的敬意，如何突破陈规陋习，与时共进，去治愈患有痼疾的社会弊病，佛教新宗的引进及近代对禅的思考，成为日本茶文化创造和净化的原动力。为此禅在日本文化性格的形成及日本文化的创造上起着重要的作用，禅也被称为表现日本风格的一部分[①]。

本文从日本茶道发展史和佛教新宗的传来，到明治时代日本茶道定位为日本文化之代表，以明治时代茶人田中仙樵著书宣言《茶禅一味》和同时代小说家夏目漱石《草枕》中描述的“黄檗宗观海寺的月下苦茶”为中心，展示明治时代日本茶道和现代文学上对“茶禅一味”的诠释。

一、佛教宗派传来寄予日本茶道发展

茶道是日本传统文化中的一个重要内容。其产生、发展、定型的全过程，折射出中日文化交流的历史印痕，并与佛教宗派的传来有着不解之缘。最初记载于史册的茶事活动，是承担遣唐使重任的佛教僧侣们，日本茶道最初的茶道具来自中国禅寺的茶礼，茶室里首先以德高望重的中国禅师墨迹作为悟道的一

① 铃木大拙《禅和日本文化》，岩波新书，1940 年，第 11 页。

具，茶人先师们亲自参禅，茶人和禅僧的文献中记录有“茶和禅”的论说[①]。

平安时代就有在大唐长安留学近30年的大僧都永忠（743—816），815年以73岁高龄为当时的嵯峨天皇亲手“煎茶奉御”，成为日本茶事活动的最早记录。永忠属于奈良佛教南都六宗之一的三论宗一派。日本天台宗开山始祖最澄（767—822）、真言宗开山始祖空海（774—835）都是留学大唐归来的日本佛教界和茶界的重要人物。平安时代的遣唐使们冒着生命危险跨海取经，为日本带来佛教新宗派的同时，引进了大唐的团茶文化。500年后的镰仓时代又出现了值得纪念的南宋留学僧，再次为日本宗教界带来新宗派。其中在宋滞留近5年的荣西（1141—1215），归国后创建扶桑最初禅窟圣福寺。1214年61岁时为当时镰仓幕府第三代将军源实朝（1192—1219）献上了“茶一盏”和其著书《赞茶之德书》，即《吃茶养生记》。后世人们称荣西为日本临济宗开山始祖，茶人们则称他为抹茶法的“茶祖”。之后的百年中，随着禅寺贸易的扩大，大量与禅宗相关的道具流入日本，随着“歌会”的流行，“茶会”也伴随其中。初期茶会中的道具大多来自禅寺。在下一个百年中茶道具出现了多样化的展开，所谓“茶数寄”、“唐物数寄”和“侘数寄”的称呼，就反映了针对茶道具价值选择观不同的三种茶会。进入16世纪，茶室、点茶法和茶道具独立形成一体，以“茶圣”利休为中心的“茶之汤”宣告成立。值得注目的是此时茶人与京都临济宗寺院大德寺的关系，这一期间的大德寺脱离形式化、世俗化的旧宗派，专心坐禅，不拘形式，开辟了日本宗教界的新风，以一休宗纯（1394—1487）为代表的高僧辈出。茶人们纷纷参禅于大德寺的高僧门下。利休之后百年，利休之孙宗旦（1578—1658）提出重返初心，返回利休原点的必要性，质问何谓“茶汤之道”：同时由于临济宗黄檗宗派的隐元（1592—1673）来日，开辟日本禅宗新一派黄檗宗，带来了明代的泡茶法——日语谓之煎茶，与茶道家元制度固定化的抹茶道分庭而立，称之为煎茶道。由上可知，日本茶文化上在每个时代的转折点都留下了重要的关键词，比如8世纪的代表词语

① 金子和弘《禅と日本文化——その一味性の根拠》，《印度学仏教学研究》第36卷第2号，第226—228页，日本印度学仏教学会，1988年，有所加笔。

“煎茶”，13 世纪有“吃茶”，14 世纪有“茶会”，15 世纪有“茶数寄”、“唐物数寄”和“侘数寄”，16 世纪有“茶之汤”，17 世纪不但有“茶汤之道”，还出现了明代传来的“煎茶之道”，19 世纪明治时代才终于迎来了“茶道”的时代。而每个时代的关键词的背后都和来自中国的佛教新宗有关。

日本明治维新之前的千年，经历了多次螺旋式的循环发展。而在明治时代，日本社会的变革可谓规模最大、影响最深。茶道在明治时代的 45 年中，经历了几乎被解体废止，复兴国粹，反省改良，成长发展，最终被定位为日本文化代表的四个阶段。明治后期冈仓天心著《茶之书》（The Book of Tea，1906 年），指出日本“住居和习惯，和服和料理，陶瓷器，漆器，绘画，文学等一切，都是深受茶道之影响”，把茶道定格为日本文化的中核。同年夏目漱石发表小说《草枕》，在第 11 章中描述了“黄檗宗观海寺的月下苦茶”，而前一年（1905）茶人田中仙樵著《茶禅一味》发行。

对于日本茶道研究来说，茶随着禅和禅宗从中国传入日本，从日本禅宗中独立，推崇以点茶敬茶行为修禅，即“茶禅一味”。有人称“把禅从禅院中解脱到茶室茶庭的茶人先哲们，摸索“茶禅一味”，实践了一次伟大的宗教革命[①]”。那么何谓“茶禅一味”呢？这里的茶和禅两者为并列关系，茶中有禅，禅中有茶。以茶参禅，通过以点茶敬茶行为悟禅。

当今的中国学者指出“茶禅一味”是茶禅修行的追求目标，是悟道后的境界[②]。也是指习茶研禅，修身养性，茶味禅味，贯通一气之修行法门[③]。日本学者指出“茶禅一味”就是借茶修禅，依禅习茶，即通过点茶，饮茶达至禅境，再从禅境中启动却来，开启更高一层的点茶、饮茶活动[④]。茶道和禅道的形相和作用虽然不同，作为人间形成之道的根本精神，两者不二如一。“茶禅一味”

---

① 久松真一《茶道的哲学》讲谈社，1987 年。

② 丁以寿《关于茶禅文化概念的思考》，《茶禅东传宁波缘——第五届世界禅茶交流大会》，竺济法编，中国农业出版社，2010 年。

③ 陈香白《茶禅一味》，《茶禅东传宁波缘——第五届世界禅茶交流大会》，竺济法编，中国农业出版社，2010 年。

④ 仓泽行洋《艺道的哲学》，东方出版社，1983 年。

可称谓“茶道”[1]。日中学者的共同认识可以理解为，“茶禅一味”是在点茶、敬茶行为中所追求的一个境界，通过点茶、敬茶的专一反复的实践，以修身养性，悟出禅意，修正社会和人生。田中仙樵的《茶禅一味》、夏目漱石的《草枕》和冈仓天心的《茶之书》都可谓是诠释日本“茶禅一味”的代表作。

二、夏目漱石笔下“观海寺月下苦茶”之境界

夏目漱石（1867—1916）是生活在明治（1868—1912）和大正时代（1912—1926）初期的小说家、评论家，也是一位英文学者。他一生中创作了大量小说、文论、俳句、汉诗和随笔。14 岁开始学习汉文，16 岁学习英文，27 岁在镰仓円觉寺参禅，39 岁在《新小说》第 9 号发表的小说《草枕》[2]，被评为“20 世纪小说中的最高杰作之一”[3]。

这是一部夏目漱石根据在九州熊本任职时的一段旅行经历创作的[4]。非常巧合的是同一年，日本美术复兴的贡献者、文明评论家冈仓天心（1862—1913）在纽约用英文出版了他的《茶之书》（The Book of Tea）。和夏目漱石生活在同一时代的冈仓天心 7 岁开始学习英文，9 岁去寺院学习汉文。作者在《茶之书》中指出，“茶道就是从日常生活中，以发现美为基本的一种仪式。道教给与了这些审美理想的基础，而禅让这些理想归结于现实”。这是向西方宣言茶道是一种艺术、哲学、修禅之道。冈仓天心阐述了明治时代后期有识之士共同的茶道观。

---

① 芳贺幸四郎《角川茶道大辞典》，角川书店，1990 年。

② 中文译本有多种，丰子恺翻译为《旅宿》。译文参阅了陈德文译《草枕》（上海译文出版社，2017 年），笔者有所加笔。

③ 格伦·赫伯特·顾尔德（Glenn Herbert Gould，1932—1982），20 世纪著名钢琴家。同时还是作曲家、节目主持人、评论家兼作家。参阅《草枕变奏曲·夏目漱石和格伦·顾尔德》，横田庄一郎，朔北社，1998 年。

④ 明治三十年 (1897) 夏目漱石和同僚一起从熊本市内徒步前往小天温泉，投宿当地名士前田案山子邸。前田案山子 (1828—1904) 是政治家、教育家，归隐故乡熊本县玉名郡小天村。明治十一年 (1878) 因小天山麓挖掘出温泉，他在此建造别墅，招待各界名人来访。中国革命家黄兴也来过此地做短暂的疗养。参阅熊本教育委员会网站。

夏目漱石在小说《草枕》第十一章中描述的“黄檗宗观海寺的月下苦茶”的场景，就是恰好的例证。

观海寺的月下僧茶，是在僧房里得一杯苦茶的场景，表现了只可遇、不可求的“一期一会苦茶缘”。小说的主人公是一位画家，他从喧闹嘈杂、欧化风靡的东京来到九州熊本一个仿佛世外桃源的温泉乡借宿，在一个美好的春夜，画家“信步溜达，无意之中走进”佳境。

在月光的指引下，主人公漫无目的，随心自在地乘着山乡朦胧的暮景前行，在攀登观海寺的时候，抚摩着刻有“不许荤酒入山门”字样的石头，突然兴致勃勃地登上了石阶。他边登边想，“如果吃力就回去，登了一段，觉得还算愉快，登上第二段，就想作诗了。默然望着自己的身影，看到影子在石块台阶上截成了三段，甚是奇妙。因为感到奇妙，所以再登上去”。画家称“自己这样攀登观海寺的石阶是随缘放旷的方针”，便进了观海寺，主持是大彻和尚。

寺内有“一条石板小路通向僧房，右边是映山红组成的花墙，……左首是大殿，屋瓦在高处闪着微微的光亮，望上去好像几万个月亮坠落到几万片屋瓦上了”。画家“走完石板路，向左一拐便来到僧房。僧房前边有一颗大木兰，树干几乎有一围抱粗，高高越过房顶。抬头一看，……花也开得清艳，从树下远远望上去，一朵一朵，历历爽爽。……从花朵和花朵之间，可以清晰地望见淡蓝的天空。花的颜色当然不是纯白。一味的纯白会使人感到寒冷；专一的纯白尤能巧夺人的眼目。而木兰的颜色不是这样。她着意避开极度的纯白，增添一些温暖的淡黄色，显得庄重而又谦卑”。在这木兰花凛然绽放、温柔庄重的月夜里，画家“走进僧房，僧房敞开着。这里似乎是一个没有盗贼的王国”，让人觉得是桃源仙境。

僧房的“居室十分狭小。中央设有地炉，铁壶吱吱地响。老和尚坐在对面看书”，看见画家到来，起身“拉开格子门。外面除了两块飞来石和一棵松树，别无他物。庭院对面好像紧挨着悬崖，月夜里朦胧的海面突然展现在眼前。我立即感到心胸旷达起来。渔火点点，这里那里闪着光亮，远处已经连着天际，也许会化作星星吧”。

居室里“小小壁龛里悬着一幅达摩像，不过做为一幅画，仍显得拙劣。只是脱离了俗气，看不出一处力图遮丑的地方。这是一幅直率的画。我想，这位画画的先辈也许同这幅画一样，是个无拘无束的人吧”。

这一切让画家变得心胸旷达，开始了和老和尚充满禅机的神聊。

画家说：“这幅画很率真哩。”和尚说：“我等所画的画，像这样就够啦。只要能够表达出气象来就好……”画家说：“比起那种工巧而带俗气的画要好得多。”和尚联想起前些日子碰见的一位所谓博士，就问画家：“近来画家里有博士吗？大凡博士都是了不起的人吧？””画家回答说：“画家里没有博士之称。”画家接着问：“照这么说，和尚师父这一行也非博士要有不可啰？”于是和尚“哈哈哈哈”大笑了之。话题又转向东京最近开通的火车。画家却断言道：“那是一种无趣的东西，嘈杂得很哩。”

此刻，“壶嘴咕咕喷着热气，和尚从柜子里拿出茶器沏茶”，说：“喝一盅粗茶吧。这茶不像志保田老爷家那样甘甜[①]。”画家说：“不，很好。”

居室外“闲静的庭院里，松树的影子映在地上。远处的海面在若有若无之中放射出幽微的光，像是应和天上的月亮，又不像是应和天上的月亮。渔火明灭”。

接着两人之间的对话是：“请看那松影。”“真美呀！”“只是美吗？”“嗯。”“不但美，风吹过去也没关系。”就在此刻，画家仿佛参悟到什么似的，“喝干了茶碗里剩余的苦茶，把茶碗翻叩在茶托里，站起身来”。屋外“月色越发明净了。木兰花欣欣向荣，像朵朵云霞擎上高空，春夜岑寂。”这杯苦茶让画家顿悟了似的，无遗憾地离寺而去。

明治维新后日本实行“神佛分离令”，是强化神道，排斥佛教的时代。在这样的社会背景下，《草枕》第十一章展示的观海寺月下僧茶的景象，是一个没有任何牵绊的、自由自在的禅境，这春月夜里画家的所闻、所见、所感，一

---

① 志保田老爷家，指的就是《草枕》中温泉别墅的隐居老人。在志保田隐居老人家哪里品饮煎茶的场面，请参照顾雯《煎茶的兴隆与夏目漱石<草枕>中的煎茶席》，《新时代宁波茶文化传承与创新国际学术研讨会文集》，宁波茶文化促进会、宁波东亚茶文化研究中心编，2018 年 5 月，第 167—177 页。

定澡洗了尘世多少骚动浮躁之心，而那充满机缘的神聊，又把现实中象征着权威的所谓博士，象征着焦躁激进的什么火车，即那些欧化的偏颇和嘈杂，仿佛都淹没得无影无声了……

三、田中仙樵的《茶禅一味》

日本近代茶道研究史上对“茶禅一味”的论述甚多。笔者曾指出，在日本文献中，“茶禅一味”这一四字成语可以从茶人田中仙樵于明治三十八年（1905年）出版的《茶禅一味》中得到确认[①]。

田中仙樵（1875—1960）是一位生活在明治时代的茶人，从小学习汉文，18岁开始学习里千家流派的茶道，22岁时就修得里千家第13代家元元能斋(1872—1924)发行的“皆传”证明书[②]。同年向建仁寺主持竹田默雷（1854—1930）参禅。23岁参与设立大日本茶道学会，出版《茶道讲义》，提倡超越茶道流派，借出版书籍的形式向社会公开传授茶道流派中只有师弟之间手传手的秘传和点茶方式。30岁时出版《茶禅一味》。在日本茶道史上被称为不仅是近代茶道的继承者，更是现代茶道的开拓者。

仙樵虽然接受了里千家的“皆传”，可以自成一派宗师，但是他没有满足局限在一个流派内的承传。他广交其他流派的茶友，坚持习禅，提倡茶道各个流派之间的交流，主张公开各派茶道的秘仪茶书，以打破各流派之间的闭塞保守，并为此成立了大日本茶道学会。值得注意的是，仙樵设立的不是流派，而是学会。仙樵的设想是摆脱家元制度下的束缚和限制，以学会的组织形式，将流派内部的流仪秘传和传授方式等，向社会公开。大日本茶道学会设立的目的就是面向社会，开展茶道启蒙的教育，出版茶道书籍。仙樵刺激带动了茶道流派内的变革，各流派也开始纷纷效仿仙樵的做法。在这一时期出版发行的大批茶道著书和杂志，不但为茶道人口的增加做了贡献，还为现代学校教育中设置

---

① 顾雯《关于日本茶文化史上“茶禅一味”由来的考察》，《禅茶：认识和展开》，浙江大学出版社，2012年，第21—28页。

② “皆传”是指接受了里千家规定的所有点茶方式的承传，才能得到的证明书。

茶道课奠定了基础。

时势造英雄，明治时期造就了一个向江户时代创建的家元制度挑战的茶人田中仙樵。明治前十年，全面欧化的浪潮达到顶峰，废佛毁释，开设铁路，解体武士阶层，学习茶道的人骤减，家元制度游艺化的一面，几乎被废止。明治二十年代，日本国粹运动兴起，回归东方文化，开始为茶道复权。被称为近代数寄者的大财阀、资本家登场，他们利用财力收集失散的茶道具，拥护茶道，把茶道作为业余爱好，促进了茶道的复兴。明治三十年代后期，出现了冈山天心、夏目漱石和田中仙樵这批拥有汉文和英文教养，俯瞰东西方文化，思考日本文化未来的精英。他们的共同之处在于发现了茶道作为东方文化的美和礼仪。田中仙樵从茶人的立场，认为要正视茶道的弊病，不能一味地拥护；只有实行改良，才得以保存。茶道之深意虽然文字不可尽意，但仅在流派内部师徒相传，限制出版书籍的传授是错误的。如果不公开向社会传授茶道，做不到大众的普及，只会走向衰退，那就更谈不上保存，更何谈茶道的隆盛？他在其著作《茶禅一味》[①]中指出，“茶道之深味，起自禅，然而物换星移，茶道之弊，已经有名无实，化成一种妇人女子的游艺；当今所谓茶人，却以收罗古器物，来向众人夸示。茶圣宗旦翁茶禅论曰，爱奇货珍宝，精工茶室，玩树木泉石为乐者，有违茶道之原意，只有以禅味为修行，乃茶道之本”。

针对从利休开始、历时300年的茶道，田中仙樵在《茶禅一味》中列举了其痼疾：“茶道病论，茶人之病有数种，即文盲病，诽谤病，道具狂，庭院病，建筑病，谄谀病，高慢病，饮食病，论理癖，点茶癖，洁癖，吝啬病，隐遁病，贪欲病，癖好病等。其中文盲病、诽谤病，属于茶道中兴时期开始的遗传慢性病；道具狂、庭院病、建筑病，属于从甲到乙的传染病，其中也有属于急性的流行病；谄谀病、高慢病、饮食病、论理癖、点茶癖等，是从师匠或者来自朋友的传染病，已经成为慢性病。其他吝啬病、隐遁病、癖好病，属于先天气质突发的病症，属于轻病”。

对于文盲病，“以茶家宗匠为例，无学人物居多。例如茶席中虽挂有古上

---

① 《日本国立国会图书馆数码文集·禅学丛书第六编》，笔者翻译。

德高望重的墨迹，仅会识别年月日，在口中应付了之”。而道具狂、庭院病、建筑病之类，“更有不解茶道之真意，以千金万金买来道具，以珍木奇石堆积庭院，以金碧辉煌打造茶室，完全不以协调来观赏，这种病态，属于竞争传染型，一旦感染，十有八九会中招，实为可怕之症”。这是影射当时大财阀们之间相互攀比，以堆积古董珍品的茶会，来夸示各自的所谓高雅情趣。而论理癖轻视点茶，仅将之视为手艺，以为茶道之意在于理论，因此只会埋头于书籍和典章之中。点茶癖则只知道点茶法的动作，其他一律不知。隐遁病是以为茶是隐者所为，跑进山中之人。这些具有先天特质的病，虽不容易治疗，但也无殃及他人的弊害，与前两类比则属于轻症。以上弊病多属于跟随时流，对茶道的一知半解所为。仙樵最后呼吁，“利休也预言，不出三百年，茶道可废之。看看当今茶家们，被上述的病苦七颠八倒。难道没有伟人出来矫正治疗吗？如果不去救济，茶道最终会堕落灭亡。”

仙樵明确其著此书之目的在于，“以禅为本，论说茶道，所以命名为茶禅一味。因为禅趣之茶道，实际上是利休居士所传的神髓，茶道的妙味效能不出于外，茶离开了禅，就离开了利休居士的流仪。实际上禅是茶道的命脉、生命。”

茶人田中仙樵的《茶禅一味》，分前编和后编。前编论禅，一共有 23 小节，从绪论开始，包括“哲学和佛教的关系”“佛教和一元论”“禅宗的因果观”“禅的处世观”等；后编论茶道，一共有 27 小节，包括“茶道病论、体用论、茶禅论”，“茶道的沿革、兴立、分派、大成和本旨”等。

四、有关“茶禅论”三部专著及问题点

日本茶书中以茶与禅为主题的专著，还有一部著者不详的《禅茶录》。书如其名，《禅茶录》是一部主张禅茶之道的茶书，在江户时代末期（1603—1868 年）以“文政十一戌子仲春发行（1828 年），东都，寂庵宗泽著”的形式发刊。由于著者寂庵宗泽的史料不明，疑为匿名。

此书在内容上与论述茶会的参加人、茶道具和茶道流派礼仪的一般茶书不同，是日本第一部系统阐述“禅茶”的茶书。此书在昭和三十六年（1961）收

录于《茶道古典全集》第十卷[①]，在2010年发行了现代日语版和英文版[②]。

《禅茶录》指出，“茶意即禅意。离开了禅意，亦无茶意。不知禅味，亦即不知茶味。”可谓是一部凝聚了日本“禅茶”思想结晶的著作。就其内容和创作表现而言，这部茶书在19世纪初得到日本茶人推崇是名至实归的。它就是阐释“茶禅”的代言书，论述了以禅宗、佛法、修行和表现禅意为宗旨的茶道之本意[③]。但另一方面，也有人认为，这是一部继承了宗旦时期的“茶禅一味”思想的著作。因为同时期还有一本假托利休之孙宗旦（1578—1658）著的《茶禅同一味》（文政11年，1828年刊行）。田中仙樵的《茶禅一味》中附录有该书，可知分5章。现存《禅茶录》全文由10章构成。其中第1、2、3、4、8章中的内容，与《茶禅同一味》基本相同。《茶禅同一味》是《禅茶录》的一部分，也可以说《禅茶录》是在《茶禅同一味》的基础上加笔完成的。在对其著作者的考证和文献学研究上，还存在许多不明之处，有待进一步探索。

值得注目的是，《茶禅一味》一书的目录，也是以《禅茶录》为核心展开的。《茶禅同一味》和《禅茶录》及《茶禅一味》目录构成比较，请参阅文后附表。

最后，“茶禅一味”一词，究竟出自何处何时呢？从目前的史料来看，日语中的“茶禅一味”一语可见临济宗大德寺禅僧义统（1657—1730）的诗句：“古人吃茶，茶禅一味，原来原来，此术须贵。”[④]紫义统禅师是大德寺第273代主持，精于中医草药，善于水墨画，和茶道千家交往密切，是表千家第六代当主原叟宗左（1678—1730）觉觉斋的参禅老师。

之后，直到江户时代（1603—1868）后期，幕府的大名茶人松平不味（1751—1818），正如其取名“不味”一样，也是一个志向参禅的茶人。在他隐退时给其子齐恒（1791—1822）的一封书信中提到：“我从19岁开始志向于

---

① 淡交社出版。

② 知泉书馆，吉野白云监修，吉野亚湖、Shan Burke 译。

③ 详细内容请参照顾雯、顾春芳《<禅茶一味>起源和日本茶道发展关系》，《第五回世界禅茶交流大会论文集》，宁波东亚洲茶文化研究中心编集，第163—170页，2010年。

④ 《茶禅一味》，第315页，《日本国立国会图书馆数码文集》。

禅，拜天真寺大岭和尚为师，修行六年，出离生死，得大自在之境。自幼小开始嗜好点茶，试图分辨茶禅一味之缘”。

另外还有渡边又日庵（1792—1868）的《吃茶送迎记》（里千家茶事的概说书）附录中有一处出现①。

可推测“茶禅一味”一词在江户时代(1603—1868)首先由大德寺禅僧提出，随后也在茶人中开始流行起来了。但还有待进一步调查研究。

结论

以上可知，明治时代的茶人、大日本茶道学会的创立者、《茶禅一味》的著者田中仙樵，《草枕》（1906）的著者夏目漱石，在他们各自的作品中，从茶人和文人的角度以不同方式展示了对“茶禅一味”的理解。

纵观日本茶文化史，从早期对茶与佛教宗派及禅的相依相存，到“茶禅一味”四字成语的定型，其背景都是在日本社会发展的需要下，针对守旧势力和社会痼疾而启动的一款“治病药方”。如何对症下药，还要看社会的弊病所在和开处方名医的手腕。明治时代的茶人田中仙樵和文人夏目漱石可谓是参禅名人，才能做到打破陈规陋习，与时共进，推陈出新，提出不落俗套的新风。“茶禅一味”是日本茶道的脊梁，也可谓是日本茶道自律、自身净化的良方。

参考资料：

1. 桑田忠亲《茶道人名辞典》，东京堂出版，1982 年。
2. 夏目漱石《草枕》，新潮文库，2018 年第 152 版。
3. 陈德文译《草枕》，上海译文出版社，2017 年第 5 次印刷。

---

① 神津朝夫《茶禅一味的再检讨》，第 165 页，《禅からみた日本中世の文化と社会》，天野文雄监修， ぺりかん社，2016 年。

附：《茶禅一味》《禅茶录》《茶禅同一味》三书目录对照表

目次	异同	《茶禅同一味》（1828 刊），宗旦（1578—1658）作？	《禅茶录》（1828 刊），寂庵宗泽（1573—1645？ 1715？）	《茶禅一味》（1905 刊），田中仙樵（1875—1960 年），（1—27 目次作者加入）
1	◎	茶事禅道为宗之事	茶事以禅道为宗之事	4 茶禅论
2	◎	茶事修行之事	茶事修行之事	11 点茶就是禅法
3	◎	茶意之事	茶意之事	16 草庵之意
4		茶器之事	禅茶器之事	
5		露地之事		
	○		侘之事	25 和敬清寂之解
6			茶事变化之事	
7	○		数奇之事	13 数奇之文字
8	◎	（5 露地之事）	露地之事	14 露地之辨
9	○		体用之事	3 茶道体用论 23 点茶体用辨
10	○		无宾主的茶之事	24 无宾主的茶
				1 绪论 2 茶道病论 5 茶道的沿革 6 茶道的兴立 7 茶道的分派 8 茶道的大成 9 茶道的本旨 10 谁谓茶道是怯惰之法 12 怀石之文字 15 茶汤之文字 17 四贴半是茶席的根本 18 舍虚取实专 19 意进理进业进 20 点茶是无念无想之法 21 主客气位之事 22 丹田的养成 26 茶道是不立文字以心传心之法 27 茶道从草而来以草为终

注释：

1. ◎ 三书列举的共同项目；○ 两本书列举的共同项目。

2.《茶禅一味》和《茶禅同一味》，参照《国立国会图书馆数码文集·禅学丛书第6编》，光融社，明治三十八年（1905）。

3.《禅茶录》参照《茶道古典全集》第十卷。

（顾雯 日本东海大学）

道家与日本茶道，一个自然美学解释

——以水的现象为例

何心鹏

日本茶道在许多方面与禅宗紧密相关。该视角下的两个著名解释是铃木大拙（1870—1966）与久松真一（1889—1980）的解释。无疑，这有着实际的和历史的根据。基于禅宗与道家精神与历史上的接近，至今为止日本茶道却尚未与道家建立关联，或是以道家的视角被解释，这也是令人惊讶的。本文意图以水的现象为例，在自然美学的视角下将二者联系起来。这里的关键并不是指出日本茶道的奠基者及其后继者对道家思想的历史性接受，而是将目光集中在一种精神性的接近之上，以今天的视角来看，这种接近也许准备好了一种相互启发的可能性。

一、日本茶道中的自然与自然美学现象

在久松真一（1889—1980）的茶道哲学中，“侘”是日本茶道中一个核心的美学 - 生存论概念，而作为“侘”的七个特征之一，自然概念具有一个重要的位置。[①] 在久松对于“自 - 然”（von-selbst-geschehen）的特点的阐述中，对无心无念（無心、無念、意志が見えぬ）以及所有有意行为的缺失的强调处于

① 久松真一：《著作集第四卷：茶道の哲学》，东京，1973 年，第 64—65 页。

整个阐释的核心位置，这一点也被表述为无为之为（無作為の作為）。[①] 此外，他还提出了对日本美学而言极为重要的另一个美学范畴“寂”的特性。“寂”就是已风化者与已老化者，它不能通过“制作”或是有意的促成来达到。几乎所有其他特征在日本茶道的所有维度上都与“自－然”紧密相关：在与自己及他人的交往维度上、在事与物的维度上以及在时空的塑形维度上。久松关于茶道插花与茶具的例子尤为突出地表明，在此他并非立足于改变了原始自然的文化的对立面，来理解那种回归原始自然或表达原始自然的努力。[②] 毋宁说，关键在于在自然与文化之间那种被认为是连续性的关系中，一种在人类活动中有待实现的、充满创造性的活动与行为方式，这种活动与行为方式在为与无为的辩证法中同时超越了二者。因而久松谈到了一种“超越了纯粹自然性的自然性”，它不是单纯模仿自然，而是必须做出选择与特殊的行动（诸如对花的选择与修剪等，参见《禅与美术》第 84、85 页）。正如他在谈及茶具时所说的“明亮的，寂静着的幽暗”这一理想（《禅与美术》，第 85 页），自然与文化之间指示出处于交织关系中的两个极点，这种交织关系能够根据组合随发展趋势而改变，而在“侘”的理想中——这一点与道家对对立性的处理可以进行对

① “第四个特征——自－然——显然意味着去除人为的维度。但是这儿谈到的许多解释的这种容许，并不只是率性或本能。这里所说的自然与这些表述等同：“不受约束的”、“无心”或者“无意”。（久松真一：《禅与美术》, Tokia, Gishin 译，东京，1971 年，第 32—33 页）

② “在禅之美中，真正的‘寂’自然而来：它绝不是被迫或者说强制出现的。但这并不表示‘寂’是一种自然现象，与意念全然无关，或者说它仅以天赋的或者天性的方式发生。相反，它恰恰是一种完满的、有创造性的意念的后果，这种意念没有任何虚伪的或强制的东西——它是一种如此纯粹与专注的意念，就如同在‘禅定’中的境界那样，无物受到强迫。例如一个不匀称的茶碗，除非这种不匀称性是自然的，否则这个茶碗就不符合茶道原则。惟当茶碗的不规则性与不匀称性是自然的，它才比一个匀称的碗更具趣味；没有什么比非自然的、造作的非对称性更令人生厌了。当艺术家彻底地沉浸入他正在创造的东西中，以至于二者之间不再有有意的努力和距离，‘有所意念的’自然性才得以产生。如果不是彻底地沉浸入其中，那么甚至诸如大笑之类的日常经验也是受到迫使的，而不是自然的。在自然对象与孩童那里并不能发现这种真正的自然性。真正的自然性是从对素朴的或偶然的自然性与日常的意念的否定中产生的‘无心’或‘无念’。”（同上，第 32—33 页）

比——为了“自然者”它将被超越，并在茶道中获得相应的美学 – 融贯形式。[①] 因此，自然与文化是一对处于规定二者的境域之中的相关概念。在茶道中，它们被美学性地解释为一个三重一体的结构：真、行、草。这一结构不仅关涉外在的美学形态、活动与行为方式，而且也关涉与之相关的、内在的心灵维度，在有关成人过程中决定性的实践动力问题的语境中，美学范畴与心灵维度密不可分。尽管久松描述了与植物、石头、声音以及建筑中的自然材料等等的艺术性交往，然而考虑到与之相关的自然美学问题，久松的结构尚未完全展开。在此，我想到了对茶道的一个补充，这个补充产生于 Gernot Böhme 关于自然元素

① 有关自然与文化之间关系的这一构想与铃木大拙在其影响广泛的著作《禅与日本文化》中谈到的结构有所不同。《禅与日本文化》一书显示出一些与久松茶道哲学的关联点，它对茶道的刻画，即以禅宗为焦点的刻画开启了一个视角，而后久松进一步发展了这个视角。（参见 Suzuki, Daisetz T.《Zen and Japanese Culture》，1993 年， 第 27 页以下，以及日文版《铃木大拙全集》第十一卷，东京，1970 年，第 23 页以下）当人们聚焦于日本文化的特征以回应西方现代性的挑战，即回应这一论题：茶饮的艺术允诺了对日本文化或者说“东方”文化的基本特征之洞察的可能性时，在根本上人们能够认为二者的关联点在日本文化及茶文化的发展中扮演着至关重要的角色，这一角色归属于禅宗。（同上，第 384、294 页）除了铃木对“侘”的解释以及关于空的构想中和、敬、净、静四条茶道原则的强调（同上，第 297、300、304 页），以及他对于多元 – 复合结构的独特研究（同上，第 305、307 页）之外，他们的区别还体现在在铃木将自然“更浪漫主义地”理解为先于一切文化的“原始之物”“源初的质朴”，它通过对智性和以智性为前提的现代机器世界加以否定来实现自身。（参见上书第 287、271—272、361、15、350—358 页）例如，他说：“然而，这表明茶是对源初的质朴的美学欣赏，换而言之，在我们内心深处有一种在人类生存允许的限度内尽可能地回到自然中去并与之融为一体的渴望，而茶就是对这种渴望的美学表达。”（同上，第 287 页，亦可参见上书第 23、271、366 页）澄清铃木那里关于茶道的一些描述之后，就能看到他关于“日本人”或“东方”对于自然的爱这一概括是成问题的。（参见上书第 23、331、333、334、341、344 页）关于日本对自然的理解的问题可以参考：Kalland, Arne 及 Asquith, Pamela J.：《日本人对自然的感知：理想与幻想》，收录于《日本人的自然想象——文化性的视角》，里士满，1997 年，第 1—35 页》；Sato, Yoshiaki：《日本人与他们的自然意识——东西方自然理解比较研究》，载于《京都产业大学世界问题研究所特辑》 1.1 号 （1980），第 99—148 页；《哲学思想词典》 “自然”词条，东京 32004，第 636—641 页。此外还可以看到，尽管铃木已经看到了道家思想在茶道中占据的重要地位，他却没有达到与之相近的对自然的理解。

的自然美学与文化历史的构想[①]，以及和辻哲郎的风土学[②]。风土学研究风土条件对一块土地或一个文化区域内的文化发展的影响，换而言之，它的主题是人类的文化性存在方式的风土确定性。茶道中自然美学塑造 (Überformung) 的对象是草木世界的自然环境、茶室与茶具的自然材料、自然的元素、动物的世界（诸如菜肴、鸟羽、鸟鸣），宇宙的维度以及人类的身体 – 感性维度（不同的感知层次、活动、呼吸、用餐以及社交维度）。所有这些维度都受季节的影响，因此一年被划分为两个部分，根据不同的时间段使用夏炉或冬炉，这也相应地影响了饮茶空间、茶具、衣物以及点茶形式的形态。比如在选择应时的菜肴时所采取的划分那样，这种二分法又被进一步发展为按照四个季节进行划分的季节性区分，而后又被划分直至十个时间段。虽然风土对文化的组织安排极为重要，但在此也尤为重要的一点是，应当注意到，在茶道中诗歌在对自然现象的感知与文化组织安排中扮演的重要角色，例如受季节影响的书法、对茶具的诗意命名或是茶食的诗意造型。这种对自然的文化塑造以及与之相关的实践各自具有一个历史性维度。在此关联中我想主题性地以水的现象为例来说明这一点。

二、茶道中水的现象

茶道中水的现象以理想的山水风景开始，在其中有一间茶室，人们能够在牧溪、李唐、玉涧、夏珪和马麟的宋朝山水画以及相阿弥、雪舟和珠光等人的日本山水画中看到这种理想的风景。[①]

---

① 参见Böhme, Gernot:《生态自然美学研究》,美茵河畔法兰克福,1989年; 以及他的《自然性的自然——关于在技术可再现性的时代中的自然》，美茵河畔法兰克福，1992年；以及他与 Böhme, Hartmut 的著作：《火，水，土，气——自然元素的文化历史》，慕尼黑，1996年。

② 和辻哲郎：《风土——风与土，气候与文化的内在关联》，Dora Fischer-Barnicol，Ryogi Okochi 译，达姆施塔，1992年 (1934年日文版第一版的标题为《风土，人间学的考察》)。

① 相应的绘画参见《禅与美术》插图 3、35、36、51、54、67、68、70、74、91、92、94、95、96、97。

与之相应，人们能够在中国与日本的山水诗中发现这种理想的风景，在陶渊明、柳宗元以及王维他们最早的、影响了数百年的表达中就已经能看到它了。一间小屋隐于山中，坐落在瀑布、小湖或是溪流边上。这种山水风景极大地影响了中国园林和日本园林，尤其是日本茶文化中的茶庭、书院与草庵风格都深受其影响。尽管在壁龛中山水画的位置逐渐被禅宗高僧的书法作品取代，但它们仍然享誉至今，并且可能在特定的场合被悬挂起来。[①] 茶道中持续至今的诗性维度表现在这些方面：相应于当前的实践，以书法形式出现的诗歌会被置于壁龛之中，此外，在对茶具的诗意命名中，在茶点有意的造形中，通过它们的组织安排，一个诗意的境域就出现了，就像乐章的编排那样。水是构成这个场域的一个特征性要素。由于特定的体验性质与水的特定形态有关，水同时也是一个随茶会而改变的感知场域 (Sinnesfeld) 的要素之一。我们提到的山水画能够给出茶道中水的不同意义、层次的要点，考虑到仪式性的流程、器皿与象

李唐，山水画，南宋，出自
《禅与美术》第 142 页，插图 35

雪舟，四季山水图，
出自《雪舟》2002 年，插图 52

① 参见小田荣一：《茶的挂轴》，京都，1980 年，第 9—23 页。

征性的关联，这些要点会被扩展，并且随着茶会的进行而互相交织在一起。一幅山水画首先可能被理解一个世界的图景，在这个世界中，山边的水构成了组建这幅画的一个点。它可能表现出不同的特性：静谧的、宽广无垠而超越着的、无限的（参见《禅与美术》插图 92、69）；以溪流形式表现出的流动与潺潺作响，它又构成了山的寂静与坚毅的对立极（例如《禅与美术》插图 36）；它能够被象征性地解释为世界的一个要素，这个世界处于持续的变化之中。各个点之间的关联就在水的鸣响与它在山谷中的回响中生成。山水之间的联系性要素，以及对它而言内在的、创造性的要素，也许在瀑布这一形式中得到了最好的表达（参见《禅与美术》插图 35）。同时，它也能够被象征性地理解为持续更新与清洁的原则。在对立性的游戏中，作为水的形式之一的雾拥有一种共振与超越的作用，这种作用接近于久松用"幽玄"这个词语所描绘的东西。它模糊了事物的轮廓，显现出对连续性与不连续性的明暗层次的超越的可能性，并以此构成了绘画的一种微妙的"之间"。

同时，在被描绘的山水中，也显示出了季节、昼夜与气候的变化，这些变化也带来了水特定的形态与体验性质，并且改变了作为整体的山水风景。这一点最清楚地表现在雪景（参见《禅与美术》插图 3、38、68）与雨景（参见《禅与美术》插图 70、51）中。当茶会的宾客到达主人的会客厅时，他们会先被奉上一些热水，这些水会被用于之后的点茶，有必要的话这些水会带有来自药草、烘烤过的谷物或是米的气味。除去表示欢迎，通过这种方式宾客也对稍后将用于点茶的水的气味性质有了印象。在宾客到来前，主人打扫好茶庭，并以水喷洒，使空气清新干净。茶庭的解释性词语——露地，意味着被露水覆盖的土地，它显示出洁净这一象征性的主题。在宾客进入等候的场所后，主人会将新鲜的水倒入洗手钵中，象征性地洗手漱口，并用水喷洒周围的石头与草木，而后用宾客可以清晰听见的声音将新鲜的水倒入钵中，直至溢出。接着主人打开茶庭的门并迎接宾客。在进入茶室前，宾客们依次象征性地在洗手钵边洗涤。在最后一位客人关上茶室的门之后，主人再次在钵中倒满水。客人在茶歇后重新进入茶室前，需要再次象征性地清洗自己，在那之后主人需要重复之前的行为。如今在日本，在进入神道教的神社时，这种清洁仪式的形式依旧是非常普遍的，因此在这里神道教的强烈影响是很清楚的。宾客在进入茶室时，观察卷轴与风炉，他们了解到水在风炉的灰景中的角色，这些水被置于风炉上的水壶之中，由此而成为火的对立极，象征性地被嵌入山，山谷以及四方构成的整体山水之中。在风炉的山水风景中水被一个出自《易经》的与水相关的卦标识出来，由此一方面表达出与山的风景性对立，另一方面与火的气性对立。也有灰的形状，它们以海的波纹 / 沸腾为象征，在这中间人们将火解释为产生于水的生命之力。怀石在所谓的“八寸”菜肴中再次把握住了山 – 水 – 象征，它包括海物和山物，而后它被送交给象征着共有的米酒。水被盛在一个特殊的容器“水指”之中，在饮清茶时它首先被带入茶室中，而在饮浓茶时，在点茶的一开始它会被放置在室内已经准备好的茶具后面。在此水的重要性进一步得到了表达。水指的形式包括从《真》到《草》的不同风格，并形成了构成道具组合（道具合わせ）的一个要素。人们对它的重视表现在这一点：水指能够负担起名声。在一种需要使用名水的点茶形式中，人们使用一种特殊的、正方形的木制水指，它配有一条参差不齐的白色纸带，这是神道教洁净的象征。在茶室中，水有着三重区分，每一重相应于一种容器类型：新鲜的冷水使用水指，热水和正在烧的水用釜，而清洗茶碗后的水倒入“建水”中，并且要尽量放在宾客目光不及之处。水在冷和热上的区分也被感知为声响上的区分。

比如说在夏天点茶时，人们使用一个宽大扁平的，装一点冷水的茶碗，在这个茶碗中人们挤干潮湿的白色茶巾，从而制造出清脆的、和清凉的溪水相关的声音。人们就是这样来利用冷水干净清透的声响的。相反，烧水壶的嗡嗡声被称为“松风”，就好似在偏僻的茅屋周围能够听到的声音，在茶会中，这种声音会随着煤炭的状况加强或减弱，并为有助于营造安宁与永恒的氛围影响。至于温度感的问题，在暖和的季节炉灶会被有意地放在距离宾客更远的地方，相反，在冬天它则会被挪到茶室中央供暖。在寒冷的季节，烧水壶与茶碗中蒸腾的水汽尤具供暖的作用。在宾客进入饮用浓茶前，当以湿润的茶巾擦洗烧水壶时，或者在使用风炉时结束使用煤炭的仪式上，水汽再度被归为具有象征性的洁净作用之物。此外，在立足于《易经》的象征性冥想的范围中，水在茶室中扮演了这样一种角色：它拥有一种特定的、象征性地有所变化的位置。[①]

三、《老子》中的自－然

“自然”（日语读作 shizen 或 jinen，中文读作 ziran）一词被久松翻译为“naturalness”，以德语而言，它可以逐字表述为 von-selbst-Geschen（自－然），von-selbst-sosein（自然而然）。人们可以在《老子》的五章中找到这个词。这里主要涉及的不是对对象领域的规定，而是一种活动方式、实践方式或者说行为方式的指明。[②] 因此我认为，用以翻译带有动词内涵的日语“然”（zen）的“自－然”（von-selbst-Geschehen）相对接近于使用“自然”（shizen）的那些语境。基于对“自然”（ziran）的相似意义的使用，它也通过“自化”（《老子》第 37 章）、“自定”（同上）、“自均”（同上，第 32 章）以及“自宾”（同上），“自正”（同上，第 57 章）这些语词来显现，这些语词要被带入研究之中。[③] 在“自”（selbst）中表达了“自然”这个词以及与之相关的语词组合的自我相关性与反身性要素。“自然”一词用以描述道（《老子》第 25 章）、物的现象世界（同上，第 37，51，64，23 章）、话语（同上，第 23 章）以及人（圣人，民，参见第 17 章），以至于对“自然”的使用区分出了体和用的意义层次。[④] 虽然在《老子》第 25 章的核心之处“道法自然”那里，自然可能被看作与道相区别的原则，但是另一种理解将自然解释为行为方式与

---

① 参见闵根宗中：《茶道仪式，易经与阴阳五行》，京都，2006 年。

② 自然与无为的关系参见陈鼓应：《老子注释及评价》，1996 年，第 29—35 页，此处亦参考了 ohlfart, G ü nter《道家哲学》，科隆，2001 年，第 4、5 章，第 101—130 页，该书以艺术为视角，主题性地探讨了自然。尽管 ohlfart 确切地描述了为无为或者说无艺术的艺术的辩证法，但我认为重要的是要强调，这种行为方式是长期坚持的修行之道的组成部分与结果，它应当被理解为行为方式与感知方式的交织，在我看来它以各自不同的修行之道特殊地构成了处于重构中的道之场域，而这个道之场域现在重又带来了它的形态问题，至少以这里的视角来看是这样的。

③ 引用了吴怡的版本，也参考了王弼、河上公和陈鼓应的版本，以及朱谦之编订的校释本，除非另有说明，均为自译。

④ 参见吴怡：《新释老子解义》，1993 年，第 216—217 页。

实践，因此自－然的行为方式应当被理解为道的维度，这一维度重新构成了一切世界性实践之网，即人性的、自然的、神性的实践之网的普遍性与关联生成性。因此自－然的行为方式描述了道的维度，它使所有世界性的实践交织在一起，“圣人”应当通过其行为方式而符合它，或者说他懂得如何在人类的领域中实现它。道的行为方式在于无为，《老子》将它看作人类行为的尺度。因为当人能够以无为的方式有所行动之时，他就不妨碍万物的自我转变。（参见《老子》第 37 章）道与人的区别在于，作为发生的道总是实行这种行为方式（常），而人受制于无能或错误的可能性，因此它要求从人而来的努力。这种努力在第 37 章中被描述为“不欲以静”，它是世界的自我规定的先决条件，或者说它辅助万物，使其达致自－然。[①] 与自我调节的万物[②] 相反，人需要训练如何与自己天生的或后天养成的束缚自我的欲望和行为冲动打交道。首先必须在无欲这一修行过程中将这些冲动“清空”，在此为/无－为（在积极的意义上）与无为之间的关系敞开自身为一个充满张力的领域。“圣人”的理想既不在于受自然的或准自然的驱动，也不在于受与意志相关的自我驱动（对权力、名望以及人们惯于追求的安全的追求）的行为，而是在于一种非束缚性的、泰然任之的行为，它在调解为与无为的张力中一再创新地、超越地将这种张力带向调解，并将其保持在平衡之中。因此，原则上行为与欲望并没有被拒斥，被拒斥的实际上是束缚自我的行为方式。[③] 这种无为的行为方式与特定的行为性质和感知方式有关：它关涉无执（《老子》第 64 章）；生而不有（同上，第 2 章）；为而不恃（同上，第 2 章）；一种尚未呈现任何东西的行为[④]，它以对发展的细微感知为前提，“慎终若始”（同上，第 64 章）；与对立性的均衡交往（同上，第 2 章）；“功成而弗居”（同上，第 2 章）；遵循“无名之朴”

① 参见《老子》第 64 章：“以辅万物之自然。”

② 参见《老子》第 23 章：“故飘风不终朝，骤雨不终日”以及第 42 章：“万物负阴而抱阳”。

③ 参见《老子》第 3 章中“虚其心”与“为无为”的关系，以及第 64 章“圣人欲不欲”。

④ 参见《老子》第 64，63 章：“天下大事必作于细。”

（同上，第37章）；好静[①]；“挫其锐”与“同其尘”（同上，第28章）；“味无味”（同上，第63章）以及“行不言之教”（同上，第2章），它对应于“希言自然”（同上，第23章）。对茶道的内在关联而言决定性的是，无为的理想与行为性质和感知性质相关，它们在茶道的实践中至关重要。在实践中，它们被转换为点茶过程中具体的、仪式性的行为方式，并在一般饮茶的形态中被详细说明。为、无－为与无为之间的张力被理想性地转化为包括了三个阶段的实践过程，它包括人为习得这一意义上的、被转换了形式的有为，对它的否定以及对它的自－然的超越，并且就像仓沢指出的那样，这一实践过程与一种作为行为方式的美学与韵律之设计风格的特定活力有关。对自然的研究进一步表明它与无为理想的关联，在《老子》中它根本上关涉的不是回归一种仿佛前文化的“自然”状态，而是说，自然描绘了一种与人性和物性的存在方式相关的行为方式，它训练作为典范的人调解有为/文化与无－为/自然之间的张力。文化与自然之间这种张力关系在茶道中被美学性地具体化为具体行为方式中“书院”与“侘”的美学之间的张力。在此，自然的、充满创造力的活动性质在美学的物性领域中被转化为“书院”与“侘”的风格之间，以及隐匿/显现，感性/非感性之间的张力与转换动力。与自然平行，例如幽玄可以被理解为行为的深度，它自身以创造性的、充满活力的方式蕴含着取之不尽的可能性。我想在下文借助对水的现象的研究，表明在何种程度上自然元素的文化能够被视为自然美学的实践，并且在《老子》中已经包含着这一点了。

四、《老子》中的水现象

在《老子》中水的意义域通过不同的词建构：水（《老子》第8、78章）、海（同上，第20、32、66章）、川（同上，第15章）、冰（同上，第15章）、渊（同上，第4、8章）以及与之相关的深和隐的性质；除此之外，与

---

① 参见《老子》第57章。在这一章中也提到了“无事”，这一观念经过禅宗的整合，直至今日依旧在茶道中扮演着重要的角色（此处亦可参考《老子》第63章的“事不事”），例如在相关的书法惯用语“无事是贵人”中。

水一起被提及的还有以水字旁为标志的性质，这里仅举几例，如清（同上，第15、39、45章）、浊、涣、混、淡、澹（同上，第20章）、沌（同上，第20章）、冲（同上，第4、45章）、湛（同上，第4章）。这儿要紧的不是详尽地研究词语的领域与意义域，而是突出本质上显现出来的诸意义维度。重点是第4、8、15、20和78章。水的意义域并不在本体论上描述道，而是关涉它在世界中的现象描述层次，也就是用的层次（参见《老子》第4、8、78章）。在许多情况下它与作为人类典范的圣人的德一起被提及，它能够被理解为道的人性显现与肉身化，在此，正如已经看到的那样，《老子》一些单个章节中并不严格区分这两个层次。在第八章中，上善与水相比较。它就像水一样，有利于万物，并且突出地具备不争的特性。它居于俗人厌恶的地方，却接近于道。在接下来的四句话中，这一描述被进一步具体化，以再次强调不争这一主要特点："夫唯不争，故无尤。"[①] 因为水构成了生命的基础，没有它，世界上任何生物都不可能维持生命，所以它给予了最大的益处，却没有期待回报或是要求与这种益处相称的名声，而在人类的世界中它们就是一切争执的起因。它仿佛无私地任凭使用，包纳世界上一切污秽，居于"低处"，并且不畏惧占据最低下的位置。它并不迎面直击，而是在其退避的温和中无所抵抗，而让另一方的侵略落入虚空之中。这种低微为至高、至贫为至富、无私为最大的益处的辩证法，在第78章中也有所体现，在其中写道，水作为世界上最柔弱之物胜过最坚强之物。与之相应的，依圣人所言就是，能够将国家的污秽、耻辱与不幸包纳在自身之中者，就能成为社稷的主宰与国王，这一点在这一章节的末尾再次与道的回返的本性关联起来，这一本性在"正言"中显示出来。[②] 在第8章中，这种对道的接近被区分开来：与作为一切生命基础的水相比，上善"居善地"，如同"心善渊"那样。按照吴怡的观点，这里的"渊"具有三重意义：（山谷的）虚空，它的深度以及在其根基之处的、不断生成变化且取之不尽的可能性与生命更新意义上的溪流中不断流动的水流。[③]（这一点与将道表述为

① 《老子》第8章："夫唯不争，故无尤。"

② 关于道的回返性尤其可以参考《老子》第40章："反者，道之动。"

③ 参见吴怡：《新释老子解义》，1993年，第60—61页。

“道冲而用之或不盈”的描述相互关联，随后，他用“渊”来阐述道：“渊兮似万物之宗。”[①]在这里吴怡指出了汉字“冲”（由“水”和“中”组成）的含义，就像“渊”指向虚空之中的水这一层面，“冲”指向“有”的层面，换而言之，它指向的不是完全的虚空。在此他看到了用以反对王弼的玄学所赞同的解释，即将道解释为无。因为道作为无对的存在维度，本身就将存在者与不存在者同时统合在自身之中。[②]此外，从这里对水的描述中，人们能够看到不断的生命更新中的创造性成分，它构成了通向“万物之宗”的道。[③]关涉“渊”与“冲”的虚空的层次又与“虚其心”紧密相关，“虚其心”意味着“使之无欲”和“弱其志”，它们是“圣人”的核心修行。[④]《老子》中通常将心用作欲望的场所，与之相反，在“心善渊”中以下这点非常清楚：《老子》中关涉的不是彻底禁欲主义的克制，不是让人性的活动“干涸”，而是一种清洁与深化，它们应当导向无伪的、充满创造性的生命力量。在此对“渊”的解释显露出与作为“侘”的另一个特征的“幽玄”的共同点，借助第15章中对“善为道者”的叙述，这些共同点将变得更清晰。在那里他被描述为“微妙玄通，深不可识”，在此也提到了其他的特性，这些特性与水一起被提及。他“豫兮若冬涉川”“涣兮其若凌释”“混兮其若浊”。在接下来的句子中体现了浊的矛盾，它一方面的积极意义是未分化状态，另一方面的意义则是有待清洁的世界的污浊，它与静水的清相对立。[⑤]在浊、静、清的语境中随之而来的是对产生生命的要素的再次表达，书中写道：“孰能安以久，动之徐生？”[⑥]对“善为道者”的这一描述与第20章中作者的自我刻画一致，他将自己与俗人对立起来。例如在那里他写道：“我独泊兮其未兆……”“沌沌兮，俗人昭昭，我独

① 《老子》第4章：“渊兮似万物之宗。”

② 参见吴怡：《新释老子解义》，1993年，第29—30页

③ 关于虚空与取之不尽的层面亦可参考《老子》第5章。

④ 参见《老子》第3章，其中它也存在于使民不争的文本之中。

⑤ 参见《老子》第15章：“孰能浊以止，静之徐清。”

⑥ 同上：“孰能安以久，动之徐生？”在此顺带一提与此相关的一个说法：“像客人一样毕恭毕敬”，它可以轻松地被转换到茶道的情境中去。关于静的层面将在下文更进一步地讨论。

昏昏。”“澹兮其若海，飂兮若无止。”[①]海的情景与之一致而与道相关联：“譬道之在天下，犹川谷之于江海。”[②]最后提到的海的象征构成了第32章的结尾，这一章以已经研究过的“道常无名，朴”开始。在此值得注意的是，在“侯王若能守之，万物将自宾”之后谈到的是天地的自然变迁这一主题，它被形容为民众的自我调整的模型。[③]当自第8章开始直至“心善渊”的解释继续时，人们可以看到，除了自然的维度之外，水的意义域也包含了社会的维度。因为接下来的三行字是：“与善仁，言善信，正善治，事善能，动善时。”[④]从这一点可以看出，虽然《老子》在其他章节中批判了儒家仁的理想，但是它并不导向一种非人性或是冷漠。毋宁说，它批判了对仁的一种理解，这种理解以相互的给予与索取为基础，因而，鉴于与之相关的索取，给予似乎总已经被计算好了。与之相反，这里说的是一种没有算计与别有用心的“赠予之德”这一理想。以同样的方式，在其后紧跟着的陈述“言善信”证明了这一点：《老子》中关涉的不是一种原则上的语言批判，而是对特定交流形式的批判，在这种形式中语言——相应于渊的情景——失去了它的活泼的、充满创造力的深度而堕落为单纯的交流中介。与之相反，《老子》要创造一种语言，它出自“渊之心”，出自人与人之间充满信任的联系，其中人们也能看到诗性语言的理想以及《老子》与诗的接近。同样，真正的“政”与真正的“事”应当从“渊之心”的展开而来被思考。此外，我认为值得注意的是，在水与上善的关联的语境中所涉及的特定的和时间打交道的方式。上善像水那样，以流动性为特点，当自己充满创造力的展开的时机以及与之相应的结果不利时，它知道去把握真正的时机，而不在无果的争辩中消耗自己。就这点而言，水的景象指示出一种时间上的修行，它是“虚其心”的磨损式修行，这一点也能被视为茶道实践中的核心部分。

---

① 《老子》第20章：“我独泊兮其未兆”；“沌沌兮，俗人昭昭，我独昏昏”；“澹兮其若海，飂兮若无止。”

② 《老子》第32章：“譬道之在天下，犹川谷之于江海。”

③ 同上：“天地相合，以降甘露，民莫之令而自均。”

④ 《老子》第8章：“与善仁，言善信，正善治，事善能，动善时。”

五、总结

正如在《道德经》中，日本茶道中涉及的是一种理想人格的实现，在这里是“侘”-茶人，在那里是“圣人”，与外在自然和内在自然的交往构成了他们的本质要素。这里力争达到的是一种无意的或者说“自-然的”无为的活动或行为方式，这种行为方式与特定的行为性质和感知性质有关，这些性质在《道德经》中已经以更普遍的描述被勾画出来了，它们在许多方面也指明了与随后在日本茶道中进行的具体的实践性的形式的相似性。总而言之，它们能够在各自不同的意义层次上被描述为对能被感知者和尚未被感知者以及不再被感知者之间正反相对的张力领域以及对它的超越的敏感化。这种感知练习同时就是练习放弃束缚自我的行为冲动、欲望冲动与意志冲动，以及在此意义上练习虚其心，去除以自我为中心的愿望。同时，水的现象及其美学性质在此成为了一种象征，一种生活方式的目标取向以及修行实践的具体对象。这里重要的是净、清、静的品质，在茶道中应当通过实施特定的行为来唤起这些性质。此外还关系到一种由繁至“简”意义上的统一、聚集或专注的过程，这一过程作为一个可能性空间导向自我与感知的创造性维度，在这个可能性空间中发展尚未形成或尚处于显露的胚胎状态。这一过程不能被理解为向着原始的“未驯化的自然”的回返，在我看来，久松对茶道的解释与《道德经》之间的共同点就在于此。毋宁说，自然这一范畴是感知与行为复合体以及价值导向的一个部分，这些价值导向指向的是一种被文化塑造的，以特殊方式构成的自然。正如在对《道德经》的研究结尾处那样，这包含着与他人的交往维度以及语言的维度，这些维度也处于茶道实践的核心之处。

参考资料：

1. Böhme, Gernot： F ü r eine ökologische Naturästhetik（《生态自然美学研究》），美茵河畔法兰克福，1989 年。

2. Böhme, Gernot： Nat ü rlich Natur. Über Natur im Zeitalter Ihrer Technischen Reproduzierbarkeit（《自然性的自然——关于在技术可再现性的时

代中的自然》），美茵河畔法兰克福，1992 年。

3. Böhme, Gernot & Böhme, Hartmut: Feuer, asser, Erde, Luft. Eine Kulturgeschichte der Elemente（《火，水，土，气——自然元素的文化历史》），慕尼黑，1996 年。

4. 陈鼓应《老子注释及评价》，北京，1996 年。

5. 久松真一：《著作集第四卷：茶道の哲学》（《著作集第四卷：茶道哲学》），东京，1973 年。

6. 久松真一：Zen and the Fine Arts（《禅与美术》），Tokia, Gishin 译，东京，1971 年。

7. 小田荣一：《茶的挂轴》，京都，1980 年。

8. 関根宗中：《茶道仪式，易经与阴阳五行》，京都，2006 年。

9. 铃木大拙：Zen and Japanese Culture（《禅与日本文化》），普林斯顿，1993 年，1959 年第 1 版。

10. 吴怡：《新释老子解义》，台北，1993 年。

（何心鹏　同济大学）

圆悟克勤手书了“茶禅一味”吗①

——兼谈珠光挂具墨迹的传承谱系

宋时磊

在当今的中国茶史和茶文化学界，在讨论“茶禅一味”时，免不了要提到宋代禅师圆悟克勤对日本茶道及“茶禅一味”之说的贡献。不少论著持有这样的观点：一休宗纯和尚将宋代圆悟克勤禅师的墨迹“茶禅一味”传给了珠光，珠光从中得到启发开创了日本的茶道，茶禅一味成为日本茶道的最高境界，甚至称珠光曾到中国留学，他所获得的这幅墨迹至今保存在奈良的大德寺。这类表述作为一种成说，在不少有影响力的论著中反复出现，甚至不乏诸如葛兆光

① 中国社会科学院古代史研究所沈冬梅、南海佛学院尹纪周、比利时根特大学及荷兰莱顿大学钱爽等人对本文亦有贡献。

基金项目：国家社会科学基金青年项目“近代中日应对西方茶叶贸易质量规制路径比较研究”（项目编号：16CSS012）阶段性成果之一，得到武汉大学自主科研项目青年项目（项目号：413000007）阶段性成果之一。

粗粗统计，有类似观点表述的相对重要的作者及有影响力的论著有：李明权：《佛学典故汇释》，浙江古籍出版社 1990 年版，第 254 页；葛兆光：《茶禅续语》，《读书》1991 年第 8 期；何明栋：《茶与佛教》，《农业考古》1991 年第 2 期；姚国坤：《茶事佛学典故六则》，《中国茶叶》1996 年第 4 期；张家成：《中国禅院茶礼与日本茶道》，《世界宗教文化》1996 年第 3 期；吴立民：《中国的茶禅文化与中国佛教的茶道》，《法音》2000 年第 9 期；李海杰：《中国禅茶文化的渊源与流变》，陕西师范大学 2007 年硕士学位论文；贺佳欢：《“茶禅一味”与“禅茶一味”考辨》，《浙江树人大学学报》2016 年第 3 期；王子怡：《中日陶瓷茶器文化比较》，人民文学出版社 2018 年，第 165—166 页。

先生一类的著名文化学者。只有个别学者对此说进行了质疑[①]，极少梳理此信息的源头及流变，进而深入而系统地批驳其讹误甚至是荒谬之处。近年来，圆悟克勤日本流传墨迹在国内有所研究，日本学者也撰文澄清，为我们理清事实提供了条件。本文从学术史的角度，追本溯源，寻找错误之说的源头，并分析其流布的谱系，进而综合现有研究成果，正本清源、匡正谬论。

一、讹误的源头与澄清

改革开放以后，学界关于“茶禅一味”的最早表述，见于1983年郁龙余的文章《中印栽培植物交流略谈》。[②]作者大胆猜想搓炉焙的制茶工艺在明代已经传到印度，那时印度已经有了相当规模的茶叶种植；甚至十分离奇地臆想印度茶叶的种子是由僧人带去的，因为当时往来于中日之间的僧人极多，而他们又都极爱饮茶，有所谓“茶禅一味”的说法。该文关于中印茶叶和佛教交流的判断，纯属一家之言，甚至是违背常识，缺少必要的证据支撑。但其“茶禅一味”的说法，系笔者所掌握的改革开放以来的文献中首次提到。

之后，名为辛夷的作者在《成都晚报》发表了《一休与成都昭觉寺》一文。1985年3月《法音》杂志转发该文，标题更改为《茶禅一味话友谊——一休与成都昭觉寺》[③]。作者讲述了中日佛教文化交流的一则掌故：

宋代在昭觉寺传禅说法的圆悟国师，为临济宗杨岐（袁州）方会禅师的三传弟子。宋高宗封他为圆悟国师。南宋时，由于指南针的应用，中日海上交通得到进一步发展。当时来中国参禅学法的日本佛教徒往来频繁。其中有一位珠光法师，在佛果克勤座下，精研佛学，颇受佛果的器重。珠光学成归国时，佛果克勤书“茶禅一味”四字相赠，并且还把自己对于禅理的一些阐释写成手

① 针对李明权《佛学典故汇释》中所载明的这种说法，余悦询问日本、韩国和港台地区的茶人及几位佛教研究者，均不得知其详，见余悦：《禅悦之风——佛教茶俗几个问题考辨》，《农业考古》1997年第4期。

② 郁龙余：《中印栽培植物交流略谈》，《南亚研究》1983年第2期。

③ 辛夷：《茶禅一味话友谊——一休与成都昭觉寺》，《法音》1985年第2期。

卷，一并送给珠光，愿他弘扬于日本。

珠光把佛果克勤的题词小心地收藏在一个油漆加工过的大竹筒内，旋即归国。不料船只将要靠岸之际，风浪陡起，全船无一人生还，而竹筒则随波浪漂至奈良海边。说也凑巧，在安国寺出家的一休（宗纯），这天在海边无意中看到了在水中沉浮的竹筒。打捞起来后，发现了其中的“茶禅一味”的题词和阐释禅理的手卷。于是一休日夜苦思，参悟禅理，终于成一家之言。“茶禅一味”的题词也就成为镇寺之宝，至今仍收藏在日本奈良大德寺。

佛果克勤于公元1163年圆寂于昭觉寺葬在后院的塔林之中，其冢今称“国师墓”。

同年3月，北京大学向中国佛教协会转去据传是日本京都相国寺保存的圆悟克勤禅师的墨迹，请求其协助解读。中国佛教协会为了弄清事实，致函京都相国寺棍谷宗忍长老，棍谷长老复函及文章《圆悟克勤禅师墨迹传来》，介绍了这幅墨迹在日本保存的经过，其收藏谱系为：足利家（将军）—一休宗纯（禅师）—村田珠光（茶人）—武野绍鸥（茶人）—千利休（茶人）—丰臣秀吉（将军）—德川家康（将军）—德川家光（将军）—松平阿波守（大名〔诸侯〕）—田安—德川家（将军）—畠山一清（此墨迹现藏于东京畠山纪念馆）。[①]林子青居士认为这幅墨迹是圆悟克勤禅师写给其法嗣绍隆禅师的传法鉴定书（印可状），并对其进行逐字解读。据此，林子清认为辛夷之文有三处主要谬误：第一，该文提到日本“珠光法师在佛果克勤座下精研佛学”。珠光指村田珠光（1422—1502），生活在日本室町时代（1392—1573），系日本“茶道”之祖。他师从能阿弥学茶艺，从一休宗纯（1394—1481）学禅，深得“茶禅一味”之旨。因此，他比圆悟禅师晚出三百多年，没有来过中国，更不可能从圆

① 日方的介绍应根据德川家所藏的《御道具书画目录》而来。但是其中从珠光到丰臣秀吉的部分没有其他资料予以证实，珠光到绍鸥的部分则年代不合，武野绍鸥和丰臣秀吉也没有持有圆悟墨迹的记录。而且，此墨迹跟千利休所持圆悟墨迹的记录行数不同。关于此墨迹的流传，仓泽行洋根据《松屋名物集》《利休居士传书》《松风杂话》的记载，推断为：村田珠光—宗珠—堺市伊势屋道和（茶人）—大德寺—羽柴下宗（滝川熊利）、榊原康政—德川家康的柳营御物—东京畠山纪念馆。仓泽行洋：《珠光的印证书——圆悟墨迹》，载关剑平编：《禅茶：认识与展开》，浙江大学出版社2012年，第15页。

悟禅师受学佛法。第二，该文说“茶禅一味”的墨迹“至今仍收藏在日本奈良大德寺里”。实际上，大德寺在京都，不在奈良，大德寺也没有收藏该墨迹。第三，该文错误地将圆悟禅师卒年写为公元1163年，实际应为1135年。除林子青所指出的三点外，笔者认为这则短文的错误还有四点：其一，圆悟禅师从未写过“茶禅一味”的四字手书；其二，是珠光受到圆悟的墨迹的启发，从中悟出了茶禅一味的茶道思想，而非一休日夜苦思；其三，与海上漂流有关的圆悟墨迹，并非这幅，而是另一幅被称为“流れ圜悟”的墨迹；其四，奈良是日本的内陆县，不在海边。

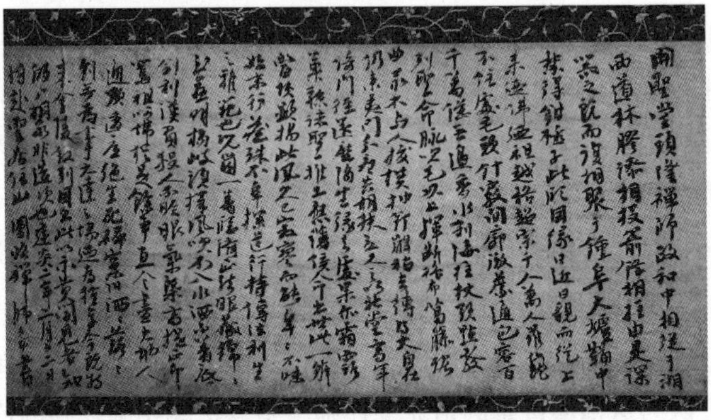

图1　圆悟禅师墨迹（东京畠山纪念馆藏）①

林子青文章还附有从北京大学转来圆悟墨迹的照片（见图1），该图片中的文字辨识如下：

开圣堂头隆禅师，政和中，相从于湘西道林，胶漆相投，箭锋相拄，由是深器之。既而复相聚于钟阜，大炉鞴中，禁得钳槌子，此段因缘，日近日亲，而从上来乃（廼，迺）佛乃（廼，迺）祖，越格超宗，千人万人罗笼不住。处毛头针窍间，廓澈（彻）虚（荐）通，包容百千万亿无边香水刹海。拄杖头点发（拨）列圣命脉，吹毛刃上挥断路布（步）葛藤，踞曲录（象）木，与人

① 东京畠山纪念馆藏，作于1128年，长61.5厘米，纵30厘米，1939年日本重要文化财产。彩色电子图片由沈纯道先生提供，与上图为同一幅墨迹。

拔楔抽钉，解粘去缚，得大自在。仍来夷门分座，共相扶立。久之，以北堂高年倚门，径还么陷（历阳，磨滑）生缘之处，果尔（亦），霜露菓熟，诸圣推出，应藩候命出世，此一辨（瓣）当顶（堂头）显扬。此风久已寂寥，而能卓卓（年年）不昧始末行藏，殊不辜探（操）道行持，传法利生之雅范也。况个（箇）一着临济正法眼藏，绵绵至慈明、扬岐，须择风吹不入，水洒不着底剑（剑）利汉，负杀人不贬眼气概，高提正印，骂祖呵佛，犹是余事；直令尽大地人通顶透底，绝生死、碎窠（巢）旧（臼），洒洒落落，到无为事大达之场，廼（迺）为种草。今既特来金陵叙别，因书此以示，贵闻见者知的的相承非造次也。建炎二年二月十二日将赴云居住山圆悟禅师克勤书。①

二、葛兆光的误读与放大效应

经过此番查证与澄清，辛夷所发表的讹误百出、不足采信的文章，本该就此休止，不再流布。②然而，知名学者葛兆光1990年和1991年在《读书》杂志先后撰文《茶禅闲语》《茶禅续语》。在前一篇文章中，作者开篇称：“古人以禅意入诗入画，尝有‘诗禅’‘画禅’之称，似无‘茶禅’之名，东流有‘茶道’（Teaism）一词，其意乃‘茶の道’，我这里杜撰个‘茶禅’，并非立异争胜，只不过古时大德嗜茶者多，说公案，斗机锋，常常有个“茶”字在，故生老婆心入文字禅，也在‘茶’与‘禅’两边各拈一些子花絮，凑合

① 国内学术界对此幅墨迹文字辨识的文献有，林子青：《关于圆悟禅师墨迹的说明与注释》，《法音》1985年第6期；胡建明：《东传日本的宋代禅宗高僧墨迹研究》，南京艺术学院2006年博士学位论文，第26页。（该论文后正式出版，见胡建明《宋代高僧墨迹研究》，西冷印社2011年版。）仓泽行洋：《珠光的印证书——圆悟墨迹》，载关剑平编：《禅茶：认识与展开》，浙江大学出版社2012年，第13—20页。三人对文字的辨识，略有出入，此处引文综合了三人的辨识，将正确认读置于正文，模糊或错误辨读置于括号内。日本仓泽行洋较早翻印此墨迹照片并对其释读，收录在《久松真一著作集》第4卷，《茶道の哲学》，理想社，1973年。墨迹中的文字内容，在《佛果圆悟真觉禅师心要》中有所体现，但比其内容要丰赡，此墨迹体现了圆悟思想当无疑，见《佛果圆悟真觉禅师心要》，历应四年（1134）临川寺刊行。

② 事实上并非如此，一些书籍中仍在绘声绘色讲述该故事，见潘竹苍主编：《唐昌轶事》，郫县政协学委会唐昌分会、郫县唐昌地区文化体育学会，1991年，第171页。

成儿则茶不茶、禅不禅的话头，在题内说儿句题外的闲言语罢了。”① 也就是说，葛先生认为自己在这篇文章中首创了“茶禅”一词，并提出古代文人吃茶最讲究“清”“闲”，这其中有的便是禅意，还引用了赵州从谂禅师、《五灯会元》、如宝禅师等人的禅语论证。次年的《茶禅续语》中，他称读一书时，无意中发现：“克勤禅师赠日本僧珠光语中便有‘茶禅一味’，今尚藏于日本奈良寺。”② 自认为独创的“茶禅”一词，原来已经提出过，故又作一文，论述茶之“清”、古代泡茶法及僧人饮茶。葛先生所读为何书，文中未有具体交代。据笔者查阅，葛兆光所读之书很有可能是1990年1月李明权所著的《佛学典故汇释》，该书载：“日僧珠光访华，就学于著名的克勤禅师。珠光学成回国，克勤书‘茶禅一味’相赠，今藏日本奈良大德寺中。”③ 这则文献作者虽然未注明注出，但从行文表述来看，很显然受到辛夷文章错误说法的影响。葛兆光是著名的学者，《读书》在当时又是具有重要影响力的学术平台，该文一出，流布甚广，被多部著作和文集收录。④ 因此，此说得到加速传播，被很多人士接受。

三、另外两副墨迹的流出

此事并未就此结束，有学者开始澄清圆悟克勤手书“茶禅一味”条幅的说法，并提供了具体的证据。

---

① 葛兆光：《茶禅闲语》，《读书》1990年第3期。

② 葛兆光：《茶禅续语》，《读书》1991年第8期。

③ 李明权：《佛学典故汇释》，浙江古籍出版社1990年1版，第254页。在2001年编著的《佛门典故》中，李明权再次讲述了这个故事，2006年再版时仍旧保留。

④ 据不完全统计，有20多本著作或者选本。较早或者影响较大的收录主要有，老愚选编：《王朝的背影——学者随笔》，北京师范大学出版社1993年版，第267—271页；梦湖编：《红尘净土》（下册），西安出版社1995年版，第73—82页；刘湛秋主编：《超越与倾听》，长江文艺出版社2000年版，第221—226页；彭国梁主编：《茶之趣》，珠海出版社2003年版，第78—82页。百花文艺出版社编：《中外散文选萃》（第四辑），百花文艺出版社1991年版，第31—34页；毕玲蔷主编：《大学基础写作》，陕西人民教育出版社1993年版，第421—425页；凌云岚编：《茶人茶话》，生活·读书·新知三联书店2007年版，第72—78页；吴玲、江静：《日本茶道文化》，上海文艺出版社2010年版，第25页。

滕军1992年出版的《日本茶道文化概论》：“珠光跟一休参禅，得禅之教外别传，并从一休处获得了印可证书——圆悟的墨迹……这一墨迹后来成为茶与禅结合的最初的标志，成为茶道界最高的实物。”[①]珠光得到这幅印可证的墨迹以后，把它挂在茶室里最重要、最显著的位置——壁龛里。人们走进茶室时，要在墨迹前跪下行礼，表示对圆悟的敬意。并由此表明草庵茶的宗旨是与禅宗的思想相通的，茶与禅是同一的。珠光的这一举动开辟了禅茶一味的道路。滕军在日本取得博士学位，又在北京大学任教，该书经日本茶道里千家家元千宗室博士审订，又得到神户大学名誉教授山田敬三教授的称赞，故有学者认为可信度较高。[②]

图2 《与虎丘绍隆印可状》（又称《流れ圜悟》）[③]

① 滕军：《日本茶道文化概论》，东方出版社，1992年，第39页。

② 余悦：《禅悦之风——佛教茶俗几个问题考辨》，《农业考古》1997年第4期。

③ 滕军所提供的圆悟墨迹是本图的黑白版。亦见于1930年松平直亮氏藏圆悟克勤墨迹照片，日本美术协会编《贵重美术品调查报告》，1930年。此处所提供的图片系日本东京国立博物馆所提供的官方照片，馆藏编号TB—1171，1124年作。本件为圆悟克勤送给弟子虎丘绍隆的《印可状》之前半部，也是现存最古的禅僧书迹（《印可状》指禅宗认可修行者的参悟并允其嗣法的证明）。内容述及禅由印度传入中国并至宋代分为各派的经过，且说明了禅的精神。书风虽不依定式，但具有经过严格修行而达到的淡泊意趣，自古以来被茶道家视为禅僧书迹之首，深受重视。内容参见日本e国宝网站，网址网址：http://www.emuseum.jp/detail/100223/001/001?x=−17&y=−2&s=1。

滕军只提供了照片（见图 2），未对其中的文字辨识、解读。1995 年中华传统文化研究所编辑了《圆悟心要》，其中收录了圆悟克勤苏州虎丘所作的《示隆知藏》[①]。该文近千字，其中前半部分文字与墨迹的内容基本相同。另外，明代释德清《憨山老人梦游集》、瞿汝稷《指月录》曾经收录了与该墨迹相类似的记录，但文字更为简略。[②]

有祖已来，唯务单传直指，不喜带水拖泥、打露布、列窠窟钝置人。盖释迦老子，三百余会，对机设教，立世垂范，大段周遮，是故最后径截省要，接最上机。虽自迦叶二十八世，少示机关，多显理致，至于付受之际，靡不直面提持。如倒刹竿，盌水投针，示圆光相，执赤幡、把明镜，说如铁橛子传法偈，达磨破六宗，与外道立义，天下太平，番转我天尔狗，皆神机迅捷，非拟议思惟所测。洎到梁游魏，尤复显言，教外别行，单传心印，六代传衣，所指显著。逮曹溪大监，详示说通宗通。历涉既久，具正眼大解脱宗师，变革通涂，俾不滞名相，不堕理性言说，放出活卓卓地，脱洒自由，妙机遂见，行棒行喝，以言遣言，以机夺机，以毒攻毒，以用破用。所以流传七百年来，枝分派别，各擅家风，浩浩轰轰，莫知纪极。然鞠其归著，无出直指人心；心地既明，无丝毫隔碍，脱去胜负、彼我、是非、知见、解会，透到大休、大歇、安稳之场，岂有二致哉！所谓百川异流同归于海。要须是个向上根器，具高识远见，有绍隆佛祖志气，然後能深入间奥，彻底信得及，直下把得住，始可印证，堪为种草。舍此，切宜宝秘慎词，勿作客易放行也。[③]

该墨迹作于宋徽宗宣和六年（1124 年）十二月，纵为 43.9 厘米，横为 52.4 厘米。外装木盒写有“圆悟墨迹从宋朝入来筒”，内还有一桐木盒盛装此墨迹。结合《示隆知藏》的原文，以及该墨迹未有落款等情况，可以判断现存部

① （宋）圆悟克勤：《圆悟心要》，中华传统文化研究所，1992 年，第 10—12 页。另九州国立博物馆藏有宋版《圆悟心要》，嘉熙戊戌年（1238）刊行。

② （明）释德清：《憨山老人夢游集》卷五，清順治十七年毛褒等刻本。（明）瞿汝稷：《指月録》卷二十九，清乾隆明善堂刻本。

③ 该段文字引自 1995 年中华传统文化研究所编辑：《圆悟心要》，另外韩天雍在 2008 年提供了该照片的彩色版及文字内容，见韩天雍：《中日禅宗墨迹研究：及其相关文化之考察》，中国美术学院出版社 2008 年，第 161 页。墨迹的文字内容与《圆悟心要》《圆悟佛果禅师语录》的文字，只有第六行的“番”字不同，文本中写为“翻”。

分为整幅墨迹的前半的 19 行。据传墨迹装于桐木圆筒中而漂流到萨摩（今鹿儿岛县）坊之津海岸，因而又称为“流れ圜悟”。先为大德寺大仙院、堺市的富商兼茶道家谷宗临收藏，后来古田织部应伊达政宗的要求而截为两段，后半部分已经去向不明。前半部不久便转为祥云寺收藏，之后由知名的茶道家、江藩主松平不昧，以赠祥云寺金两千五百两和每年三十大袋的米粮为代偿而获得本件。该墨迹后为旧松江藩主松平直亮继承，1938 年捐赠给东京国立博物馆。[①]1951 年被列为日本国宝。

谷宗临，同所人，此家有圆悟禅师大墨迹，是世珍奇物也。本大德寺中大仙院之什物也。古岳和尚之代于萨州（萨摩）有尧甫藏主，一日出寺眺望海上遇物之随波泛泛流来，辄取视之一桐筒也。拆开得一轴手卷，而圆悟付虎丘亲书印状矣。甫怪喜以谓是支那国之大宝也。余非小释之所可有，因携入京以献紫野古岳和尚，竞为大仙院什物焉。而天正年中因事渡堺谷宗临之家，临子宗卓、卓子宗印与好茶术世所称，于时逮宗印代奥州太守政宗（伊达政宗）卿频被强望此墨迹，不得已遂截其半为二幅。发语已下四百一字遗己家，以次文四百九十二字进奥州，于今为伊达家之珍矣。传闻尔时为尝每年赐千石，然印富有故后辞之，尚以谓恐所遗于家之片幅亦重预何人之所望乎，乃附之同所功德所祥云寺永为什物矣，则祥云寺圆悟与伊达氏圆悟其本为一体可知。[②]

另外，在胡建明的博士学位论文中，还给出了圆悟的第三幅墨迹，并引用日本学者桑田忠亲氏著的《山上宗二记の研究》，认为此墨迹由水户德川家传来，大正期间为藤田家所藏。[③] 高桥义雄等人所著的《东都茶会记》认为该墨迹：“笔迹圆熟老练，宋元诸禅师的墨迹大多学习此笔法，称之为天下第一墨

① 日本美术协会编《贵重美术品调查报告》，1930 年。该书对这幅墨迹的收藏源流的梳理，成为東京国立博物館的官方介绍语。

② 于谷忍斋:《数奇者名匠集》，转引自段玉明等著:《圆悟克勤传》，宗教文化出版社，2012 年，第 316—317 页。

③ 胡建明:《东传日本的宋代禅宗高僧墨迹研究》，南京艺术学院 2006 年博士学位论文，第 26 页。

迹，也绝不可言过其实。田中亲美看到此，有不胜感激之情……”[①]

遗憾的是，该墨迹在二战时期的东京大空袭中烧毁，只有照片保存下来。[②]全文辨读如下：

克勤委曲示：华藏堂头密印禅师，前时人回，有字去，必达矣。即计夏中安胜。山僧此间四百五十僧结足，山保无一星事。遂日入室甚整肃，此半月来缺雨，一日两时行道，告龙神，尚未感应。而化主行写书忙，且辍然。色身康强，进得饮食，似可乐尔。却仅有本分学道兄弟。而寇道渐息，林间世外，足以优游，老境之幸也。华藏闻司中得安抚，公诸监司，有位相照外护，亦可信缘。行道利物，须频频入室传道，乃本职也。惭愧方滨老，遂堕渺茫中；而嵩师前四日在雁翅已雷惊死，好笑不知何因缘际会。如此江路上禅和来往，数可寄安信。渊化主且与诸故旧成之；韩待制不知只在彼否，恐不的不敢附书。城中多故人一一仗伸诚，此外放教肚皮大，诸事随时任缘，保重。建炎二年六月二十七日圆悟禅师克勤委曲。[③]

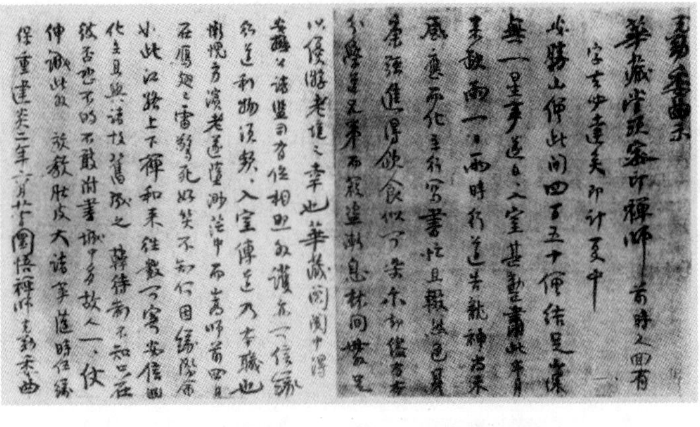

图3 《与密印禅师尺牍》（1128年作，已毁）

① 高桥义雄、熊仓功夫、原田茂弘《京都茶会记》，淡交社，1989年，第481页；桑田忠亲《乱世と茶道》（平凡社，1957年）、小松茂美《日本书流全史》（讲谈社，1970年）等也载录了这幅墨迹。田中亲美（1875—1975），日本美术研究专家，古画卷、古墨迹鉴定第一人，以古笔的鉴定、收集家而闻名。

② 仓泽行洋：《珠光的印证书——圆悟墨迹》，载关剑平编《禅茶：认识与展开》，浙江大学出版社，2012年，第13—20页。

③ 胡建明：《宋代高僧墨迹研究》，西泠印社出版社，2011年，第47页。

四、哪副墨迹对“茶禅一味”影响至深？

至此，日本所存的三幅圆悟墨迹，都已经在国内得到介绍。但问题是这三幅墨迹是否都出自圆悟克勤之手？据台湾学者张宏庸1987年的著作称，珠光拜一休禅师为师参禅，并收集了一休禅师赠送的宋代中国高僧圆悟禅师的墨迹。珠光在修业期间，悟出了佛法诸像也可从日常茶饭中的茶汤作法中求得，结果参悟了茶禅一味的境地。[①]但问题在于，到底珠光是从哪一副墨迹中悟出了“茶禅一味”的思想？这两个问题，是厘清“茶禅一味”思想脉络的首先需要回答的问题。林子青认为东京畠山纪念馆藏所藏墨迹对“茶禅一味”有重要影响，而滕军则相反，认为日本东京国立博物馆藏所藏为珠光所悬挂之墨迹。桑田忠亲也十分明确地指出：“珠光曾跟随能阿弥学习立花及唐物鉴别法，之后，又跟随大德寺著名的一休和尚参禅，由此大彻大悟，并得到了印可只状，这就是现存东京国立博物馆的著名的圆悟禅师的墨迹。”[②]孰是孰非？

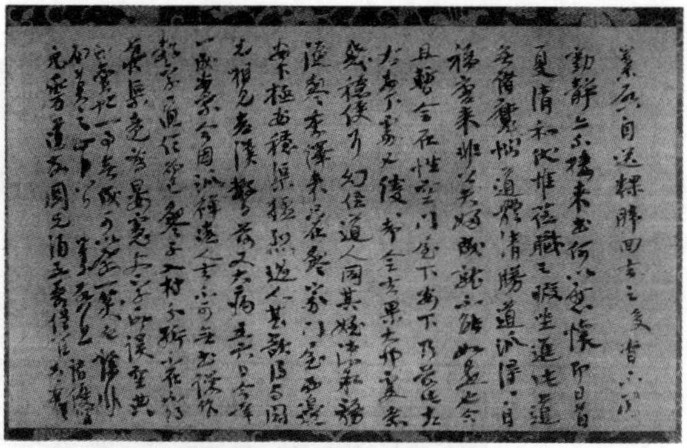

图4-1　大慧宗杲《尺牍》

日本学者仓泽行洋对东京国立博物馆的墨迹的书写风格进行了分析，认为图2和图3的笔迹相同，跟图1完全不同。还提出东京畠山纪念馆藏的墨迹有23行，而家松屋和稻垣休叟等人所记录的圆悟墨迹都持7行之说。[③]胡建新从墨迹内容、书法风格、史料考证等三个方面做出详尽分析，认为图1非出自圆悟本人。他认为是圆悟的另一弟子大慧宗杲代笔，或者是由大慧宗杲抄写的作品（胡建新提供的大慧宗杲作品见图4–1）。笔者还在东京国立博物馆

---

① 张宏庸编纂：《茶的历史》，茶学文学出版社，1987年，第54—55页。

② 桑田忠亲：《茶道六百年》，北京十月文艺出版社，第28页。

③ 仓泽行洋：《珠光的印证书——圆悟墨迹》，载关剑平编《禅茶：认识与展开》，浙江大学出版社，2012年，第15页。

发现2幅大慧宗杲的墨迹（图4-2、图4-3），仔细对照后发现这三幅应出自同一人之手，但跟图2和图3的笔迹有很大的相似之处。也就是说，图1这幅在日本传承近千年且被日本认定为“国家重要文化财产”的墨迹，应非出自圆悟本人之手。

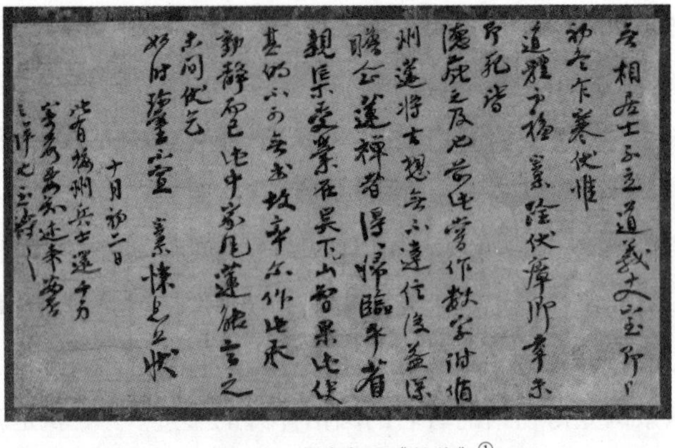

图4-2　大慧宗杲《尺牍》①

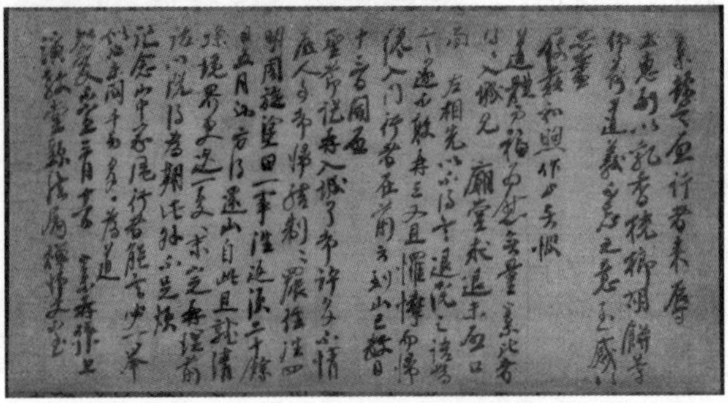

图4-3　大慧宗杲《大慧禅师墨迹》②

在解决第一个问题后，第二个问题随之需要回答。那到底是图1还是图2，对珠光“茶禅一味”的茶道思想产生了重要影响呢？在桃山时代的各种《茶会

① 东京国立博物馆列为国宝，收藏编号TB-1173，作于南宋時代的，12世紀，照片网址：http://www.emuseum.jp/detail/100224/000/000?mode。

② 东京国立博物馆列为重要文化财产，收藏编号TB-1172，作于南宋時代，12世紀。照片网址：http://www.emuseum.jp/detail/100851/001/001?x=293&y=37&s=3。

记》的记录中，经常会出现圆悟墨迹，且至少有三幅，比较有名的是“流れ圜悟”。据日本早期茶书《山上宗二记》载：“圆悟墨迹一幅，堺伊势屋道和，是昔珠光从一休和尚处所得墨迹，墨迹挂物也。”[①] 从文字笔记看，现存墨迹中，能确认出图版有三幅，但与当圆悟自己明显一致且名气最大的是“流れ圜悟”。但从收藏的传承来看，图 2 墨迹没有明确的文字说明指向村田珠光，其来源带有更多的神秘色彩。而就图 1 而言，无论是德川家所藏的《御道具书画目录》的比较权威的记载，还是仓泽行洋的考证，都与村田珠光有着十分紧密的联系。古笔了仲[②] 在印有这个墨迹的表具里写着：“东山殿御物珠光和尚之好表具也。”[③] 也就是说，珠光所悬挂且对其茶道思想产生重要影响的应为畠山纪念馆所藏者。

另一方面，仓泽行洋还从文字内容上做了类比解读。他结合珠光茶道思想的重要文献《心之文》，做了比较详尽的对比分析。珠光的存世代表作《心之文》以“作心师，不师放心”结尾，这不仅仅指的是舍去“我慢”的“无我”，也不仅仅是指“无我的我”，应该是舍离“无我的我”到达的境地。[④] 这一茶道思想的论述跟圆悟墨迹中关于禅的思想是一脉相承的。查证图 2 和图 3 中的文字，则没有关于这方面的思想表达。也就是说，珠光的茶道思想是来源于图 1 文字的启发——一幅体现了圆悟思想到并非本人手书的墨迹。这幅被日本茶道史上视为圣品的“珠光表具”虽非圆悟本人的墨迹，但丝毫不影响其重要性和历史地位：思想来源于文字所体现的精神内涵，而不是文字的书写本身。

五、余论及其他

从学术史的角度，本文梳理了一则流传甚广的错误传言，是怎样开始出

① 《山上宗二记》，东洋文库 201 · 日本の茶书，平凡社，1971 年。
② 古笔了仲（1656—1736），江户时代前期到中期的古笔鉴定家，名守直，通称务兵卫。
③ 小田榮一：《挂物书：寄付挂——茶道具世界 12》，淡交社，2000 年，第 28 页。
④ 仓泽行洋：《珠光的印证书——圆悟墨迹》，载关剑平编《禅茶：认识与展开》，浙江大学出版社，2012 年，第 20 页。

现又被快速求证澄清，又怎样被进一步放大，获得了众多知名学者的认同，在学术期刊和重要出版物中得到知识固化，导致讹误不停流布和再生产的过程。圆悟克勤手书“茶禅一味”条幅这一空穴来风的虚妄说法，之说以得到众多相关人士的认同，与人云亦云、不求查证源头的学术态度有关，更与这一说法迎合了“中华文明中心论”的民族文化心理有关。在这种文化心态之下，在茶禅一味的研究话题中，持论者往往从两个方面的逻辑入手：一是论证日本的“茶禅一味”思想起源于中国，即无论日本的茶禅一味的茶道思想内涵如何，其根源肯定来自中国，这进一步反向证明了中国茶文化思想的博大精深；二是奋发图强，从故纸堆里寻找证据，利用中国丰厚的本土文化资源，论证前人和先辈早已提出了“茶禅一味”的思想，其潜台词是这并非日本的文化独创，中国丰厚的文字资源中自古已有之。在这一理念和学术逻辑的驱动之下，达摩祖师眼中成长的茶树叶煎茶、唐代僧人的饮茶遗事、赵州从谂禅师的嗜茶成癖的“吃茶去”、宋朝形成的茶礼和茶宴、《景德传灯录》的饭后三碗茶，都成为中国早已经提出“茶禅一味”说法的有力论证。[①]这些论证固然在追本溯源方面有一定作用，但并不能否认这一基本事实：“茶禅一味”的概念起源于村田珠光、武野绍鸥、千利休等人，经过千宗旦等人茶人的努力，在室町时代方形成茶禅道的思想；词汇学中的“茶禅一味”出自临济宗大德寺禅僧义统[②]，圆悟克勤从来未手书过“茶禅一味”四字。在日本的茶道中，“茶禅一味”是在圆悟克勤墨迹的启示下，茶与禅经过较长时间相互激发，而由日本茶人孕育出归纳出的一整套丰赡思想和复杂的实践体系。要深入理解“茶禅一味”的思想，并不在于从表面上寻找其词汇或墨迹方面的外在形式化的踪迹。而在 2019 年 8 月 7 日，湖南常德发布的《万里茶道申遗达成“石门共识”》中，配了一幅落款为克勤的“茶禅一味”条幅，无论

① 较早以这种方式论证的文章，可参见葛兆光：《茶禅闲语》，《读书》1990 年第 3 期；赵海洲：《“茶禅一体”初探》，《湘潭大学学报（社会科学版）》1993 年第 1 期；潘林荣：《“茶禅一味”考辨》，《农业考古》1994 年第 2 期。有学者对此提出了质疑，见曹工化：《“茶禅一味”说献疑》，《农业考古》1991 年第 2 期。

② 顾雯：《关于日本茶文化史上“茶禅一味”由来的考察》，载关剑平编《禅茶：认识与展开》，浙江大学出版社，2012 年，第 25 页。

是从史实，还是从字迹、纸张判断，该墨迹必定是彻头彻尾的伪作。这样做无疑是本末倒置，甚至会成为新一轮错误的源头。

在澄清这一荒谬传说后，滕军《日本茶道文化概论》认为东京国立博物馆所藏之圆悟墨迹是“珠光表具”，对日本“茶禅一味”的茶道思想产生了深刻影响。结合日本早期茶人山上宗二以及仓泽行洋等日本学人的研究，可以看到日本茶道界更加珍视的是东京畠山纪念馆所藏的、大慧宗杲代笔的、体现圆悟思想的墨迹，在一定程度，滕军的研究或许有所偏颇[①]。当然，我们也不否认，东京国立博物馆所藏的圆悟墨迹，在日本茶道界也拥有比较崇高的地位，为历代茶人所珍视，且应为圆悟本人所书写，这或许是它能够成为日本国宝的重要原因。谨慎地辨明源流和是非，并持之以科学的研究态度，这是学术的应有之义，不能人云亦云，不去慎查也。

（本文原刊于《农业考古》2019年第6期。宋时磊，武汉大学茶文化研究中心）

---

① 受滕军之说影响的成果，可参见余悦：《禅悦之风—— 佛教茶俗几个问题考辨》，《农业考古》,1997年第4期；陈文华：《中国茶文化学》，中国农业出版社，2006年，第246—247页。但也有少部分著作史实清晰，江静：《日藏宋元禅僧墨迹选编》，西南师范大学出版社、人民出版社，2015年，第7页；沈冬梅等：《中华茶史 · 宋辽金元卷》，陕西师范大学，2016年，第400页。

历史与文化

论禅茶文化在中国茶文化史上的意义

施由明

禅茶文化即禅与茶的结合所形成的文化，包括禅宗僧徒的一切茶事活动所形成的文化，也包括非禅宗僧徒在茶中体验禅和感悟禅所形成的文化。关于禅茶文化的研究，长期以来，一些茶文化学者孜孜不倦，已取得了一些重要成果，如舒曼、关剑平、竺济法、蔡镇楚、潘荣林、陈香白、陈云君、凯亚、丁文等一些学者，都撰写过有学术深度的论文或专著。但禅茶文化博大精深，不仅仅是禅与茶的问题，还与中国文化的核心思想儒与道相关联；不仅仅与中国的哲学相关联，还与中国的文学、艺术、宗教等相关联，所以，仍然需要深入地探究。本文试着对中国的禅茶文化在中国茶文化史上的意义作些简单分析。

一、禅茶文化是中国茶文化的重要组成部分

中国茶文化，就是中国国民一切与茶有关的文化，包括表现在行为和留存在文字、思想、观念、情感等中的文化。从茶与中国文化核心思想的关系看，中国茶文化可分为儒家茶文化、道家茶文化和佛家茶文化，但这三者不是截然地分开，而是互相交融。从文化形态来看有茶文学、茶艺术、茶哲学、茶思想、茶经济、茶传播等；从茶与社会生活的关系来看，有宫廷与贵族茶文化、文人茶文化、市民茶文化、秘密宗教茶文化等。

上述的各部分或各门类都是中国茶文化的重要组成部分，正是有这么多重要组成，从而使中国茶文化博大精深。佛家茶文化毫无疑问是中国茶文化的重

要组成部分，中国茶文化若是缺少了佛家茶文化，将会黯然失色许多。禅茶文化作为佛家茶文化的一个组成部分，是佛家茶文化中最重要的组成部分。虽然佛家茶文化还有净土宗茶文化、密宗茶文化、天台宗茶文化、藏传佛寺茶文化等，然而，历史最悠久、影响最博大深远、茶文化底蕴最深厚的是禅茶文化。从早期禅僧坐禅饮茶，以茶驱睡魔，带动饮茶风气的传播，到唐后期江西奉新百丈山怀海禅师制定《禅门规式》（又称《百丈清规》），使禅宗茶文化系统化、规范化；到元顺帝元统三年（1335）敕令百丈山住持德辉重修《百丈清规》，禅宗茶文化成为佛家茶文化中体系最完备、文化内涵最博大而精深的文化。

“禅”是印度梵文“禅那”的音译，意思是“思维修”，有静虑、弃恶、排除杂念等含意，所以，禅是一种修炼、一种“悟”、一种审美，是一种安详、愉悦、放下杂念、超脱尘世俗务的美好境界，如进入“柳绿花红”的境界，如“渊池息浪”“彻见鱼石”般清透。这样一种对审美境界的追求，不仅禅门中人孜孜以求，深受老庄思想影响的中国文人们同样为之陶醉，因为这是一种和道家所追求的审美境界相通的境界，所以，不仅仅是禅门中人以茶悟禅，同样，非佛门中人的中国文人们也特别喜爱在茶中感受禅境、体悟禅境，所以，禅茶文化不仅是禅宗的茶文化，还包括了非佛门中人或非佛门中人与禅宗人士共同在茶中体悟禅境、感受禅境所形成的文化。中国茶文化中众多的优美的茶诗茶文正是在这样的过程中产生的。

由此可知，禅茶文化是中国茶文化的重要组成部分，这应当是不会有争议的。

二、禅茶文化树立了中国茶文化最核心的审美境界追求

饮茶或品茶，要达到怎么样的一种境界？怎么样才算最美的境界？陆羽在《茶经》中只是谈到饮茶的美妙感受：“与醍醐甘露抗衡也”；虽然对茶人的品格境界提出了“精行俭德”的要求，但并没有明确地提出饮茶的审美境界追求。因为陆羽的《茶经》是一本茶学（种茶、采茶、制茶）、茶史、茶艺（煮

茶）的书，如何去享受茶并不是他研究的重点或要表达的重点。尽管陆羽非常明了该怎样去追求品茶的境界。

陆羽所处的中晚唐时代正是中国禅宗兴起的时代，虽然中国的禅宗由达摩祖师在北魏时期开创，“南禅”的顿悟法门由慧能在唐中期确立并弘传，但南禅宗（后来也就是中国禅宗的代名词）的兴起是在唐后期，经历了“一花开五叶”的传布过程。

中晚唐时代，饮茶习尚已全面普及，所谓“茶道大行，王公朝士无不饮者”，此时又正是文人们的精神取向、生活情趣、审美兴趣较盛唐时代发生明显改变的时期，文人们已变得沉湎于享受世俗生活了，茶成为文人们享受生活的手段，文人们在茶中娱情、在茶中寄托情感、在茶中审美、在茶中寻找心灵的快慰、在茶中融注儒释道的思想。而禅的“清净本心”“净心自悟”“心净无尘”的境界，为禅僧和文人树立了饮茶或品茶的境界追求，茶与禅便走到了一起，两者互为寄托，互为印鉴。禅僧借茶在“净心自悟”中求得对尘世的超越，士人在“韵高致清”“致清导和”中升华自我与感受禅意。于是有陆龟蒙在煮茶的闲情中看到一派盎然禅意：“闲来松间坐，看煮松上雪，时于浪花里，并下蓝英末，倾余精爽健，忽似氛埃灭，不合别观书，但宜窥玉札。”（《奉和袭美茶具十咏》）于是有皎然将禅趣与茶趣结合，禅中有茶，茶中有禅：“精凝一念破，澄息万缘静，世事花上尘，惠心空中境……识妙聆细泉，悟深涤清茗。”（《道上人》）于是有钱起“竹下忘言对紫茶，全胜羽客醉流霞。尘心洗尽兴难尽，一树蝉声片影斜”（《与赵莒茶宴》），于是有刘禹锡客居西山寺，与禅僧采、制、煮、饮茶，快乐无比，认为只有禅僧高士才能体会这种快乐：“山僧后檐茶数丛，春来映竹抽新茸；宛然为客振衣起，自傍芳丛摘鹰觜；斯须炒成满室香，便酌砌下金沙水；骤雨松声入鼎来，白云满碗花徘徊；悠扬喷鼻宿酲散，清峭彻骨烦襟开；……欲知花乳清泠味，须是眠云跂石人。”（《西山兰若试茶歌》）“眠云跂石人”指的便是禅僧高士。唐代的颜真卿、陆羽、钱起、孟郊、白居易、皮日休、齐己等许多高士禅僧就是在此般“洗尘心”“涤心原”“脱世缘”的境界中，感受到了茶是步入禅境的最好依托物，禅境是品茶的最理想境界，后来的“茶禅一味”正是在僧徒与文人高士在茶中对禅境的体悟。正如元稹的“宝塔诗”所说：“茶，香叶，嫩芽，慕诗客，爱僧家。”

对于品茶的境界，宋徽宗赵佶在《大观茶论》中提出了“致清导和”“韵高致静”的理念。虽然只是他个人作为艺术家品茶时身体和心灵的感受和体悟，但因为其对品茶的境界和格调作了精准的表述，“致清导和”“韵高致静”与禅共同成为中国茶人品茶或饮茶的境界与格调追求，中国茶文化在以茶悟禅或在“致清导和”“韵高致静”追求中开出了更加绚丽多彩的花朵，成为中国文化的精华，增添了中国文化的东方魅力。

实际上，“致清导和”“韵高致静”与禅境是相通的，是相互融通与相互包涵的，只是对于不了解“禅”的茶人来说，“致清导和”“韵高致静”的境界与格调表达更通俗明了。

由上可知，在中国饮茶习尚在全国铺开之时，禅宗为中国的茶人们树立了饮茶或品茶可达到的最美心灵境界和身体感受，并通过唐代后期的禅门中人和文人士大夫们告知中国的茶人们，茶禅结合和在茶中悟禅是多么美妙！

三、中国禅茶文化衍生出日本茶道

从中国茶文化对外交流与影响史的角度来看，中国禅茶文化在中国茶文化史上有重要意义，这就是中国禅茶文化衍生出了在世界文化史上独具东方魅力的日本茶道。关于中国茶叶和茶文化是如何东传日本并衍生出日本茶道，已有很多的研究成果，学者们做过梳理和论述，如20世纪90年代日本学者熊仓功夫、布目潮风、中国留日学者滕军、中国学者陈文华先生等都撰写过有关论文和论著，本文不作赘述，本文着重要谈的是中国的禅茶文化传入日本后为什么会演变成日本的茶道。

中国禅宗和禅茶文化传入日本后之所以会形成一种新的文化形态——日本茶道，这是因为外来文化要适应一个地域的发展，肯定要经过这一地域的民族的改造，如印度佛教传入中国后，经中国国民融入了中国的思想文化后，完成了佛教的中国化，形成了中国的禅宗文化。同样，中国的禅宗和禅茶文化传入日本后，融入了身处特定地域里的日本国民的思想情感和生活与道德观念，形成了适应其民族需要的文化形态，这就是日本茶道。因而，中国的禅茶文化原本是比较自由地舒放性灵、比较自由地感受禅的境界的静美的一种文化，而日本茶道即成了刻意的精神修炼，如李泽厚先生在在《己卯五说》（中国电影出版社，1999 年）一书中所说："日本茶道'和敬清寂'，一举手、一投足的精心苦练，都是在刻意追求禅境的寂灭和超越。"日本国民将他们的审美追求、艺术追求，甚至于伦理、道德观念都贯穿在茶艺和品茶过程中，因而，茶艺在日本成了茶道，成了一种综合文化。

中国禅宗和禅茶文化衍生出日本的茶道，这是中国茶文化的传播对世界文明的重要贡献。

四、禅茶文化有重要的当代价值

当今世界，由于生存的竞争激烈，社会更加浮躁，人心更加焦虑，更需要有让人心情放松、情绪安定的有益的生活方式。品茶与参禅，在禅茶文化中去舒放性灵，去寻得生命的美好体验，在"致清导和""韵高致静""茶禅一味"中去放下忧伤、放下彷徨、走出喧哗、休憩灵魂、静心自悟，让袅袅茶烟和幽幽茶香将品茶者带入禅的境界，去感受禅悦之境的精妙！禅茶文化在当代显得特别有意义。

（施由明　江西省社会科学院历史研究所）

圆通与圆融

——兼谈“茶禅一味”的现代意义

张荷

每一种文化都有与之相应的物质形象存在，东西方文化的差异，造就了不同的文化形态，茶是东方文明的一个元素，酒是西方文明的代表，不同的物质承载了不同的文化，但同时我们也应该看到，在差异间，仍能找到人类发展的共通之处。有趣的是，茶和酒分别是东方与西方最普遍、最常见、受众最为广泛的饮品，无论是茶还是酒，在东西方文明中都不仅仅是物质形态的存在，均被注入了文化的内涵，特别是宗教的因子。圣餐中必有面包和葡萄酒，代表着耶稣的肉身和血。如果说葡萄酒在基督教中被视为“圣血”，是神赐大地的祝福，是基督教的象征，那么，茶在东方文化中，也与宗教有着密不可分的关系。在此，我们只以茶与禅的关系为例，探讨“茶禅一味”以及与我们生活的关系。

一、茶与禅的相遇

（一）茶与禅的契合

早在佛教传入中国之前，种茶、饮茶已经是中国古代社会经济与社会生活的一部分。茶从春秋时期最初的贡品，到汉代，饮茶之风有了较大发展，茶作为商品，在社会生活中占有了一席之地。历史文献与考古文物均已有证明。从

《神农食经》中的“荼茗久服，令人有力，悦志”，华佗《食论》中的“苦荼久服，益思意”，以及王褒《僮约》中的“武阳买荼，烹荼尽具”等文字中即可略见端倪；马王堆汉墓中出土的竹简上的“笥”字，竹箧中包裹着黑色的小颗粒，研究者解读为“一箱荼”之意。

晋代，杜育所撰的《荈赋》，以文学手法，描绘了茶叶的生长、制作、品饮的状况：

灵山惟岳，奇产所钟，厥生荈草，弥谷被岗。承丰壤之滋润，受甘霖之宵降。月惟初秋，农功少休。结偶同旅，是采是求。水则岷方之注，挹彼清流；器择陶简，出自东瓯；酌之以匏，取式公刘。惟兹初成，沫成华浮，焕如积雪，晔若春敷。若乃淳染真辰，色绩青霜，白黄若虚。调神和内，倦解慵除。

赋中的灵山，乃陕西岐山，土地丰腴，种满茶树。岐山也是中原文化最早的发源地之一。除岐山外，我们还看多众多与茶相关之处——泯江之水、东瓯之茶器，地域分布甚广，可见茶风已现盛况。

再说禅，禅的源流有两个系统，一是印度，释迦牟尼灵山拈花，是为印度禅的源起；一是中国，达摩的面壁，禅走上了中国化的进程。

达摩，自称为南天竺禅第二十八祖，南朝梁普通七年（526）九月来到中国，传授教义。此时，在中国，特别是南朝，佛教盛行，寺院众多，诗云“南朝四百八十寺，多少楼台烟雨中”，形象地描绘出梵烟升腾、香火点点的情景。梁武帝萧衍笃信佛法，四次舍身同泰寺，荒于政务，不仅招致“侯景之乱”，也导致了继任者灭佛。

达摩见到梁武帝，认为梁武帝崇佛的目的性太强，“实无功德”，遂北上嵩山，于石洞中修行，面壁九年，是为中国禅宗始祖。

达摩之后，二祖慧可、三祖僧璨、四祖道信、五祖弘忍、六祖慧能，一脉相承，再从慧能到马祖道一，到百丈怀海，禅宗成为中国佛教最大宗门。与印度佛教相比，禅宗之所以在中国得以盛行，也与其核心同中国的儒、道接近，易于接受有关系。道家打坐，儒家的修身，与禅宗的禅修顿悟在某种意义上有共通之处。

禅宗的出现，开启了禅与茶相遇的机缘。

唐宗密《禅源诸诠集都序》（卷上之二）载，“达摩以壁观教人安心，外止诸缘，心如墙壁，可以入道，岂不正坐禅之法？”心如墙壁，不妄想，并阻止一切妄想进入内心。禅宗讲求的中直不移，心无执着，也与茶性不移相契合。

禅的思维，重在“开悟”，也重在“行动”，而非单纯的思索，主张“思即行”，而不是仅仅限于空想，“述而不作”。特别强调感觉与行动间的关系，要让“心”和“心之自我”（自身）同一。

禅讲求“定”，即心无旁骛；讲求“息虑凝心”，即停止忧恼，凝结妄想，不受干扰，归于空寂清静；“等持”“等念”，即以平等、平常心对待事物。

唐代刘贞亮提炼出茶有“十德”：

以茶散郁气，以茶驱睡气，以茶养生气，以茶除病气，以茶利礼仁，以茶表敬意，以茶尝滋味，以茶养身体，以茶可行道，以茶可雅志。

十德涵盖了茶带给人们的从生理到心理，从身体到思想的影响。茶中显现的“平和”“宁静”“清心”，与禅宗三昧惊人的相似。

正因为禅与茶的这种高度契合，催生了“禅茶一味”的出现与传布，禅与茶的审美、禅与茶的理念，结合在一起，“茶意即禅意”。提到“茶禅一味”，人所共知的禅宗著名公案“吃茶去”，从谂禅师“吃茶去”便成为了人所共知的偈语。伴随着佛教东传，“禅茶一味”之影响更远及日、韩等国，“茶意即禅意，因此舍掉禅意之处，就没有茶意，不知禅意，也就不知道茶味”。（日本《泽庵和尚禅茶录》）可以说，“禅茶一味”构成了一种东方文化的气质。

从另一方面看，佛教的传入，寺院经济的发展，特别是禅宗的出现，寺院对茶的需求，对茶叶生产亦产生了不可小觑的影响。

（二）寺院经济与寺院用茶

佛教传入中国之初，寺院和僧人的开销多靠布施维持。托钵化缘的僧人在印度是受人尊敬的修道者，而在中国却被视为不劳而获的懒惰者，受到儒家社会的排斥。中国是农业社会，重本抑末，更看上不“四体不勤，五谷不分”的托钵行乞者。两晋时，土地积聚，佛寺开始垦殖土地，从事手工业、商业活动，寺院经济开始出现。此后，伴随着佛教在中国的扩张而迅速膨胀的寺院经济，在南北朝达到鼎盛，寺院拥有大量土地，众多财富，并不断私有化。四祖道信（580—651）俗姓司马，蕲州广济人。隋开皇十二年（592），参谒三祖僧璨大师，得其衣钵，定居湖北黄梅西山双峰山正觉禅寺。因其与五祖禅寺并立，故史有“蕲黄禅林甲天下，佛教大事问黄梅”之说。

经过三帝一宗的灭佛，佛教遭遇了一次次的打击。四祖改变了以往禅宗住茅屋、傍山崖的修行方式，在双峰山下聚几百人为徒，修建寺院。为解决僧众的吃饭问题，四祖又提出垦荒种田，不作不食。集中修行，不作不食，为禅宗的发展提供了条件。首先是人员的相对固定，利于管理；其次垦田劳作，让解决了吃饭问题和寺院的生存问题。和隋唐时期，除布施外，地产是寺院经济的支柱。唐代，寺院敕建，僧尼受田 20 亩，通过敕赐、施舍、开垦、购买等各种途径，寺院土地资源相对丰富，以致到宋代，寺院田产占据了相当的土地资源。以福建福州为例，寺院田产为民田的三分之一，甚至高达二分之一。

寺院往往修筑于青山翠谷之中，特别是一些地处茶区的寺院，除种植农作物外，植茶、制茶普遍。陆羽《茶经》“淮南”条中就提到：“以光州上……蕲州、黄州又下。”蕲州茶即生长于“黄梅县山谷”。

《陇蜀余闻》载：蒙山上清峰，“有茶七株生石上，无缝罅，云是甘露大师手植”。

寺院的僧尼为寺院种植提供了大量的劳动力，特别是大量的下层僧尼，是寺院的主要劳动力，但寺院的上层僧侣，也时有机会亲自参与采茶。《景德传灯录》载：“师入茶园内采茶……师乃摘茶不听……师乃抛却茶蓝子，便入方丈。”（卷八，“韵州则川和尚条”）卷九“潭州沩山灵粘法师条”：“普请摘茶，师问仰山曰，终日摘茶，只闻子声，不见子影，请现本形相见。仰山撼茶树……”

中唐以后，佛寺种茶、采茶、炒茶、饮茶更盛。刘禹锡《西兰山若试茶歌》：“山僧后檐茶数丛，春来映竹抽新茸。宛然为客振衣起，自傍芳丛摘鹰觜。斯须炒成满室香，便酌砌下金沙水……”

许多名茶也都与寺院有关联。李白《答侄僧中孚赠玉泉仙人掌茶诗并序》中讲道：“拳然重叠，其状如手，号为仙人掌茶”“能还童振枯，扶人寿者”。

这里讲到的茶是产自荆州玉泉寺的仙人掌茶。《嘉秦会稽志》载："日铸岭在会稽县东南五十五里，岭下有寺僧名资寿，其阳坡名油车，朝暮常有日，产茶奇绝，故谓之日铸。"

寺院禅茶生产，也为寺院生活带来了更丰富的内容。

诗僧齐己诗《闻道林诸友尝茶因有寄》：

枪旗冉冉绿丛园，谷雨初晴叫杜鹃。

摘带岳华蒸晓露，碾和松粉煮春泉。

郑巢《送石上人》：

古殿焚香处，清羸坐石棱。

茶烟开瓦雪，鹤迹上潭冰。

刘得仁《慈恩寺塔下避暑》：

僧真生我静，水淡发茶香。

坐久东楼望，钟声振夕阳。

寺院植茶、制茶，不仅仅是寺院生存的需要，对寺院饮茶，乃至对禅宗的传布亦产生了不可小觑的影响。茶与禅呈相互扶持、相互促进之态势。

茶与禅的相遇、结合，实则是二者相互需要的结果。禅宗之所以选择了茶，乃由茶的特性所决定：坐禅时通夜不眠，满腹时帮助消化，茶性平和，使人清心宁静。

早在晋代，饮茶之风已经进入寺院。《晋书·艺术传》载：敦煌人单道开在后赵都城邺城昭德寺修行，"复饮茶苏一二升而已"。《释道该说续名人录》载："释法瑶，姓杨氏，河东人，永嘉中过江，遇沈台真君武康小山寺，年垂悬车，饭所饮茶。"《景德传灯录》卷十六是这样记录寺院生活的："晨起洗手面，盥漱了吃茶，吃茶了东事西事；上堂吃饭了盥漱，盥漱了吃茶，吃茶了东事西事。"茶贯穿了僧众一日的生活。寺院中设有茶堂、茶鼓，并有专职的茶僧负责煎点。

《封氏闻见录》载：开元中，泰山灵岩寺有降魔禅师大兴禅教，"学禅，务于不寐，又不夕食，皆许其饮茶。人自怀挟，到处煮饮，从此转相仿效，遂成风俗"。

“人自怀挟，到处煮饮”，看似随意而为，其实是在种种规则的规定下进行的。这些规定，集中表现在百丈怀海禅师的《百丈清规》之中。

马祖道一弟子百丈怀海（720—814）创制《百丈清规》，意在规范禅僧的行为举止，是为禅院最主要的管理规则。同时还将世俗的生产方式引入佛门，使禅僧参与劳动，提出“一日不作，一日不食”。《百丈清规》卷七，特有“丛林以茶汤为盛礼”的规定。元顺帝元统三年（1355），敕令百丈山住持德辉重修《百丈清规》，世称《敕修百丈清规》，是对禅宗清规的整理与集大成。完善了禅宗清规的饮茶礼仪，内中规定的茶礼共50多种，包括祭祀、丧葬，以及僧众日常活动时进行的茶礼，使茶礼仪式化、制度化。

饮茶可以解困乏，助消化，更能清心、修身养性，于是便成了“和尚家风”。《五灯会元》有载：“问如何是和尚家风？师曰饭后三碗茶。”

径山寺的茶宴，让我们看到了茶由消渴提神转化为具有仪式感的茶礼，看到了茶与禅的结合。这是茶的特性与佛教哲学思想碰撞、吻合的结果。茶有助于僧众禅修，而僧众对茶，特别是“茶禅一味”的提出，丰富了茶的内涵。

禅宗强调直觉体验而达到顿悟的感知方式，与礼茶过程中所持的专注、直觉的感悟有着天然的相通之处。中国人饮茶，不只停留在物质层面、生理的满足，杜育《荈赋》有言茶“调神和内，倦解慵除”；曹松的《宿溪僧院》更是鲜明地表明了修禅与习茶的同理心：“少年云溪里，禅心夜更闲。煎茶留静者，靠月坐苍山。”茶已然成为精神寄托的载体。

从某种角度上说，茶是修行禅悟的一个抓手，禅是茶入人心的一条路径。

（三）文人气质的茶与禅

赵朴初先生曾对“禅”有一番定义：“禅是一面镜子，它可以照明人的心境；禅是一盏灯，它可以指引人的心路。禅不完全是生活，但禅里有生活，生活中有禅。”

禅中有生活，茶更是古代人生活的一部分。禅的理念不只为寺院僧众所遵循，禅的意味也早已深入中国文化之中，特别是古代有文化的士人群体。巧的是，茶也是士人群体所爱之物。茶与禅再一次不期而遇。

王维有充满禅意的“空山不见人，但闻人语响，返景入深林，复照青苔上”，“兴来每独往，胜事空自知。行到水穷处，坐看云起时”；清杨倬有《游牟山资福寺呈霞胤师》：“赵州茶热人人醉，卧听空林木叶飞。”从古代诗词中我们不难看出古代文人对禅意的追求，对茶的喜爱。

历代咏茶诗作中，也不乏禅意浓浓之作。

韦应物《嘉园中茶生》：

洁性不可污，为饮涤尘烦，
此物信灵味，本自出山原。
聊因理郡馀，率尔植荒园，
喜随众草生，得与幽人言。

吴潜《踏莎行》：

红芍将残，绿荷初展，森森竹里闲庭院。一炉香烬一瓯茶，隔墙听得黄鹂啭。
陌上春归，水边人远。尽将前事思量遍。流光冉冉为谁忙，小桥伫立斜阳晚。

陆游《南堂杂兴》言：“茆檐唤客家常饭，竹院随僧自在茶。”“绍兴初，僧唤客茶各随意多少，谓之自在茶，今遂成俗。”（陆游《剑南诗稿》）

就中国佛教而言，禅宗经历了崇佛与灭佛的坎坎坷坷，终于成为一个重要门派，并对中国文化注入强有力的精神影响。特别是宋代以降，这种影响与道家、儒家一样，左右着中国社会，尤其是古代知识阶层，甚至左右着中国学术与艺术的走向，如书法、绘画。从宋代的山水画中，我们能看在到道家所推崇的无我的自然状态，儒家所追求的中庸、和谐，也能看到充满禅意的留白。在笔墨与留白之间，构图得到平衡，作品产生美感，也令人在审美的同时，心生感念。

郑板桥曾言：“从来名士能评水，自古高僧爱斗茶。”名士评水，高僧斗茶，正因为有了名士与高僧的加入，茶从一个普通的植物超脱出来，摆脱了尘俗，转化为一种精神寄托，思想载体。正如皎然《九日与陆处士羽饮茶》：“九日山僧院，东篱菊也黄。俗人多泛酒，谁解助茶香。”

寄情山水，追求自由自在，潜修心性，古代文人们在茶中找到了达成的路径。我们看到，明代文人特别是明代末年，江南经济的繁荣带来了文人们追求的精致生活。他们沉浸在具体的、与日常生活息息相关的事物中，体会一事一物蕴含的趣味，又将这些趣味融入更多事物之中，将日常生活精致化。茶的修为特性得到更大程度的发挥。陆树声在《茶寮记》中说：

煎茶非浪漫，要须人品与茶品相得，往传于高流隐逸，有烟霞泉石磊块胸次者。

不懂茶、不识茶，则被归入俗人之列。屠隆《考盘余事》：“有佳茗而饮非其人，犹汲泉以灌蒿莱，罪莫大焉。有其人而未识其趣，一吸而尽，不暇辨味，俗莫大焉。”只有气味相投者才可一同品饮，“宾朋杂沓，止堪交错觥筹；乍会泛交，仅须常品酬酢。惟素心同调，彼此畅适，清言雄辩，始可呼童篝火，汲水点汤”。（许次纾《茶疏·论客》）

在古代知识阶层眼中，茶不仅具有修身养性的气质，还是考验人品、聚集同好的通渠。中国士大夫追求“修身、齐家、治国、平天下”，修身是实现个人价值的第一阶段，“穷则独善其身，达则兼济天下”，是士人阶层的处世之道。无论个人的理想抱负能否实现，修身都是通往理想的必由之路。“茶禅一味”作为修身养性的手段，必将得到知识阶层的青睐。

经过千百年时光的洗礼，“茶禅一味”不仅仅被赋予了宗教色彩、哲学意味，更是融合了中国古代儒释道的精华，经过历代高僧大德与名士贤者的践行，形成了包容通达的圆融、圆通的特征，也为人们修身养心、磨历修为提供了方法和途径。

增添了文人气质的“茶禅一味”，让茶与禅的结合更密切，也更加落地，传播与影响也更加宽泛。它不仅影响着古人的生活追求，同时，也影响着当今社会人们对茶的理解。

二、“茶禅一味”的现代意义

几千年来，茶是中国人生活中不可或缺部分，俗语“开门七件事，柴米油盐酱醋茶”。茶作为一种植物，首先以物质形态呈现，被视为贡品、视为解毒的药品，视为醍醐醒脑的饮品，存在于人们的日常生活之中；但茶在中国人心中又不仅仅是物质的，它被赋予了更多的内涵，演变成一种象征、一种精神寄托。在茶从茶叶演化到茶道的过程中，不仅浸润着中国本土的儒家、道家思想，同时也与外来佛教有着密不可分的联系和纠集。可以说，中国茶道融合了儒、释、道的精华，儒家的中庸、达观，道家的虚静、空灵，佛家的明性见性，构成了中国茶道的主调。今天，茶作为中国文化、东方文化的一种标志，为越来越多的人接受、喜爱。

（一）“茶禅一味”的复兴

“茶禅一味”的复兴，实际上是与改革开放，特别是茶文化的复兴同步。伴随着茶文化的复兴，“茶禅一味”成为专有名词，为人们耳熟能详。

改革开放以后，中国茶，特别是中国茶文化开启了复兴之旅，茶叶行业无从品种、产量，还是受众需求都呈现了增长、优化、创新的态势，茶叶生产、制作，不单单是农业生产，更出现了跨行业的融和发展，茶文化也成为热门话题。究其原因，大致如下：

1、文化热。20 世纪 80 年代，改革开放，让人们有可能将视线投向国门之外，看到大千世界，反观自己，渴望以他人之长补己之短。于是各种思潮涌入，出现了文化热。伴随着文化热，中国茶文化也走入人们的生活。与茶文化相关的协会、研究会、博物馆相继成立，并推出了一批有关中国茶文化的研究著作，以及面向大众的普及性书刊。

2、商业模式的进入。茶馆、茶楼、茶叶市场、茶艺活动、茶文化节，一系列与茶相关的活动此起彼伏，成为茶文化热的推手。在强大的商业浪潮的推动下，在各种商业运作之下，茶的世界发生了巨大变化，从某种意义上推动了茶叶生产、制作、品饮方式、品饮环境的改变和发展，唤起了人们对茶的喜爱，也让人们对日常生活中习以为常的茶有了新的认识。特别是经过茶艺馆茶艺师的表演示范，与传统相异的新的饮茶方式，走进了百姓家中，走进了校园，走入了人们的生活。

3、减压、放松身心的需求。社会的高速运转，事业与生活的压力，也让一部分人开始反观自身，思索生命的本质。追求慢生活，追求生活的品味，追求生活的质量，追求心灵的完善，将人生当作一场修行；放慢生命的步伐，欣赏生命中不同的风景。此时，茶恰好担负起愉悦精神、放松身心的作用，理泉、煮水、泡茶、品饮的过程，让人心生愉悦，乐而忘忧。更何况三两好友相聚，茶更成为增进情感的纽带。

（二）茶禅一味的现代意义

我们现在讲的“茶禅一味”“禅茶一味”，学术界对其内涵以及是否有此概念，有不同的看法。据传宋代高僧圆悟克曾挥笔而就，“禅茶一味”跃然纸上，并收藏于日本奈良大德寺。无论圆悟克是否曾书写过“禅茶一味”四字，作为流传甚广、流布久远的观念，已是深入人心，即使是一个表意的符号，在今天仍有着鲜活的生命力。

从对茶的选择，到对茶器、品茶环境、品茶伙伴的选择，再到将品茶作为自身修炼的手段，“茶禅一味”已经悄然深入人们的生活。“茶禅一味”是每一位爱茶者耳熟能详、脱口即出的词汇，已然脱离了宗教色彩，更像是单纯的心灵寄托。可以说，茶与禅的结合，在民间得到了进一步推广与发展。人们对于茶的了解和认识日益加深，对茶的需求也日益增长。茶除了品饮功能，还兼具更广泛的作用。

1. 疗愈系

茶的物质特性，满足了人们的生理需求；从饮茶到品茶，茶提供了精神滋养，泡茶的过程，成为令人平心静气的仪轨；水与茶的融合，不仅是茶的新生，也让品茶者从中找到了涤除烦恼、涤除污染，反观自身的机缘。

茶叶具有的保健功能，更是契合现代人养生、保健的需求。

据现代生物化学研究表明，茶叶中含有多种维生素 C、维生素 E，具有很高的抗氧化功能，占干茶物质总量 25%—40% 的茶多酚有抑制胆固醇的作用。茶叶中的矿物质，为人体提供必须的鳞、钾、铁、锌、硒等微量元素。

茶中的儿茶素、叶绿素、胡罗卜素、维生素 E 等物质，具有抑制癌症及突变、抗氧化的作用；儿茶素、Y- 氨基丁酸，具有降血压之功效；茶中的多糖类，可以去除血液中过多的糖分，降低血糖；儿茶素也具降胆固醇、抑制血糖等作用。

因此，许多研究者将茶叶视为天然的防癌剂，饮用绿茶，在一定程度上减少吸烟者罹患肺癌的机率；普洱茶的去油脂的功效，辅助肥胖患者减肥，并能防止体重反弹；白茶具有较好的杀菌功效；饮茶能改善心血管血流速度，减少人体中的胆固醇，帮助人体抗感染、提高免疫力。

茶中含有多种生物活性成分，茶多酚、茶色素、茶多糖、氨基酸、维生素、芳香物质、微量元素、矿物质等等，饮茶还有助于帮助人们提高记忆力，防止老年性痴呆。茶叶中的许多成分不仅对人的身体产生作用，对改善人的情绪也有着积极作用。

如茶氨酸，绿茶中的主要活性成分茶氨酸，占干茶物质的1%—2%，其作用是增加茶叶的鲜爽、生津润甜。在化学结构上，其与谷酰氨、谷氨酸相似，为脑内活性物质。茶氨酸可以促进脑中枢多巴胺（dopamine）的释放，提高脑内多巴胺生理活性。多巴氨的生理活性与人的情感状态有关。多巴氨是一种活化脑神经细胞的中枢被就业递质，由肾上腺激素分泌，人体在分泌多巴胺时，会产生一种兴奋感，因此，也被称为快乐物质。现代人生存环境逼仄，生活压力大、竞争激烈、生活节奏过快，无论是工作还是生活，都存在着强烈的压迫感，因此，罹患抑郁症、焦虑症的人群日渐增加，心理上的压力，造成身体的亚健康更是大有人在。研究表明，抑郁症患者，在很大程度上就是多巴胺分泌过少，中枢神经缺乏多巴胺，直接导致情绪上出现上问题。而喝茶的过程中，吸收了茶中的茶氨酸，能让人产生更多的快乐物质多巴胺，调节情绪，带来精神上的愉悦，对治疗抑郁症有辅助性作用。

茶氨酸对咖啡碱有一定的削抵，含茶氨酸高的茶，反能促使精神放松、有安神作用。

此外，从心理学角度，喝茶调节情绪。泡茶的过程、喝茶的环境、好友的相伴，都能营造良好的氛围，让人消除疲劳，静心冥想，具有一种心理按摩的作用。茶的清幽淡雅、圆融平和，与禅所追求的“定”“息虑凝心”不约而同地吻合。

2. 激励系

“日用是道”“饥来吃饭，困来即眠”，禅是活泼的生活禅，心中有禅，行也是禅，坐也是禅，重在内心日内省与自悟。正所谓“如人饮水，冷暖自知”。而茶生于幽谷，成于火焙汤注。茶叶在水中的沉浮、起起落落，象征着人生的沉浮起落。只有栉风沐雨，历经风霜，才能像茶一样绽放芳香，活出淡定优雅的精彩人生。以茶为媒介，佛教藉茶以开悟，今天，茶对普通人而言，更有激励之作用。

禅宗讲“悟”，开悟，或许是一瞬间的事，但悟前的苦修，以及开悟后的继续修行，则是一个漫长的过程，不断提高的过程。修道的过程，某种意义上也是在具体的环境中逐步消磨自己的习气、淡化自己的烦恼，获得真正的精神上的自由。习茶与参禅，都需要悟性。现代人也许未必是从宗教意义上参禅，但学茶的过程不也是一种修行吗？

曾经一位酷爱老茶的朋友，喝过了众多的老茶，突然对自己的学茶之路产生了怀疑，认为到了一个瓶颈期。问其原由，答曰：“现在喝到茶，却不知如何描述所喝茶的香气、滋味、汤色。”这似乎是许多人会遇到的问题。学茶之初，我们会依据书本上的讲授，去理解不同茶类、不同品种、不同等级呈现的不同状态，甚至对某些具有典型意义、有代表性的茶的特征倒背如流，并依此去寻找并感受。此时，我们感知的茶是一个个独立的个体。认识个体固然重要，但如果只是局限于对个体的认知，则有可能导致“只见树木不见森林”；如果在对个体认知的基础上更上层楼，我们对茶的认识不只是停留在茶的表面，茶带给我们的感受会更加宽广；如果我们再进一步，不再将注意力集中于茶的价值、品质，品茶时感观上的分辨便不再是最为重要的事，或许更能专注于品茶过程的自我感受。这似乎与禅宗所讲的解悟与证悟同出一辙。

禅宗有解悟与证悟之分，所言解悟，是指在知性上的正确了解和把握，证悟即实际的体验。当我们有了一定的解悟，证悟将会更加接近。正如《华严经·净行品》中所言：“深入经藏，智慧如海。”获取佛门智慧，必从经藏入手，但同时不囿于经典，否则便如同《楞严经》所讲的“因指见月”。指，即手指，喻经文；月，指月亮，喻要达成的目标。手指又喻为方法，因指见月，却不必执着于哪根手指。就我们普通人而言，书中所言的知识很重要，如同手指一样，教给我们一种方法，聪明者便能知行合一，执一而牧，不必执着于出自哪本书。禅宗标榜“教外别传，不立文字，直指人心，见性成佛”，强调“心”，以心传心，非语言文字所能替代。

禅宗大师青原行思曾言，参禅有三重境界，即初时“看山是山，看水是水”，有所开悟时“看山不是山，看水不是水”；待到彻悟，则“看山就是山，看水就是水”。

其实，习茶何不亦是如此呢。习茶的三重境界，看茶是茶，看水是水；看茶不是茶，看水不是水；最后达到看茶就是茶，看水就是水。茶还是那个茶，水还是那个水，但我们对茶和水的认识已然有了一个飞跃。其实，这又何尝不人生的三重境界呢。因此，站在这个角度而言，习茶的过程便是我们认识自身的过程，是我们认识人生的过程，也激励着我们，一步步走向更高的境界。

3. 校正系

茶禅一味的现实意义还在于树立了一种标准、一种认同，以此为参照，扶正纠偏。

茶文化热发展到今天，呈现出不同的色彩，不同的价值走向。然而过度的商业化的渗透，也让许多人和事处于“看茶不是茶，看水不是水”的境地。社会的浮躁、浮夸，也对茶的世界形成冲击。

诸如文化搭台，经济唱戏，打着文化旗号，轮番炒作，你方唱罢我登场。茶演化为奢侈品，作为炫耀、作为身份的象征。近年来，屡被诟病的还有茶艺表演。曾经，茶艺表演作为一种新的表现形式，向民众传递新的品茶方式、向世界推广中国茶叶、推动中国茶文化的发展确实起到了“形象代言”的作用。但近些年，某些茶艺表演，为求新奇，为吸引眼球，不惜违背茶理、无中生有，甚至于表演浮夸、矫揉造作，不知所云。浮躁、浅薄、粗糙、缺少内涵、缺乏尊重对茶、对茶器的尊重。

究其原因，茶艺出现在中国大陆不过二三十年，尚不成熟。在一些从业者眼中，茶艺不过是茶 + 表演，入门门槛不高，后期的训练又缺乏系统性和专业性，往往是经过一个短期的培训班，速成上岗。培训的内容大多是知其然，不知其所以然，致使不少习茶者常有“茶为什么这么泡”“老师教的招式能否改变”等“是非对错”的困惑。功利色彩也为茶艺蒙上了一层眩人耳目的色彩，但也迅速显露出底气不足，有人甚至将茶艺师的视为“胸无点墨”的“花架子”。我们无意将各种茶艺培训机构一并棒杀，但不能否认，确有一些培训班培养了不少“花架子”，散布于行业之中，让整个行业显得浮躁、缺乏内涵和底蕴。

再者，缺乏统一的评判标准，各自为战。如此种种，让一个本不成熟的行业，更显得庞杂、混乱。

其实，我们更需要思考的是，茶艺表演目的是什么？茶艺表演的核心是什么？茶艺表演需不需要有规范？需不需要有标准？如果需要，如何制定标准？如果不需要，又该如何评判优劣？这些问题或许是留给茶文化研究者、茶文化传播者需要思索并解决的。思考的前提，还是要从茶本身的特性入手。

茶艺其实质就是泡茶，泡茶的动作或许不在学者的研究视野里，但它承载着茶禅一味所要表达的、外化的作用。烧水、泡茶，看似简单，细究起来，泡茶需要人文与科学双重的素养。以往，我们多关注茶的人文性，而对其科学性关注不够，认为那属于农学、自然科学，如果没有科学的认知和方法作为基础，茶文化就是无本之木。即使古代，没有类似现代科学的论证，但古人对水、柴、温度、时间的认识，可以看成是古代朴素科学观的体现。缺失科学的视角，我们可能无法准确把握茶、表现茶、感受茶。

以符合茶性的方法将茶冲泡出来，需要有对茶、茶学的了解、研究，不懂茶，很难泡出茶的特色；缺少人文修养，也易于流于浅薄。科学是手段，人文是内涵，泡茶追求的应该是心与术，即心灵感受与泡茶技艺的统一、内在与外在的统一，二者不可偏废。

禅宗大师马祖道一说：

平常心是道，无造作，无是非，无断常，无凡无圣。只今行住坐卧，应机接物，尽是道。

净慧禅师言：“在禅宗里，平常心是一个非常高的境界，不是普通人所能做到的。不过，我们可以把平常心这样一个禅味非常浓的高深境界，掺一点水把它淡化，然后在生活中加以运用，那是很有用的。它能够帮助我们在毁誉面前心态平和，不至于波动太大。”（净慧《赵州禅：平常心，本分事》）

泡茶亦是如此，以平常心待茶，不矫情，不造作，专注、真诚，尊茶、重器。无好恶之心，无分别之心，鉴茶、评水、候汤、烹点，无一不悉心关照；雅室、荒林、泉石、山野，一切清幽之所均可赏茗；每一种茶都是独一无二的，无论价值高低，无论品质高下，无论是禅茶，还是世俗之茶，即使是最廉价的茶叶，如果能将之最灿烂的生命展现出来，不也是一种功德吗？让每一盏茶绽放出生命中最绚丽的光彩，唱响最华丽的乐章，是对茶的最本原的初心，也是对人的最大考验。

吴觉农先生曾言：茶道是“把茶视为珍贵、高尚的饮料，因茶是一种精神上的享受，是一种艺术，或是一种修身养性的手段”。

如果有一天，从业者不再把年龄、身材、容貌作为遴选茶艺师的标准；如果人们不再把泡茶当成“玄奥”的茶艺；如果我们不再费心地去讨论所谓茶艺的标准，习茶、喝茶成为我们生活中不可分割的一部分；我们便真正地回归到茶的本原，进入自由自在之境。

泡茶、自省，“禅茶一味”，终有参悟之日。

（张荷　三联书店出版社）

唐宋时期行脚僧随身之物考辩

刘明杉

行脚又称游方、游行、“飞锡”，是禅僧为寻访名师、提升自我修持或教化他人所作的广游活动。行脚僧也称游方僧、云水僧，他们或结伴同行，或独自云游。早期禅僧修十三头陀支，“我今禁止住所的贪欲，我今受持随处住支”[①]，为免生贪恋心，不在一处久住。“出家菩萨，常于昼夜，如是观察，勿贪世间，受五欲乐。精勤修习，未尝暂舍，如去顶石、如救头燃。心常忏悔过去先罪，安住如是四无垢性，一心修行十二头陀，调伏其心如旃陀罗。如是佛子，是名出家。”[②]禅僧行脚始于初祖菩提达摩，达摩从南天竺渡海东来，到达广州，后到金陵拜见梁武帝。因心印不合，说法不契，舍梁武帝而去，渡江至嵩山少林寺，创立禅宗。南北朝时期已有禅僧行脚，至晚唐五代时蔚然成风。随着禅宗的发展，逐渐分出沩仰、临济、曹洞、云门、法眼五宗，称禅宗五家。后在临济宗下又开出黄龙慧南和杨岐方会两派，与五家合称七宗。

早期禅师传法以“游化为务”[③]，如“第二代北齐可禅师，承达摩大师后。俗姓周，武牢人也。时年四十，奉事达摩。……可大师谓璨曰：‘吾归邺都还

---

① （后秦北印度）觉音：《清净道论》第二《说头陀支品·十二随处住支》，叶均译，北京：中国佛教文化研究所，1991 年，第 78 页。

② 圆香语译:《大乘本生心地观经·无垢性品第四》，台湾：高雄佛光文化事业有限公司，2012 年，第 344 — 345 页。

③ （唐）道宣：《续高僧传》卷 16《齐鄴下南天竺僧菩提达摩传五》，北京：中华书局，2014 年，第 566 页。

债。’遂从岘山至郢都说法，或于市肆街巷，不恒其所。道俗归仰，不可胜数”。[①]从四祖道信禅师起开始定居传法，他先在庐山大林寺居10年，又在双峰山东山寺居30年，“自入山来三十余载，诸州学道，无远不至”[②]。至弘忍时，道信的禅法已形成东山法门。宗派形成的条件，是拥有宗主、自成体系的教义和一定规模的徒众。这种定居传法，是具有中国特色的弘法方式，对禅宗的形成和本土化起了重要作用。

禅僧行脚在于参禅悟道，六祖慧能主张明心见性、道由心悟。他认为：“住心观静，是病非禅。长坐拘身，于理何益？”[③]而悟道并非易事，敦煌写本P.4660《禅和尚赞》中就感叹了悟道之难。“百行俱集，精苦住持。戒如白雪，秘法恒施。乐居林窟，车马不骑。三衣之外，分寸无丝。衣药钵主，四十年亏。……亚相之子，万里寻师。一闻法印，洞晓幽微。于此路首，貌形容仪。”[④]故“慧能大师唤言：善知识，菩提般若之智，世人本自有之，即缘心迷，不能自悟，须求大善知识示道见性。善知识，愚人智人，佛性本亦无差别，只缘迷悟；迷即为愚，悟即成智”。[⑤]“金陵报慈行言玄觉导师，泉州人也。上堂：‘凡行脚人参善知识，到一丛林，放下瓶钵，可谓行菩萨道能事毕矣。何用更来这里，举论真如涅槃，此是非时之说。然古人有言，譬如披沙识宝，沙砾若除，真金自现，便唤作常住世间，具足僧宝。亦如一味之雨，一般之地，生长万物，大小不同，甘辛有异。不可道地与雨有大小之名也。所以道，方即现方，圆即现圆。何以故？尔法无偏正，随相应现，唤作对现色身。还见么？若不见也莫闲坐地。’”[⑥]拜谒过慧能的永嘉玄觉在其《证道歌》中

---

①（唐）释神会、杨曾文编校：《神会和尚禅话录·南阳和尚问答杂征义（五一）》，日本石井光雄收藏敦煌写本，北京：中华书局，1996年，第105页。

② 唐）道宣：《续高僧传》卷21《习禅六·唐蕲州双峰山释道信传十九》，北京：中华书局，2014年，第807页。

③ 徐文明注译：《六祖坛经·南顿北渐第七》，郑州：中州古籍出版社，2018年，第85页。

④ 郑炳林：《敦煌碑铭赞辑释》，兰州：甘肃教育出版社，1992年，第204页。

⑤ 杨曾文：《敦煌新本六祖坛经·南宗顿教最上大乘摩诃般若波罗蜜经六祖慧能大师于韶州大梵寺施法坛经》，北京：宗教文化出版社，2011年，第14页。

⑥ 宋）普济：《五灯会元（中）》卷10“报慈行言导师”，北京：中华书局，1984年，第584页。

云："游江海，涉山川，寻师访道为参禅。自从认得曹溪路，了知生死不相关。行亦禅，坐亦禅，语默动静体安然。"①

唐德宗建中元年以后，朝廷取消了对寺院和僧尼个人田产免税的规定，僧侣面临生存危机。于是百丈怀海参照大小乘戒律，制定了新的修行仪轨《禅门规式》（即《百丈清规》），确立了禅宗教团的组织形式和生产、生活方式，使禅宗得以在自给自足中谋求发展。《百丈清规》还规定了僧人游方参请的各项事宜，挂搭时需登记僧人籍贯、受戒师等个人信息，既便于掌握僧侣人数和变动情况，又符合国家法度。物质和制度的保障，为禅僧行脚提供了方便条件。唐宋文献中有大量禅僧行脚记载，如《古尊宿语录》中记（唐代赵州禅）"师行脚时，问大慈：'般若以何为体？'慈云：'般若以何为体。'师便呵呵大笑而出。大慈来日，见师扫地次，问：'般若以何为体？'师放下扫帚，呵呵大笑而去，大慈便归方丈。"②（赵州禅）"师因到临济，方始洗脚，临济便问：如何是祖师西来意。师云：正值洗脚。临济乃近前侧聆，师云：若会便会。若不会，更莫？啄。作么！临济拂袖去。师云：三十年行脚，今日为人错下注脚。师因到天台国清寺，见寒山、拾得。师云：久向寒山、拾得，到来只见两头水牯牛。"③五代云门宗二祖香林澄远禅师云："且问你诸人，是你参学，日夕用心，扫地煎茶，游山玩水……诸人还知得下落所在也未？若于这里知得所在，是诸佛解脱法门，悟道见性。始终不疑不虑，一任横行，一切人不奈你何。"④行脚游方，可在扫地煎茶、游山玩水之间消除魔障、提高悟性。正如北宋禅师黄龙惠南所言："拨草占风辨正邪，先须拈却眼中沙。举头若味天皇饼，虚心难吃赵州茶。南泉无语归方丈，灵云有颂悟桃花。从头为我雌黄

---

①（唐）玄觉：《永嘉正道歌》，见《径山藏 214·禅宗永嘉集》，北京：国家图书馆出版社，第 550–551 页。

②（南宋）颐藏主编：《古尊宿语录》卷 14，见（日）西义雄等：《新纂大日本续藏经》，第 68 册，日本：东京国书刊行会，1986 年，第 89 页。

③（南宋）颐藏主编：《古尊宿语录》卷 14，见（日）西义雄等：《新纂大日本续藏经》，第 68 册，日本：东京国书刊行会，1986 年，第 89 页。

④（宋）释惟白：《建中靖国续灯录》卷 2，见《禅宗全书 4·史传部四》，台北：文殊出版社，1988 年，第 54 页。

出，要见丛林正作家。”[①]

从禅宗的跨国传播来看，既有西域僧人来华传法或朝鲜、日本僧人来华求法，也有中国僧人赴印度求法或东渡日本弘法，行脚活动促进了国际间不同禅宗教派的思想交流。密教是佛教与婆罗门教结合的一种教派。公元六七世纪时，印度大乘佛教开始密教化，8 世纪以后，密教在印度已居主导地位。唐开元年间，密教传入我国。被称为“开元三大士”的善无畏（中印度摩伽陀国人）、金刚智（南印度人）和不空（原籍北天竺，一说南天竺狮子国人）三位密教传人先后来到洛阳和长安，在当地广建曼荼罗灌顶道场，先后译出密教佛典，招收门徒，形成密宗。唐后期密教盛极一时，密教造像及法物应运而生。唐人段成式在《酉阳杂俎》中载：“国初，僧玄奘往五印取经，西域敬之。成式见倭国僧金刚三昧言，尝至中天（中印度），寺中多画玄奘麻屦及匙箸，以彩云乘之，盖西域所无者。每至斋日，辄膜拜焉。”[②] 贞观年间，玄奘法师赴中印度求法，赢得当地人民敬仰。段成式见到贞元二年与空海、最澄同乘日本第 18 次遣唐使船来华求法的日僧金刚三昧，“金刚三昧之原名不传，乃日本唯一之入竺僧也”。[③] 曾与几名蜀僧同游峨眉山，“倭国僧金刚三昧，蜀僧广升，与峨眉县邑人约游峨眉，同雇一夫负笈，荷糗药。……时元和十三年”。[④] 唐开成三年，日僧圆仁以请益僧身份随遣唐使入华求法。巡礼五台山，在大华严寺、竹林寺随志远禅师等人学习天台教义。在长安住资圣寺，结识知玄，又跟大兴善寺元政、青龙寺法全、义真等人学习密法。向宗颖学习天台止观、从宝月学悉昙（梵语字母），历时 10 年。唐大中元年携佛教经疏、仪轨、法器等归国。于日本京都比睿山设灌顶台，为延历寺第三代座主，继承最澄遗志，弘传密教和天台教义。住寺 10 年，使日本天台宗获得很大发展。圆仁所著《入唐

① （宋）黄龙慧南、九顶慧泉：《黄龙惠南禅师语录·南岳高台示禅者》，见《禅宗全书 41》语录部（六），台北：文殊文化有限公司，1988 年，第 736 页。

② （唐）段成式：《酉阳杂俎》前集卷 3 贝编，北京：中华书局，2018 年，第 100 页。

③ （日）木宫泰彦著、陈捷译：《中日佛教交通史》，台北：台湾华宇出版社，1985 年，第 27 页。

④ （唐）段成式：《酉阳杂俎》续集卷 2《支诺皋中》，北京：中华书局，2018 年，第 437 页。

求法巡礼行记》，记录了他在中国的游历见闻。另据《日本国志》："后鸟羽帝建久二年，僧荣西还宋，又赍茶种及菩提还。"其下注："荣西两至天台，多赍释书而归。其后二十年，又有僧俊芿还，获律经章疏暨儒书凡二千余卷而归国。"[①]该书"禅宗始于荣西"条下注："叶上僧正名荣西，号明庵，又号千光法师。仁安三年从商舶游宋，登天台，得天台新章疏三十六部归。文治三年再游宋，受禅法于天童虚庵。"[②]朝鲜半岛也有不少僧人来华求法，如长庆四年新罗和尚玄昱入唐，拜于章敬怀晖门下，13 年后的开成二年归国，栖止于南岳实相山，受敏哀、神武、文圣、宪安四王归敬，晚年在慧目山开创高达寺。长庆初年，无染国师入唐参禅。"大师舌底大悟，自是置翰墨，游历佛光寺，问道如满，满佩江西印，为香山白尚书乐天空门友者，而应对有惭色，曰：'吾阅人多矣，罕有如是新罗子，他日中国失禅，将问之东夷耶！'"[③]

僧人行脚活动不仅促进了禅门各派在思想上的交融，也因僧人携带了大量经卷、法器、生活用品等，从客观上促进了禅门的物质文化发展。因物品的呈现具有直观性，这在禅宗的跨国传播中更有意义。僧众看到行脚者从异域携来的物品，更容易通过对它们的应用，领悟其中蕴含的禅理，进而实现对外来教义的理解与吸收。如日僧金刚三昧在中印度见绘有玄奘法师麻履及匙箸的画受人顶礼；日本临济宗初祖荣西禅师由宋携回茶种，将中国禅院茶礼引入日本，促成了日本禅院修行的吃茶风气等。

关于行脚僧所携之物，《梵网经·菩萨戒》中有："若佛子，常应二时头陀。冬夏坐禅，结夏安居。常用杨枝、澡豆、三衣、瓶、钵、坐具、锡杖、香炉、滤水囊、手巾、刀子、火燧、镊子、绳床、经、律、佛像、菩萨形像。而菩萨行头陀时，及游方时，行来百里千里，此十八种物常随其身。头陀者，从正月十五日至三月十五日，八月十五日至十月十五日，是二时中，此十八种物，常

① （清）黄遵宪：《日本国志》卷 5，北京：朝华出版社，2017 年，第 234 页。

② （清）黄遵宪：《日本国志》卷 37，北京：朝华出版社，2017 年，第 1520 页。

③ （清）陆心源：《唐文拾遗》卷 44《崔致远 有唐新罗国故两朝国师教谥大朗慧和尚白月葆光之塔碑铭并序》，见（清）董诰等编：《全唐文（五）》附《唐文拾遗》，上海：上海古籍出版社，1990 年，第 221–222 页。

随其身，如鸟二翼。”[①] 又《摩诃僧祇律》云：“随物者，三衣、尼师坛、覆疮衣、雨浴衣、钵、大揵鎡、小揵鎡、钵囊、络囊、滤水囊、二种腰带、刀子、钥匙、钵支、针筒、军持、澡罐、盛油皮瓶、锡杖、革屣、伞盖、扇及馀种种所应畜物，是名随物。”[②]

杨枝和澡豆，是行脚僧随身携带的洁体用品。杨枝又称齿木，功能是清洁口腔，据唐代义净《南海寄归内法传》：“每日旦朝，须嚼齿木。揩齿刮舌，务令如法。盥漱清净，方行敬礼。若其不然，受礼礼他，悉皆得罪。其齿木者，梵云‘惮哆家瑟诧’，‘惮哆’译之为‘齿’，‘家瑟诧’即是其木。长十二指，短不减八指，大如小指。一头缓须熟嚼，良久净刷牙关。若也逼近尊人，宜将左手掩口。用罢擘破，屈而刮舌。或可别用铜铁，作刮舌之篦。或可竹木薄片，如小指面许，一头纤细，以剔断牙，屈而刮舌，勿令伤损。亦既用罢，即可俱洗，弃之屏处。……或可大木破用，或可小条截为。近山庄者，则柞条葛蔓为先；处平畴者，乃楮桃槐柳随意。预收备拟，无令缺乏。湿者即须他授，干者许自执持。少壮者任取嚼之，耆宿者乃椎头使碎。其木条以苦涩辛辣者为佳，嚼头成絮者为最。粗胡叶根，极为精也。”[③] 嚼齿木原为印度风俗，义净在印度见“五天法俗，嚼齿木自是恒事，三岁童子，咸即教为。圣教俗流，俱通利益。既伸臧否，行舍随心”。[④] 在敦煌莫高窟146窟中，有一幅五代时期的壁画《胡僧揩齿图》，绘一胡僧赤裸上身，高昂着头，右手撑地，左手执齿木洁齿。（图1）澡豆是用于沐浴和洗衣的天然洗涤剂。两汉以后，海外香料贸易开始繁荣，豆面等去污原料与香料混合，即成散发香气的澡豆。据《十诵律》卷38:“佛在舍卫国，有病比丘苏油涂身，不洗痒闷。是事白佛。佛言：‘应用澡豆洗。’优波离问佛：‘用何物作澡豆？’佛言：‘以

① 赖永海主编、戴传江译注：《梵网经》卷下《菩萨心地品之下·四十八轻戒》第三十七《冒难游行戒》，北京：中华书局，2013年，第285页。

② （晋）佛陀跋陀罗：《摩诃僧祇律》卷3，见《高丽大藏经39》，北京：线装书局，2004年，第27页。

③ （唐）释义净：《南海寄归内法传》卷1《八 朝嚼齿木》，见《径山藏92》，北京：国家图书馆出版社，第439页。

④ 同上。

图 1　胡僧揩齿图

大豆、小豆、摩沙豆、豌豆、迦提婆罗草、梨频陀子作。’”①《有部毗奈耶杂事》卷 10：“诸苾芻以汤洗时，皮肤无色。佛言：以膏油摩。彼便多涂腻污衣服。佛言：以澡豆揩之，复无颜色。”②又“佛在舍卫国，有人施比丘尼僧木桶。诸比丘尼不受，不知何所用，是事白佛。佛言：应取用盛澡豆。”③

据《大坚固婆罗门缘起经》卷下：“谓一类人起正信心，修出家法。……但持三衣一钵，余无所有。”④又《摩诃僧祇律》卷八：“出家离第一乐，而随所住处，常三衣俱，持钵乞食，譬如鸟之两翼，恒与身俱。”⑤《一切经音义》卷 74 中记有僧家“六物”：“一僧伽梨、二郁多罗僧、三安多会、四钵多罗、五尼师坛（坐具）、六针筒也。”⑥僧伽梨又称大衣、重衣、杂碎衣、入聚落衣、高胜衣等，为上街托钵或奉召入宫时所穿，由九至二十五条布片缝制，又称九条衣。郁多罗僧又称上衣、中价衣、入众衣，为礼拜、听讲、布萨时所穿。由七条布片缝制，

① （后秦北印度）三藏弗若多罗译：《十诵律》卷 38《明杂法之三》，见《高丽大藏经 40》，北京：线装书局，2004 年，第 138 页。

② （唐）义净：《根本说一切有部毗奈耶杂事》卷 10，见《高丽大藏经 41》，北京：线装书局，2004 年，第 393 页。

③ （后秦北印度）三藏弗若多罗译：《十诵律》卷 39《明杂法之四》，见《高丽大藏经 40》，北京：线装书局，2004 年，第 147 页。

④ （宋）释施护等译：《大坚固婆罗门缘起经》卷下，见（日）高南顺次郎、渡边海旭编辑：《大正新修大藏经》第 1 卷《阿含部・上（一）》，日本：东京大正一切经刊会，1926—1931 年间，第 1 册，第 211 页。

⑤ （晋）佛陀跋陀罗：《摩诃僧律》卷 8，见《高丽大藏经 39》，北京：线装书局，2004 年，第 99 页。

⑥ （唐）慧琳：《一切经音义（正编・四）》，台北：台湾大通书局，1985 年，第 1611 页。

又称七条衣。安陀会又称内衣、中宿衣、中衣、作务衣、五条衣，为日常劳作或就寝时所穿。用五块布缝成，掩盖腰部以下。钵“梵云钵多罗，此云应量器，今略云钵，又呼云钵盂，即华梵兼名。”[①]器身呈矮盂形，肩部凸出，钵口和钵底均向中心收敛，口径小于最大腹径。这种设计可令化缘来的饭食不易溢出，又利于保温。“钵者有六种，铁钵、苏摩国钵、乌伽罗国钵、优伽赊国钵、黑钵、赤钵。大要有二种，铁钵、泥钵。”[②]佛家禁用木、石、金、银、琉璃、宝、杂宝作钵，并以此鉴别在家和外道。“佛言：不应畜木钵，此是外道法。……时瓶沙王以石钵施诸比丘，……佛言不应畜此，……瓶沙王作金钵施比丘，……佛言比丘不应畜金钵，此是白衣法。若畜如法治，时王瓶沙复作银钵、作琉璃钵、作宝钵，杂宝作钵，施诸比丘，比丘不受，……佛言不应畜彼，畜银钵、琉璃钵、畜宝钵、畜杂宝钵，佛言不应畜，汝等痴人，避我所制，更作余事。自今已去一切宝钵，不应畜。”[③]其容量“大者三斗、小者一斗半，此是钵量如是应持、应作净碗。”[④]陕西临潼庆山寺是唐武则天时期营造的皇家寺院，在该寺塔基中出土了一件黑陶钵（图2），高12.5厘米，口径22厘米。圆唇，敛口，圆底。胎质细密，胎体光滑，此黑陶泥钵符合律例规制。而陕西扶风法门寺地宫出土的唐懿宗迎真身

图2　陶胎黑漆钵

①（元）德辉：《敕修百丈清规》卷5“钵”，郑州：中州古籍出版社，2018年，第136页。

②（南北朝）佛陀耶舍共竺佛念等：《四分律》卷9“三十舍堕法之四”，见《高丽大藏经42》，北京：线装书局，2004年，第371页。

③（南北朝）佛陀耶舍共竺佛念等：《四分律》卷52“杂揵度之二”，见《高丽大藏经43》，北京：线装书局，2004年，第153页。

④（南北朝）佛陀耶舍共竺佛念等：《四分律》卷9，见《高丽大藏经42》，北京：线装书局，2004年，第371—372页。

图3 唐迎真身纯金钵盂

纯金钵盂（图3），高7.2厘米、口径21.2厘米、壁厚0.12厘米，重573克。钣金成型，圆唇，斜腹下收，小平底。通体光素，盂口沿錾刻“文思院准咸通十四年三月廿三日敕令，造迎真身金钵盂一枚，重十四两三钱，打造小都知臣刘维钊、判官赐紫金鱼袋臣王全护、副使小供奉官臣虔诣、使左监门卫将军臣弘慜”。按《四分律》所言，“畜金钵”属于“白衣法”。

锡杖由锡、木柄、樽(铜套)三部分组成。锡是杖头，成塔婆形，附有大环，又悬数个小环。“西域比丘行必持锡，有二十五威仪。凡至室中，不得著地。必挂于壁牙上。今僧所止住处，故云‘挂锡’”。[①]僧人至施主家门前托钵乞食时，以振锡替代敲门，使人远闻即知。“杖头安鐶圆如盏口，安小鐶子摇动作声而为警觉。”[②]行走时镮振动出声，以警策路上的虫蛇等。义净认为汉地锡杖违反本制，依其《南海寄归内法传》自注：“言锡杖者，梵云契叶罗。即是鸣声之义。古人译为锡者，应取锡作声，鸣杖锡，任情称就。目验西方所持锡杖，头上唯有一股铁棬，可容三二寸。安其錞管，长四、五指。其竿用木，粗细随时。高与眉齐。下安铁纂，可二寸许。其鐶或圆或匾，屈合中间，可容大指，或六或八，穿安股上，铜、铁任情。元斯制意，为乞食时防其牛犬，何用辛苦擎奉劳心。而复通身总铁，头上安四股，重滞将持，非常冷涩，非本制也。”[③]法门寺地宫出土的唐懿宗供养迎真身银金花双轮十二环锡

① （宋）睦庵善卿：《祖庭事苑》卷8《杂志·挂锡》，见《禅宗全书84·清规部四·杂集部一》，北京：北京图书馆出版社2004年，第542页。

② （唐）义净：《根本说一切有部毗奈耶杂事》卷34，见《高丽大藏经41》，北京：线装书局，2004年，第587页。

③ （唐）释义净：《南海寄归内法传》卷4，见《径山藏92》，北京：国家图书馆出版社，2016年，第478页。

杖（图 4），长 196 厘米，杖杆径 2.2 厘米，重 2390 克。钣金、铸造成型。杖头有垂直相交银丝盘曲的桃形双轮，轮顶为仰莲束腰座，上托一智慧珠。双轮每股各套錾花涂金银锡环三枚，共 12 枚。双轮中心的杖顶有三重佛座，座上饰忍冬团花、如意流云、宝相莲瓣，其上承托代表大日如来的五钴金刚杵。杵上又承托代表“地、水、风、火、空”的五大莲座，象征五形世界，座上有一摩尼珠。杖体中空，杖身上、下分别錾刻一周以联珠纹、莲瓣纹等为栏界的团花忍冬纹、团花蜀葵纹等花卉图案。中段主体錾刻手执各式法物，身披袈裟立于莲台之上的缘觉僧十三体，其间衬以卷枝蔓草鱼子纹。锡杖双轮上錾刻：“文思院准咸通十四年三月二十三日敕令，造迎真身银金花十二环锡杖一枚，并金共重六十两，内金重二两，五十八两银。打造匠臣安淑郧，判官赐紫金鱼袋臣王全护，副使小供奉臣虔诣，使左监门卫将军弘慤。”这件通体金银制成的华丽锡杖，即是义净诟病的“重滞将持”者。不但难以随身携带，繁缛的律仪也限制了它在行脚中的实用性。“持锡杖威仪，法有二十五事。持锡杖十事法，一者为地有虫，二者为年朽老故，三者为分越故，四者不得手持，而前却，五者不得担杖著肩上，六者不得横著肩，手垂两头。七者出入见佛像，不听有声；八者杖不得入众；九者不得妄持至舍；十者不得持杖过中。”[①] 因此，锡杖逐渐变成法会仪式时专用的道具法器。

图 4　唐懿宗供养
迎真身银金花双轮十二环锡杖

曾流行于中晚唐至宋代的“行脚僧”系列图像具有象征意义，其流行时

① 《佛说得道梯隥锡杖经·持锡杖法》，见《嘉兴藏》第 71 函、第 2 册，北京：民族出版社，2008 年，第 18 页。

间与禅宗行脚活动的繁盛期相吻合。1900 年，在敦煌莫高窟藏经洞第 17 窟发现了 12 幅绢本和纸本的“行脚僧图”。一件藏于法国巴黎吉美博物馆的绢本（图 5），金粉设色，纵 79.8 厘米，横 54 厘米。绘长眉深目的壮年行脚僧，一轮头光彰显庄严的神力。不带帽，左手执麈尾，右手持龙头杖。锡杖的实用功能退化后，禅僧行脚开始使用形制简易的竹、木拄杖。实物如日本东大寺藏镰仓时代木杖（图 6），长 111 厘米，表面涂漆，曾为重源上人所持之物。重源原是镰仓前期醍醐寺真言宗僧人，受法然的感召皈依净土宗，曾入宋求法。据《祖庭事苑》：“今禅家游山拄杖，或乘危涉险，为扶力故。以杖尾细怯，遂存小枝许，串铁永者是也。行脚高士多携粗重坚木，持以自衒，且曰‘此足以御寇防身。’往往愚俗必谓禅家流固当若是，岂不薄吾佛之遗训乎。”[①] 批评拄杖多用粗重坚木，禅者以此炫耀，实则违背佛家使用柱杖的规制。《摩诃僧祇祇律》卷 35：“应如是行禅杖，作禅杖法，应用竹若苇，长八肘，物裹两头，下坐应行。”[②] 禅杖“以竹苇为之，用物包一头，令下座执行，坐禅昏睡，以软头点之。”[③] 在此基础上，汉地禅堂出现警人清醒用的警策棒，亦称香板。即一扁平长木板，一般长四尺二寸，上部稍宽，将近二寸。

图 5　行脚僧图

① （宋）睦庵善卿：《祖庭事苑》卷 8，见《禅宗全书 84 · 清规部四 · 杂集部一》，北京：北京图书馆出版社 2004 年，第 543 页。

② （晋）佛陀跋陀罗：《摩诃僧祇律》卷 35，见《高丽大藏经 39》，北京：线装书局，2004 年，第 424 页。

③ （宋）道诚撰、富世平校注：《释氏要览校注》卷下《躁静》，北京：中华书局 2018 年，第 357 页。

这幅“行脚僧图”中的僧人背负装满经卷的竹笈独行，竹笈外侧挂一用布包裹起来的文书，其下是一串装水的葫芦，昭示着旅途的艰辛。竹笈上有伞盖，一缕白色云气从盖顶冒出，身后紫气围绕。僧人脚穿黑色短靴，旁有一虎伴行。画面右上方长方形榜题栏内写“宝胜如来一躯 意为亡弟知球三七斋尽造庆赞供养”，可知此像为亡弟知球的三七忌日施供养之用。行脚僧身穿皮粉色郁多罗僧，外披黑条纹青色僧伽梨，腰间挂着饮水用的葫芦、遮阳招风用的羽扇、剪刀等生活用品（图7）。关于僧人所用之扇，《摩诃僧祇律》中云：“扇法者。……六群比丘持云母庄挍扇。有持草扇者。为世人所嫌。云何沙门释子。如王子大臣。持云母庄挍扇。见有持草扇者。复言。云何沙门释子如下贱人持草扇行。……从今已后。不听持扇。复次佛住毗舍离。诸比丘在禅坊中患蚊子。以衣扇作声。佛知而故问。比丘作何等。如象振耳作声。比丘答言。世尊制戒不得捉扇。诸比丘患蚊。以衣拂故作声。佛言。从今已后。听捉竹扇苇扇树叶扇。除

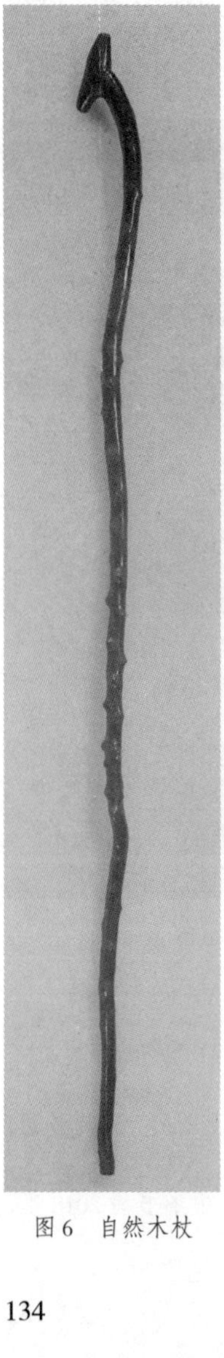

图6　自然木杖

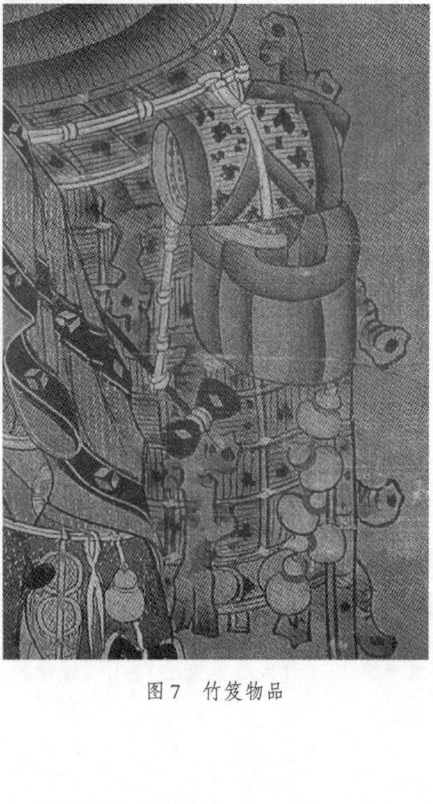

图7　竹笈物品

云母扇及种种画色扇。若僧扇作种种色无罪。若私扇坏色。若有持种种香涂扇来施者。听洗已受用。是名扇法。”[①]画中行脚僧腰间所挂的剪刀样式，实物可见庆山寺塔基出土的唐代铜剪刀（图 8），长 15 厘米，握手处呈“S”形。“今僧……及持澡罐、滤囊、锡杖、戒刀、斧子、针筒，此皆为道具也。”[②]此处提到的针筒，是僧人的储针用具。佛陀在《摩诃僧只律》中讲僧人应受持何种材质的针筒，“檀越（作者注：施主）为我作针筒。……佛言，从今日后不听象牙骨角作针筒。……牙者，象牙鱼牙摩伽罗牙猪牙，如是诸余牙等；骨者，象骨马骨牛骨驼骨龙骨，如是诸余骨等。角者。牛角水牛角犀角鹿角羊角，如是诸角等。作者，若自作若使人作破已，……越毘尼罪。……尔时世尊，制戒不听牙骨角作针筒。时诸比丘，便持金银琉璃颇梨玉宝作之。佛言不听金银宝等作针筒，应用铜、铁、白镴（作者注：即锡铅合金），铅、锡、鍮石（作者注：即黄铁矿、黄铜矿等有光泽的黄色矿石）、白铜、竹木”。[③]实物见庆山寺塔基出土的唐代铜鎏金针筒（图 9），长 7 厘米，口径 0.8 厘

图 8　唐代铜剪刀

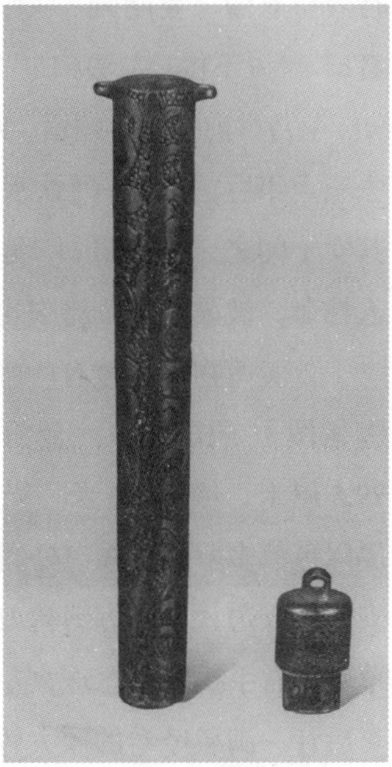

图 9　铜鎏金针筒

① （晋）佛陀跋陀罗：《摩诃僧祇律》卷 32《明杂跋渠法之十》，见《高丽大藏经 39》，北京：线装书局，2004 年，第 387 — 388 页。

② （宋）赞宁撰、富世平校注：《大宋僧史略》，北京：中华书局 2015 年，第 35 页。

③ （晋）佛陀跋陀罗：《摩诃僧祇律》卷 20，见《高丽大藏经 39》，北京：线装书局，2004 年，第 243 — 244 页。

米。子母口扣，盖顶两侧设有便于穿系的环形钮，周身錾刻忍冬鱼籽纹。禅宗奉行处处是道场的理念，把针缝补等小事亦能助人开悟。据《佛果击节录》载："(圆悟克勤)师云：'岩头担锄头行脚，到处只做园头；雪峰担笊篱木杓行脚，到处作典座；钦山将熨斗、剪刀、针线行脚，到处与人做衣。到个所住处，三人互为宾主，作小参，举公案'"①。南宋时灵隐寺在僧寮附近设有两个把针处，因僧堂等地禁语，把针处便成为禅僧之间堪问学识的地方。《五灯会元》卷5："师把针次，洞山问曰：'作什么?'师曰：'把针。'洞曰：'把针事作么生?'师曰：'针针相似。'洞曰：'二十年同行，作这个语话，岂有与么功夫?'"②。又见《联灯会要》卷6："岩头奯禅师尝舍行者家度夏，补衣次，行者趋过，岩头以针作劄势，行者整衣谢。妻问云：'作么?'行者曰：'说不得。'妻曰：'也要大家知。'乃举前话。妻顿悟，乃云：'此去三十年后，须知一回饮水一回咽。'其女子闻之，亦悟曰：'谁知尽大地人性命，被奯上座劄将去也。'"③

图10　行脚僧图

吉美博物馆还藏有一幅绢本《行脚僧图》（图10），金粉设色，纵79.5厘米，横54厘米。光头僧人穿墨绿色郁多罗僧，领口处露出青色的安陀会衣边，小腿绑缚袴奴，裸足穿草鞋。右手执黑色念珠，左手执杖。身后背一满载经卷的硕大竹笈，竹笈

① （宋）重显拈古、克勤击节：《佛果击节录》卷下《第五十七则 钦山恁么》，《卍续藏经》第117册，台北：新文丰出版公司，1983年，第486页。

② （宋）释普济《五灯会元》卷5《青原下四世·神山僧密禅师》，北京：中华书局，1984年，第291页。

③ （清）彭绍升撰、张培锋校注：《居士传校注》传18《甘行者》，北京：中华书局，2014年，第159页。

顶端木柱上挂拂尘等物，中间挂水瓶，前垂一长链香炉。在伴虎而行的僧人前方，绘一缕升腾的云气，云团上绘一结跏趺坐于莲台上的化佛。郁多罗僧及竹笈有多处描金，僧人嘴唇使用了植物染料红花，色泽艳丽。这种持念珠的行脚僧形象带有禅密杂糅色彩，出现在敦煌藏经洞中，正是密教化的禅宗从西域向中土传播的图证。念珠又称“数珠”，是佛教徒念诵佛号或经咒时使用的计数工具。据《牟尼曼陀罗经》云：“梵语钵塞莫，梁云数珠，系念修业之具也。”[①] 印度婆罗门教徒和毗湿奴派都有佩戴、使用念珠的习惯。密宗《金刚顶瑜伽念珠经》云：“……哀愍未来诸有情等说念珠功德胜利，……珠表菩提之胜果，于中间满为断漏；绳线贯串表观音，母珠以表无量寿。慎莫蓦过越法罪，皆由念珠积功德；砗磲念珠一倍福，木槵念珠两倍福。以铁为珠三倍福，熟铜作珠四倍福；水精真珠及诸宝，此等念珠百倍福。千倍功德帝释子，金刚子珠俱胝福。莲子念珠千俱胝，菩提子珠无数福；佛部念诵菩提子，金刚部法金刚子；宝部念诵以诸宝，莲华部珠用莲子。羯磨部中为念珠，众珠间杂应贯串；念珠分别有四种。上品最胜及中下，一千八十以为上。一百八珠为最胜；五十四珠以为中；二十七珠为下类。二手持珠当心上，静虑离念心专注；本尊瑜伽心一境，皆得成就理事法。设安顶髻或挂身，或安颈上或安臂，所说言论成念诵，以此念诵净三业。由安顶髻净无间，由带颈上净四重；手持臂上除众罪，能令行人速清净，若修真言陀罗尼。念诸如来菩萨名，当获无量胜功德，所求胜愿皆成就。”[②]

在法门寺地宫遗址中，发现唐代琥珀念珠 91 颗（图 11），白水晶念珠 5 颗（图 12），穿孔、单珠直径 1.95 厘米，总重 11 克。缠丝纹白玛瑙念珠 4 颗（图 13），穿孔、单珠直径 1.8 厘米。从颗数来看散失较多，而日本正仓院藏奈良时代杂玉长念珠 (图 14) 和水晶杂玉念珠（图 15）保存较完整，且长念珠储藏在龟甲形漆质念珠箱内（图 16）。据《嘉泰普灯录》卷 20 载，“灵隐

① （元）德辉：《敕修百丈清规》卷 5《数珠》，郑州：中州古籍出版社，2018 年，第 137 页。

② 《金刚顶瑜伽念珠经》，见《嘉兴藏》第 80 函、第 3 册，北京：民族出版社，2008 年，第 28 — 29 页。

佛海慧远禅师法嗣”日僧觉阿上人归国后，又托人带给慧远的礼物中就有念珠。“淳熙乙未，与其国僧统遣僧讯海，副以水晶降魔杵及数珠二臂、彩扇二十事，贮以宝函。”[①] 正仓院念珠箱应与这段宋代文献中所记“宝函”的样式类似。

图 11　唐代琥珀念珠 91 颗

图 12　白水晶念珠 5 颗

① （宋）正受：《嘉泰普灯录》卷 20《灵隐佛海慧远禅师法嗣 · 觉阿上人》，高雄：佛光出版社，1994 年，第 762 页。

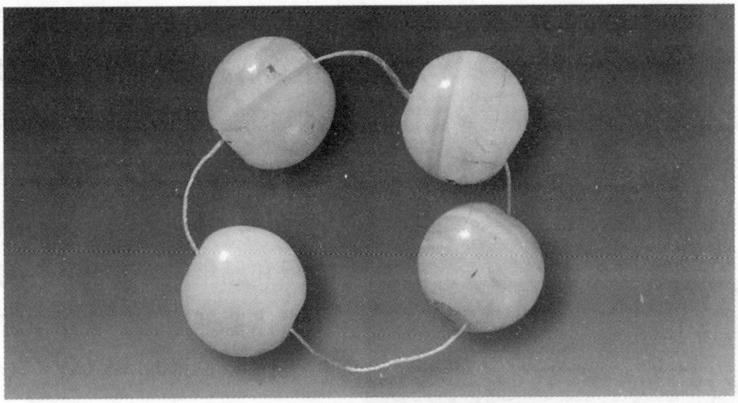

图 13　缠丝纹白玛瑙念珠 4 颗

图 14　水晶杂玉念珠

图 15　杂玉长念珠

图 16　龟甲形漆质念珠箱

日本镰仓时代《真言八祖空海像》（图 17），东京国立博物馆藏。绢本设色，纵 83 厘米，横 40.8 厘米，这是一组八幅《真言八祖》中的最后一幅。空海于平安初期延历二十三年随遣唐使入华求法，于长安青龙寺惠果处得金、胎两部灌顶，学习了悉昙、梵语、法书等，归国后得到平城天皇及皇室的护持。弘仁七年获赐高野山建修行道场，十四年获赐平安京东寺，号“教王护国寺”，承和元年于宫内设真言院。空海将密教体系理论化，著作丰富。画中空海大师右手反握五钴杵，左手持念珠，结跏趺坐于禅床之上，前放鞋履，旁置一瓶。北宋时期，日僧成寻在《参天台五台山记》中写道，“熙宁五年九月”“廿一日”，“同四点，故徒行参普照王寺”，在“大佛殿”“东壁东面”见唯识宗祖师玄奘及其弟子窥基壁画像。“玄奘左手执经当胸，右手当胸，小指头相捻。次窥基，字洪道，右手执念珠垂前，以左手把右手腕。二人著花鞋，鼻如花。”① 可知日本祖师像中手执念珠的造型源自中国，它们也是密教化禅宗从中国东传日本的图证。

图 17　真言八祖空海像

前幅《行脚僧图》中的竹笈后悬一水瓶，《真言八祖空海像》上也有此物。东晋释法显《佛国记》载：“法

① （日）成寻著、王丽萍校点：《新校参天台五台山记》卷 3，上海：上海古籍出版社，2009 年，第 245 页。

显亦以君墀及澡罐并余物弃掷海中”[①]，章巽注曰“君墀：津本、学本作‘军持’，院本作‘君墀’，君墀，水瓶也。”[②]据《南海寄归内法传》卷1：“凡水分净触，瓶有二枚。净者咸用瓦瓷，触者任兼铜铁。净拟非时饮用，触乃便利所须。净则净手方持，必须安著净处。触乃触手随执，可于触处置之。唯斯净瓶及新净器所盛之水，非时合饮。余器盛者，名为时水。中前受饮，即是无愆。若于午后，饮便有过。……彼有梵僧，取制而造。若取水时，必须洗内，令尘垢尽，方始纳新。岂容水则不分净触，但畜一小铜瓶，著盖插口，倾水流散，不堪受用，难分净触，中间有垢有气，不堪停水，一升两合，随事皆阙。”[③]净瓶为陶瓷器，触瓶为铜器。净瓶内的水用于饮用，触瓶内的水用于清洗厕后污手。义净在《受用三水要行法》中讲述了将铜瓶用于饮水的害处：“净瓶须是瓦，非铜澡罐。由其瓶内有铜青不净不得灰揩故……然五天之地，无将铜瓶为净瓶者，一为垢生带触，二为铜腥损人。”[④]

陶瓷质净瓶和铜质触瓶均有双口和单口两种类型，各举一例说明之。目前所见最早的双口净瓶，是1975年在江西新建县乐化村出土的隋代洪州窑青瓷象首净瓶（图18），高22.8厘米、口径1.5厘米、底径7.8厘米。平台上口为钵状，肩旁口为象首状。《南海寄归内法传》中对双口净瓶的形制、口流功能及带盖和无盖两种净瓶的用法做出解释：“其作瓶法，盖须

图18　隋代洪州窑青瓷象首净瓶

① （东晋）释法显：《佛国记》，太原：三晋出版社，2017年，第50—51页。

② 章巽：《章巽全集（下卷）·法显传校注》，广州：广东人民出版社，2016年，第1118页。

③ （唐）释义净：《南海寄归内法传》卷1《六 水有二瓶》，见《径山藏92》，北京：国家图书馆出版社，第437页。

④ （唐）释义净：《受用三水要行法》，见《径山藏95》，北京：国家图书馆出版社，2016年，第134页。

连口，顶出尖台，可高两指，上通小穴，粗如铜箸，饮水可在此中。傍边则别开圆孔，罐口令上，竖高两指，孔如钱许。添水宜于此处，可受二三升，小成无用。斯之二穴，恐虫尘入，或可著盖，或以竹木，或将布叶而裹塞之。”[①]可知净瓶从顶部细尖口处饮水，在肩旁大口处添水。另见庆山寺塔基出土的唐代铜鎏银单口触瓶（图 19），高 18.5 厘米，口径 3 厘米，底径 5 厘米。喇叭形口，喇叭状圈足，细颈，蘑菇形盖内有弹性梢子。瓶体光素无纹，腹部有规则的带状红色缚带痕，说明为实用器。在敦煌 443 窟壁画中，绘有比丘将随身之物挂在树上的场景，右侧第二件即为单口触瓶（图 20）。“其瓶袋法式，可取布长二尺，宽一尺许，角摄两头，对处缝合，于两角头连施一襻，才长一磔。内瓶在中，挂髆而去。乞食钵袋，样亦同此。上掩钵口，尘土不入。由其底尖，钵不动转。其贮钵之袋，与此不同，如余处述。所有瓶钵，随身衣物，各置一肩，通覆袈裟，擎伞而去。此等并是佛教出家之仪。有暇手执触瓶并革屣袋，锡杖斜挟，进止安详。……所有资具，咸令人担，或遣童子擎持。此是西方僧徒法式。”[②]《南海寄归内法传》卷 2 中记载了印度佛寺如厕时使用触

图 19　唐代铜鎏银单口触瓶

图 20　敦煌 443 窟壁画

① （唐）释义净：《南海寄归内法传》卷 1《六 水有二瓶》，见《径山藏 92》，北京：国家图书馆出版社，第 437 页。

② （唐）释义净：《南海寄归内法传》卷 1《六 水有二瓶》，见《径山藏 92》，北京：国家图书馆出版社，第 437—438 页。

瓶及回僧房后使用净瓶的清规："便利之事，略出其仪：……次取触瓶，添水令满，持将上厕，闭户遮身。……洗身之法，须将左手，先以水洗，后兼土净。余有一丸，粗且一遍，洗其左手。若有筹片，持入亦佳。如其用罢，须掷厕外。必用故纸，可弃厕中。既洗净了，方以右手牵下其衣。瓶安置一边，右手拨开旁户，还将右手提瓶而出。或以左臂抱瓶，拳其左手，可用右手关户而去。……置瓶左？之上，可以左臂向下压之，先取近身一七块土，别别洗其左手。后用余七，一一两手俱净。其砖木上必须净洗。余有一丸，将洗瓶器，次洗臂腨及足，并令清洁，然后随情而去。此瓶之水不入口唇。重至房中，以净瓶水漱口。若其事至触此瓶者，还须洗手漱口，方可执余器具。斯乃大便之仪，粗说如此。……小便则一二之土，可用洗手洗身。此即清净之先，为敬根本。或人将为小事，律教乃有大呵。若不洗净，不合坐僧床，亦不应礼三宝。"①宋代禅寺也有相应的用瓶清规："欲上东司，应须预往，勿致临时内逼仓卒。……右手携瓶诣厕，弃鞋亦须齐整。轻手掩门，低手放瓶。……洗净之法，冷水为上。如用热汤，引生肠风。右手提瓶，左手用水(仍护第一第二指)，不得撒水污地及槽唇左右。用筹不得过一茎(有人用筹讫，自洗而出)。洗手先灰，次土，至后架用皂荚澡豆，并洗至肘前。盥漱讫(准律须嚼杨枝)，还至本处，收挂子、净巾问讯，袈裟披之。准律若不洗净，不得坐僧床及礼三宝，亦不得受人礼拜。"②

在敦煌藏经洞系列《行脚僧图》中，还有一类戴大斗笠的胡僧形象，"今僧盛戴竹笠，禅师则蓌笠"③即为写照。大英博物馆一件藏品（图21），纸本设色，高41厘米，宽29.8厘米。僧人长眉高鼻深目、头戴阔沿大斗笠。左手持麈尾，身着黄底圆点郁多罗僧，小腿绑缚黄底圆点袴奴，裸足穿草鞋，立于砖红色云团上。背负装满经卷的竹笈，竹笈后挂一钵型炉，右侧一虎与之乘云

① （唐）释义净：《南海寄归内法传》卷2《十八 便利之事》，见《径山藏92》，北京：国家图书馆出版社，第456页。

② （宋）宗赜：《禅苑清规》卷7《大小便利》，郑州：中州古籍出版社，2019年，第89页。

③ （宋）赞宁撰、富世平校注：《大宋僧史略》卷上《服章法式》，北京：中华书局，2015年，第35页。

图 21　行脚僧图

图 22　行脚僧图

而行，前绘一化佛。画面左侧有榜题栏，未记文字。俄罗斯艾尔米塔什博物馆藏品（图 22），纸本设色，僧人长眉深目高鼻，头戴斗笠，外披黑色僧伽梨、穿浅黄色郁多罗僧，内露黑色安陀会衣边。左手持麈尾，身后竹笈内满载经卷，右有一虎相随，脚踩云气前行。左上方云气内，化佛结跏趺坐于莲台上，其下榜题框内墨书“宝胜如来佛”。韩国国立中央博物馆藏品（图 23），纸本设色，纵 28 厘米，横 49.8 厘米。僧人长眉高鼻深目，头戴阔沿大斗笠，左手持麈尾，外披黑色棕条纹点花僧伽梨、穿砖红色点花郁多罗僧。下着同色裤，裸足穿草履。身后竹笈内满载经卷，上垂一钵型炉。右有一虎相随，脚踩云气前行。

以上三幅画都是高鼻深目的胡僧形象，而东京国立博物馆藏的“行脚僧图”，则是东亚人相貌。该画（图 24）是镰仓时代作品，纵 135.1 厘米，横 59.9 厘米，绢本设色。绘一长眉中年僧人左手当胸持经卷，右手持麈尾。外穿浅棕色蓝绿团花僧伽梨，领口和宽袖口处带蓝地金花边；其内是深咖色郁多罗僧；贴身穿白色安陀会。小腿绑缚袴奴，裸足穿草履。身后背满载经卷的竹笈，其上是伞盖，前方垂一方形香炉。僧人衣饰华丽，设色浓重，并以泥金点缀，符合日本镰仓时代贵族的审美品味。此画与敦煌藏经洞系列行脚僧图像的风格多有不同。除东亚人相貌与胡僧梵相的差异外，镰仓“行脚僧”双耳佩戴了硕大的圆形金耳环，胸前挂一串骷髅项链，这也是唐以后禅宗教义融进西来密教后，又弘传到日本的有力图证。该画是否有北宋蓝本已不得而知，日本学者松本荣一将画中人物认定为唯识宗祖师玄奘。依此说法，这幅画风华丽的“玄奘求法像”，或是日人以流行于唐宋时期的“行脚僧图”为蓝本，根据玄奘西行求法的事迹创作的禅密杂糅作品。

麈尾是魏晋至唐宋时期高士名流彰显社会身份的雅器。东晋名士王导《麈尾铭》曰：“道无常，贵所适。惟理勿谓质卑，御于君子。拂秽清暑，虚心以俟。”① 在南陈徐陵《麈尾铭》中，详细描述了它的形态和功能。“爰有妙物，

图 23　行脚僧图

图 24　玄奘求法像

① （东晋）王导：《麈尾铭》，见（清）张英《渊鉴类函》卷 379》《服饰部十 · 麈尾四》，见《景印文渊阁四库全书》第 992 册，子部 298，台北：台湾商务印书馆，2008 年，第 325 页。

穷兹巧制。员上天形，平下地势。靡靡丝垂，绵绵缕细。入贡宜吴，出先陪楚。壁悬石拜，帐中玉举。既落天花，亦通神语。用动舍默，出处随时。扬斯雅论，释此繁疑。拂静麈暑，引饰妙词。谁云质贱，左右宜之。”① 迄今发现最早的麈尾图像，在洛阳北郊朱村一座东汉壁画墓中，墓主左侧并立二男仆，其中一人持墓主所用麈尾（图25）。实物见日本奈良正仓院所藏六朝时期柿木柄麈尾（图26），总长61厘米，柄长23厘米，挟木长38厘米。以黑柿木作

图25 东汉墓室壁画

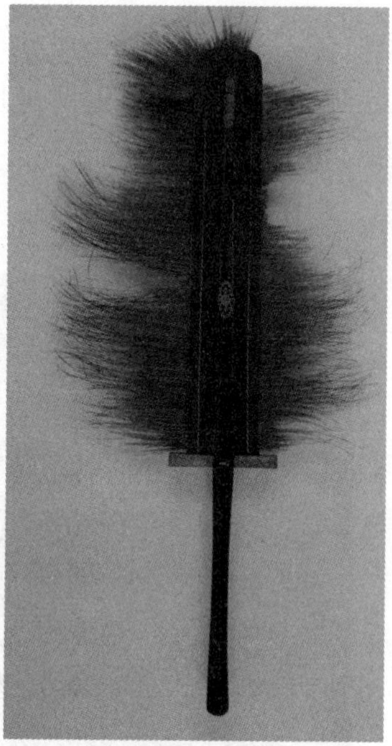

图26 柿木柄麈尾

柄和夹板，夹板前端以象牙雕龙头，夹板中间的麈尾毛是猪鬃。因年代久远，长毫脱落，桃形已不显。《能改斋漫录》卷1引《释藏音义指归》云：“《名苑》曰：鹿之大者曰麈。群鹿随之，皆看麈所往，随麈尾所转为准。今讲僧执

① （南陈）徐陵：《麈尾铭》，见（清）张英《渊鉴类函》卷379《服饰部十·麈尾四》，见《景印文渊阁四库全书》第992册，子部298，台北：台湾商务印书馆，2008年，第325页。

麈尾拂子，盖象彼有所指麈故耳。”[①]在敦煌莫高窟第103窟盛唐壁画《维摩诘经变·问疾》（图27）中，维摩诘坐于榻上，身披紫裘，白练裙襦，一膝支起，左手抚膝，右手执麈尾，上身微前倾，蹙眉张口，作讲经辩说状。维摩诘本是东方阿閦佛国土的大菩萨，为度化众生来到娑婆世界，化身为古印度毗邪离城的居士。为弘扬大乘佛法，维摩诘佯装患疾，等待释迦弟子登门探访。佛祖知其用意，遂遣文殊师利菩萨前往问疾，维摩诘即以患病入题，与文殊菩萨展开一场精彩的辩论。诸菩萨弟子、帝释、天王及国王大臣等皆来听法。人物形象以墨线起稿，敷色后再用深色勾勒，线条遒劲流畅。维摩诘的雄辩才能，深受魏晋以来清谈文士的推崇，此类题材成为最早的中国化佛教画。而上述几幅《行脚僧图》中，僧人也多持麈尾。入宋日僧成寻在普照王寺大佛殿东壁东面，也见到祖师壁画像“竺法兰左右合掌当胸前，以左右大指横取麈尾”。[②]

图27　敦煌壁画《维摩诘经变·问疾》

① （宋）吴曾：《能改斋漫录》卷1，见《原国立北平图书馆甲库善本丛书》，第528册，北京：国家图书馆出版社，2013年，第20页。

② （日）成寻著、王丽萍校点：《新校参天台五台山记》卷3，上海：上海古籍出版社，2009年，第245页。

与麈尾易混淆的是拂子，又称“拂尘”。它本是印度人使用的一种驱除蝇蚋的工具，多以细长木竹作柄，一端束多缕鬃毛麻线。“《律》云，比丘患草虫，听作拂子。《僧祇》云：佛听作线拂、列？拂、芒拂、树皮拂。若牦牛尾、马尾，并金银装柄者，皆不可执。”[①]加尔各答印度博物馆藏一件北方邦出土的公元五世纪石雕佛坐像（图 28），主尊坐佛两侧胁侍菩萨右手皆执拂子。龙门石窟万佛洞窟外南壁观音菩萨立像（图 29），高 85 厘米，龛右铭文

图 28　石雕佛坐像

图 29　观音菩萨立像

“许州仪凤寺比丘尼真智敬造观世音菩萨一区 永隆元年五月八日”。菩萨发髻高束，面相安详。饰项圈、璎珞宝珠，环带组佩于腰部中央垂于身前，披帛横搭在腹膝间，绕至腕上飘垂于莲台边。左臂微上曲，持单口净瓶；右臂曲举持拂子，拂子斜垂至肩后。《景德传灯录》卷 6 中记百丈怀海接受马祖道一师授传法的公案。“师（百丈怀海）再参马祖，祖见师来，取禅床角头拂子竖起。师云：‘即此用，离此用？’”祖挂拂子于旧处，师良久。祖云：‘你已后开

① （元）德辉：《敕修百丈清规》卷 5《拂子》，郑州：中州古籍出版社，2018 年，第 137 页。

两片皮，将何为人？'师遂取拂子竖起。祖云：'即此用，离此用？'师挂拂子于旧处，祖便喝，师直得三日耳聋。"[①] 禅门器用皆可为说法道具，马祖要百丈考虑今后的说法方式，百丈取墙上拂子竖了竖，表示但使佛法显立不谬，不必拘泥其法。又把拂子挂回原处，意为任其自然。

以上"行脚僧图"中，僧人背负的竹笈前多垂一香炉，此为实用器。僧人远游劳苦，难免翻越毒虫出没的密林或途经瘟病多发地区。拥有健康的体魄，是行脚得以顺利进行的保障。"庶氏掌除毒蛊，以攻、说禬之，以嘉草攻之。"[②] "郑《注》曰：'嘉草，药物，其状未闻，攻之，谓薰之。'"[③] 佛陀在《十诵律》卷38中规定了游行比丘随身可携装有药草的药草囊，"有一比丘手捉钵、药草、革屣而行。佛见此比丘，知而故问：'汝何以捉钵、药草、革屣游行？'答言：'我更无著处。'佛言从今听畜三种囊，钵囊、药草囊、革屣囊。"[④] 印度盛产香附、藏红花、檀香、木香、甘松、胡椒等香药，敦煌藏经洞系列《行脚僧图》中的生活原型——来华传法的梵僧们，为了祛除毒虫对身体的侵害，或为提神醒脑、舒缓旅途中的疲劳，他们从药草囊中取出药草，在垂于竹笈前的炉内燃起香料，边走边薰。佛教传入中国后，又传至朝鲜半岛和日本，以生命吠陀为基础的印度医药随着佛教的传播不断东渐。唐天宝二年，鉴真和尚第二次东渡日本前，在扬州备办海粮。在他采办的物品清单中，有"麝香廿剂、沉香、甲香、甘松香、龙脑、香胆、唐香、安息香、栈香、零陵香、青木香、薰陆香都有六百余斤；又有毕钵、诃梨勒、胡椒、阿魏（作者注：功效是杀虫解毒，以外用为主）、石蜜（作者注：冰糖）、蔗糖等五百余斤，蜂蜜十斛，甘蔗八十束"。[⑤] 日本正仓院藏有唐代传入的药物60余种，包括麝香、青木香、木香、丁香、香附子、沉香、白檀、薰陆、琥珀、苏芳等香

① （宋）释道原：《景德传灯录》卷6，福州东禅寺版，日本：禅文化研究所，1990年，第98页。

② （汉）郑玄：《周礼·秋官·司寇第五》，北京：中华书局，2018年，第798页。

③ 同上，第799页。

④ （后秦北印度）三藏弗若多罗译：《十诵律》卷38《明杂法之三》，见《高丽大藏经40》，北京：线装书局，2004年，第133页。

⑤ （日）真人元开：《唐大和上东征传》，北京：中华书局，1979年，第47—48页。

药，基本由僧人带入。[1] 日本镰仓“行脚僧图”竹笈前也悬炉，一来可能是受敦煌系列蓝本影响；二来可能是从中国传来的这种行脚修行方式的真实反映。

装有垂链的熏香器盛行于唐宋时期，法门寺塔基地宫出土两件唐代鎏金镂花银香囊，如鎏金双蜂团花纹镂空银香囊（图 30），上下球身分别饰五朵錾刻的蜂纹团花，通体为镂空阔叶纹。从地宫甬道发现的《应从重真寺随真身供养道具及恩赐金银器物宝函等并新恩赐到金银宝器衣物帐》中“香囊二枚，重十五两三分”的记载可知，“香囊”是该球型薰香器的本名，它还有一个俗称“香球”。据《宋史》卷 113：“凡大宴，有司预于殿庭设山楼排场，为群仙队仗、六番进贡、九龙五凤之状，司天鸡唱楼于其侧。殿上陈锦绣帷帟，垂香球，设银香兽前槛内，藉以文茵，设御茶床、酒器于殿东北楹间，群臣盏斝于殿下幕屋。”[2]

图 30　唐代鎏金镂空银香囊

目前发现有不少金属质提链式炉，如庆山寺地宫出土的唐代铜鎏银虎爪腿兽面衔环香炉（图 31），通高 13 厘米，口径 13 厘米。炉盖为三重覆钵式，上有桃形、梅花形镂孔，平底，六个虎爪腿外撇，其间设六个兽面衔环链。1977 年，山东广饶县广饶镇（今广饶街道）十一村村民于一座家庙墓葬内，发现一件唐代提链式五足铜熏炉（图 32）（炉盖及炉盏已失），高 7.7 厘米，口径 11.5 厘米。敞口，折沿，直腹，平底，炉身下等距铆接五只兽首，其下为虎爪

① （日）米田该典：《正倉院の香薬 材質調査から保存へ》，日本：思文阁出版，2015 年，第 360—362 页。

② 《宋史》卷 113《志第六十六 · 礼十六 · 嘉礼四 · 宴飨 游观 赐酺》，北京：中华书局，1977 年，第 2683 页。

状炉足，五足间各铆接一衔环铺首，五足和铺首衔环再以铜销固定，铜环连接提链。此类炉式采用先铸造部件，成型后再铆接组装的工艺。熏炉提链的长度既可平放又宜悬挂，且多出自塔基，应为僧人用物。从尺寸来看，也适于悬挂在竹笈前端。

行脚僧每到寺院挂搭，需行告香之礼，这是新挂搭的禅僧面见住持人，并向住持人请益问讯的礼仪。这时炉从竹笈上取下，以行香礼之仪。“入院之法，新住持人打包在前，参随在后。如遇迎接，或下笠敛杖问讯，或右手略把笠缘低身。或请就座茶汤，但卸笠倚杖就坐，不可卸包。……入院，于三门下烧香（当有法语），就僧堂前解包了，后架洗脚，入堂参圣僧烧香，……挂搭讫新住持人先到大殿，次土地堂，次真堂，并声法事烧香。”[①] 北宋时日僧成寻参访天台国清寺，受到该寺职事僧欢迎，亦行香礼。“寺主赐紫仲方、副寺主赐紫利宣、监寺赐紫仲文为首，大众数十人来迎，即共入大门，坐倚子吃茶。次诸共入宿房。殷勤数刻，宛如知己。又次吃茶。寺主大师取遣唐历，见日吉凶。壬辰，吉日者，即参堂，烧香。先入敕罗汉院。十六罗汉等身木像，五百罗汉三尺像，每前有茶器。以寺主为引导人，一一烧香礼拜，感泪无极。次入食堂，礼七郎天，烧香。……次参大师堂……烧香礼拜，悲泪难禁。……次参大佛

图 31　唐代铜鎏银虎爪腿兽面衔环香炉

图 32　唐代提链式五足铜熏炉

① （宋）宗赜：《禅苑清规》卷 7《尊宿入院》，郑州：中州古籍出版社，2019 年，第 98—99 页。

殿，……烧香礼拜。次参戒坛院，……烧香礼拜。”[①]“古之丛林，依律结夏，每夏前告香，未预告香，不许入室。”[②]南宋时期的告香仪式，对新挂搭者、地位较高者、已告香礼拜者都有详细规定。“如挂搭人多，则一年两次告香，于冬至前数日一次，礼法一同。或长老入院，例三五日后，知事、头首、大众，告香一次，首座为参头。或其中有西堂是住持同参，或曾旧住经告香之人，则住持令侍者报免。其中礼数，亦在住持增减，或谢时但令触礼而退（如未经告香，则未许入室）。”[③]居简禅师云：“告香乃丛林盛礼，前辈未尝尽行。道大德备，如慈明和尚，尚且至再至三，然后受南禅师告香”[④]。告香礼仪是行脚僧必行的“入院之法”，故香炉常随其身。将炉垂于竹笈前端，更是为适应艰苦的行脚生活，将炉的实用功能发挥到最大化的生活智慧。

（刘明杉　中国社会科学院古代史研究所）

① （日）成寻：《新校参天台五台山记》卷1，上海：上海古籍出版社，2009年，第48—49页。

② （唐）百丈怀海集编、（清）仪润证义：《百丈丛林清规证义记》卷5《住持章第五·告香》，见（日）西义雄等：《新纂大日本续藏经》，第63册，日本：东京国书刊行会，1986年，第414页。

③（宋）惟勉编次：《丛林校定清规总要卷下·二 告香入室请益》，见（日）西义雄等：《新纂大日本续藏经》，第63册，日本：东京国书刊行会，1986年，第607页。

④（南宋）参学大观编：《北磵和尚语录·临安府净慈山报恩光孝禅寺语录·告香普说》，见（日）西义雄等：《新纂大日本续藏经》，第69册，日本：东京国书刊行会，1986年，第674页。

唐宋茶宴、茶筵考辨

纪雪娟

中国是茶的故乡，是最早种植并饮用茶叶的地区之一。随着茶叶种植技术、制茶工艺的提高与精进，烹茶、饮茶逐渐成为中国古代各阶层人民的生活风尚。伴随而来的茶文化、茶文学的普及与流行，使得茶宴、茶筵——践行茶文化的重要媒介风靡一时。自唐以来，文人雅士、布衣缁衣，经常举办茶宴、茶筵，茶成为沟通人们物质世界与精神世界的重要桥梁。目前学界基本认定茶宴即为茶筵，但笔者翻检史书，发现茶宴与茶筵有所不同，且经历了仪式由随意自然进展到繁复固定、场所由世俗世界进入到寺院生活、人群由文人阶层过渡到僧俗并融的发展过程。故而笔者特撰此文，考辨二者不同，以请教于方家。

一、茶宴

《说文解字》云："宴，安也。"《易》云："《象》曰：泽中有雷，《随》。君子以向晦入宴息。"《左传·昭公二年》："既享，宴于季氏。"曹植《七启》："佩兰蕙兮为谁修，宴婉绝兮我心愁。"宴有安逸、闲适之意，又通"醼"，引申为饮宴、宴会。筵，《说文解字》云："筵，竹席也。"《仪礼·士昏礼》云："主人筵于户西。"《周礼·春官·序官》云："司几筵，下士二人。"郑玄注："筵亦席也。铺陈曰筵，藉之曰席。然其言之筵、席通矣。"贾公彦疏："设席之法，先设者皆言筵，后加者为席。"张衡《东京赋》："度堂以筵，度室以几。"可见，"筵"最早指代古人席地而坐的坐具。坐具下层称筵，筵上铺陈曰席。唐以后席地跪坐的起居方式发生改变，坐具亦随之演变，遂以“筵席”代指坐席。

茶宴在唐代开始流行。沈冬梅先生指出，“茶宴的出现，大抵与唐代的宴饮会食之风习制度、文人游历之风、藩镇使府文职僚佐征辟制度，以及寺庙住留文人士子的习惯相关”。

唐中期之后，茶宴见行于浙东、浙西文人群体。如《全唐诗》卷二〇七收有李嘉祐《秋晓招隐寺东峰茶宴送内弟阎伯均归江州》：

万畦新稻傍山村，数里深松到寺门。

幸有香茶留稺子（一作释子），不堪秋草送王孙。

烟尘怨别唯愁隔，井邑萧条谁忍论。

莫怪临岐独垂泪，魏舒偏念外家恩。

李嘉祐（725？—782？），河北赵郡（今河北省赵县）人。唐肃宗、唐代宗时期诗人。与钱起、卢纶、韩翃、刘长卿、郎士元、皇甫冉、李益、李端、司空曙并称“大历十才子”。招隐寺，位于今江苏镇江市。李嘉祐于安史之乱爆发后避地浙东。至德二年（757）秋赴任鄱阳（今江西鄱阳）令，上元元年（760）秋有诏量移江阴令，上元二年（761）春到任，永泰元年（765）离任江阴（今江苏江阴）令归京。后被辟为浙西团练观察使韦元甫从事。大历三年（768）入京任司勋员外郎。此诗似作于上元二年至大历三年之间，李嘉祐送妻弟阎伯均归江州（今江西九江），特在招隐寺举办茶宴所作。阎伯均，即阎士和，大历中曾任江州判官。唐代女诗人李冶题有《送阎伯均往江州》《送阎二十六赴剡溪》《得阎伯均书》等诗，皇甫冉亦有《招隐寺送阎判官还江州》，说明此时于招隐寺参加茶宴的还有李冶、皇甫冉等人。阎伯均大历中曾与皎然、陆羽、裴澄、朱巨川、房从心等人同游湖州，作有《远意》《暗思》《乐意》《恨意》诸联句。皎然还作有《消士和别》等诗。此时李嘉祐任袁州刺史，任满后屏居苏州。皎然作有《酬邢端公济春日苏台有呈袁州李使君兼书并寄辛阳王三侍御》《七言奉酬李员外使君嘉祐苏台屏营居春首有怀》，由此二诗大致可以推断，李嘉祐于大历七年至十二年间应居于苏州，并与浙东、浙西文人群体往来密切。

此外，《全唐诗》卷二三九收有钱起《与赵莒茶宴》：

竹下忘言对紫茶，全胜羽客醉流霞。

尘心洗尽兴难尽，一树蝉声片影斜。

钱起（722？—780），吴兴（今浙江吴兴）人，“大历十才子”之一。大历年间曾任考功郎中、太清宫使、翰林学士。此诗描写的是钱起与赵莒置茶宴，共饮钱起家乡湖州名产紫笋茶的情景。诗中“全胜羽客醉流霞”，作者感叹啜饮紫笋茶远胜仙人饮用的流霞酒，侧面印证了茶宴是文人以茶代酒，雅集聚会的形式。钱起与李嘉祐交往密切，曾作《寄袁州李嘉祐员外》等诗。

除李嘉祐、钱起外，《全唐诗补编》卷一七《大历年浙东联唱集》收有《松花坛茶宴联句》《云门寺小溪茶宴怀院中诸公》等联句：

松花坛茶宴联句

几岁松花下，今来草色平。
衣冠游佛刹，鼓角望军城。
乱竹边溪暗，孤云向岭明。
遶坛烟树老，入殿雨花轻。
山磬人天界，风泉远近声。
夜禅三世晤，朝梵一章清。
上砌莓苔遍，缘窗薜荔生。
焚香忘世虑，啜茗长幽情。
聚土何年置，修心此地成。
道缘云起灭，人世月亏盈。
蝉噪林当晓，虹生涧欲晴。
水流惊岁序，尘网悟簪缨。
池上莲无着，篱间槿自荣。
因知性不染，更识理常精。
从此应贪味，非惟悔近名。
山栖多自惬，林卧欲无营。
已接追凉处，仍陪问法行。
赏心殊未遍，惆怅暮钟鸣。

云门寺小溪茶宴怀院中诸公

喜从林下会，还忆府中贤。（严维）

石门云路里，花宫玉笥前。（谢良弼）

日移侵岸竹，溪引出山泉。（裴晃）

猨饮无人处，琴听浅溜边。（吕渭）

黄粱谁共饭，香茗忆同煎。（郑槩）

暂与真僧对，遥知静者便。（允初）

清言皆亹亹，佳句又翩翩。（庾骙）

竟日怀君子，沉吟对暮天。（贾肃）

两联唱诗都作于云门寺，位于今浙江绍兴市南云门山。诗歌描写了大历年间生活于浙东的文人群体如严维、谢良弼、裴冕、吕渭、郑槩、陈允初、庾骙、贾肃等参与大历时期茶宴活动的场景。

除诗歌外，另有文章记录了唐代茶宴的情况，如《全唐文》卷六二八收有吕温《三月三日茶宴序》：

三月三日，上巳禊饮之日也。诸子议以茶酌而代焉。乃拨花砌，憩庭阴。清风逐人，日色留兴。卧指青霭，坐攀香枝。闲莺近席而未飞，红蕊拂衣而不散。乃命酌香沫，浮素杯。殷凝琥珀之色，不令人醉。微觉清思，虽五云仙浆，无复加也。座右才子南阳邹子、高阳许侯，与二三子顷为尘外之赏，而曷不言诗矣。

吕温（772—811），河中（今山西永济）人。贞元进士，王叔文革新集团成员之一，曾出使吐蕃，后与宰相李吉甫不睦，被贬至道州（今河南郾城）、衡州（今湖南衡阳）。此文似撰写于吕温被贬至道州后，三月初三上巳节，人们于此日临水嬉游、禳灾祈福、宴饮游乐，谓之修禊。吕温与文人邹某、许某等商议，禊饮以茶代酒，更别有一番风味。

此外，《全唐文补编》卷五五载任要《岱岳题名》：

检校尚书、驾部郎中、使持节都督、兖州诸军事兼兖州刺史、侍御史充本州团练使任要，贞元十四年正月十一日立春登岳，遂登太平顶宿。其年十二月廿一日立春，再来致祭，茶宴于兹。同游诗客京兆韦洪、押衙王迁运、乾封县令王怦、尉邵程、岳令元寘。

任要，唐德宗时期，贞元十四年（798）曾两次祭拜泰山，并在此举行茶宴。

除了地方文人的参与，茶宴还进入宫苑，成为宫廷宴饮的形式之一。《全唐诗》卷七收有鲍君徽《东亭茶宴》：

闲朝向晓出帘栊，茗宴东亭四望通。

远眺城池山色里，俯聆弦管水声中。

幽篁引沼新抽翠，芳槿低檐欲吐红。

坐久此中无限兴，更怜团扇起清风。

鲍君徽，为唐代中后期女诗人，唐德宗时期曾奉旨入宫，常与宫中侍臣作诗赓和。此诗为唐德宗所办东亭茶宴而作。东亭与西亭，位于唐长安大明宫麟德殿左右，是唐德宗宴饮作乐之处。如《南部新书》载：唐德宗“贞元十二年（796），上宴宰相于麟德殿之东亭，令施屏风于坐位之后，画汉、魏以下名臣，并列善言美事”。《册府元龟》卷一一〇详记此事为贞元十二年寒食节，唐德宗“御麟德殿之东亭，观武臣及勋戚子弟会毬，兼赐宰臣醼馔”。由此可见，茶宴成为唐德宗时期重要的宴饮活动之一。

可以看出，唐代茶宴多与文人士大夫相关，茶宴是他们雅集聚会、以茶会友、吟诗赓和的活动之一。茶宴的形式也比较随意自然，举办的场所一般清静雅致，风景秀丽。寺院清净恬淡的自然环境恰好符合了这一场所要求。李肇《唐国史补》言：“天宝之风尚党，大历之风尚浮，贞元之风尚荡，元和之风尚怪。”葛兆光先生认为大历、贞元、元和这半个世纪（766—820），在唐代乃至整个中国古代文化中是一个极为重要的转型时期。释、道、儒这三个在中国古代文化中举足轻重的宗教与思想流派，开始了内在理路的转向。其中禅宗思想“即心即佛”到“非心非佛”的转化，就属于大历、贞元、元和这一文化转型的一个侧面。中国古代文人士大夫对于老庄的“无”，般若的“空”，北宗禅的“清净心”，南宗禅的“平常心”有着极大的兴趣，并把它们当作追求的理想境界。寺院中举行茶宴，契合了当时文人士大夫追求的涤情忘性、素雅清净的人生境界。故而，茶宴作为一种特殊的宴饮形式，从世俗世界走向了寺院生活，并逐渐演变成为“茶筵”。

二、茶筵

宋代重要佛教典籍《禅苑清规》中记录了大量与“茶汤会”“茶会”相关的礼仪，且“院门特为茶汤，礼数殷重”。寺院生活中凡涉及重要礼仪，如上堂、结夏、解夏等都要举办茶汤会。但在茶汤会、茶会盛行之前，五代十国时期、宋初寺院中流行的是“茶筵”。

茶筵，据目前掌握的资料，最早可见于《景德传灯录》卷二四，清凉文益禅师“初开堂日，中坐茶筵未起，四众先围绕法坐，时僧正白师曰：‘四众已围绕和尚法坐了’”。关于此事的记载还出现在《五灯会元》卷一〇：“开堂日，中坐茶筵未起时，僧正白师曰：‘四众已围绕和尚法座了也。’”

清凉文益（885—958），即法眼文益，浙江余杭人，法眼宗开创者。后唐清泰二年（935），清凉文益受抚州府州牧之请，于临川崇寿院担任住持，首开堂日设立茶筵。

与清凉文益相关的茶筵记载还有，《五灯会元》卷一五：“时李王在座下，不肯，乃白法眼曰：‘寡人来日致茶筵，请二人重新问话。’明日茶罢，备彩一箱，剑一口，谓二师曰：‘上座若问话得是，奉赏杂彩一箱。若问不是，只赐一剑。’”此处的李主到底指代何人，目前有不同说法，一说为南唐烈祖李昪，一说为南唐元宗李璟，一说为南唐后主李煜。据《五灯会元》卷一〇：“江南国主重师之道，迎住报恩禅院，署净慧禅师。”另据《十国春秋》卷三三：“元宗重其人，延住报恩院，赐号净慧禅师。”由此可见，李王应为南唐元宗李璟。此处记载为李璟前往报恩禅院赴茶筵拜会文益大师。

另《五灯会元》卷七记：

僧辞保福，福问：“甚处去？”曰：“礼拜罗山。”福曰：“汝向罗山道：保福秋间上府朝觐大王，置四十个问头问和尚，忽若一句不相当，莫言不道。”僧举似师，师呵呵大笑曰：“陈老师自入福建道洪塘桥下一寨，未曾见有个毛头星现。汝与我向从展道：陈老师无许多问头，只有一口剑。一剑下须有分身之意，亦有出身之路。若不明便须成末。”僧回举似福，福曰：“我当时也只是谑伊。”至秋朝觐，师特为办茶筵请福。福不赴，却向僧曰：“我中间曾有谑语，恐和尚问着。”僧归举似，师曰：“汝向他道，猛虎终不食伏肉。”僧又去，福遂来。

文中出现的罗山，即罗山道闲禅师，福建长溪（今福建霞浦）人，岩头全豁禅师法嗣，为五代时期青原系禅僧。闽王王审知礼遇之，请居于罗山，号“法宝禅师”。保福禅师，即保福从展禅师（860？—926），福州人，雪峰义存法嗣，同为五代时期青原系禅僧。后梁贞明四年（918），漳州刺史王公创建保福禅苑，迎请从展居之。二人同为福建地区的著名禅僧，因机锋辩论，故而罗山道闲特意为保福从展禅师朝觐闽王前所办茶筵。

王审知笃信佛教，曾在福建地区大力兴建佛寺，礼遇僧人。《玄沙师备禅师广录》载：“一日，王太尉差人送书请师与招庆茶筵。师向送状人说，传语太尉云，便是吃茶了也。太尉却差人传语，谢大师到来。”

玄沙师备（835—908），闽（今福建福州）人，谢氏子，芙蓉灵训禅师法嗣。因住持抚州玄沙院，后世称“玄沙师备”。文中王太尉即为王审知，王审知礼遇师备，待以师礼，赐号“宗一大师”，并赐紫衣。此茶筵为王审知特意邀请玄沙师备而办。

此外，《古尊宿语录》卷一六记：“自后，良遂归京，辞皇帝及左右街大师，大德再三相留。茶筵次，良遂云：‘诸人知处，良遂总知；良遂知处，诸人不知。’”

良遂为唐末僧人，麻谷宝彻禅师法嗣，后于寿州（今安徽寿县）传法，所以又被称作寿州良遂，属南岳怀让法系。此处茶筵是良遂辞帝归乡前诸大德特为其所办。

《古尊宿语录》卷二三记有《备茶筵送供养主师后逐句识》：“有盐无醋释云如贼入空屋。有菜无油云无私可隔。随缘兀兀云任性浮沉。百味珍羞云触类有得。”

另有《碧岩录》卷五：

投子一日为赵州置茶筵相待，自过蒸饼与赵州。州不管。投子令行者过胡饼与赵州，州礼行者三拜。且道他意是如何。看他尽是向根本上，提此本分事为人。

投子即唐朝投子大同禅师（819—914），舒州怀宁（今安徽怀宁）人，刘氏子。翠微无学禅师法嗣，后被敕封慈济大师。唐宋之际，因在舒州投子寺传法，举扬宗风三十余年，大张教化，故又被称为投子大同禅师。赵州即赵州从谂禅师（778—897），曹州（今山东曹县）人，南泉普愿禅师法嗣。八十岁时住持赵州（今河北赵县）城东观音院弘扬南宗禅法。故称为“赵州”或“赵州从谂”。投子与赵州有一段著名的公案。此茶筵为投子特为赵州所办。

五代为僧人特办茶筵的风俗一直流行到宋初。《列祖提纲录》卷二七载：“雪窦显禅师到秀州，百万道者备茶筵，请升座。”

雪窦显即为雪窦重显（980—1052），遂州（今四川遂宁）人。云门宗光祚禅师法嗣。因晚年住持明州雪窦寺，被称为雪窦重显，后被赐号“明觉大师”。此茶筵为雪窦重显禅师于住持雪窦寺前，曾抵达秀州（今嘉兴市）嘉禾寺，诸院长老都请重显升堂讲法特置。

另外，宋代僧人契嵩《镡津文集》中保留有一则有关退茶筵的回信，内容如下：

退金山茶筵回答

某启：适早监寺至辱笺命，就所栖以预精馔，意爱之勤，岂可言谕！乃尽诚素。某虽不善与人交，岂敢以今日之事自亏节义？无烦相外清集，方当大暑，告且为罢之。书谨令人回纳。伏冀慈照。

释契嵩 (1007—1072)，藤州镡津（今广西藤县）人。契嵩为云门宗僧人，后挂锡于杭州灵隐寺，嘉祐年间因抱书上奏宋仁宗以阐明“儒释融合”而得入藏，赐号“明教大师”，后人多称其为“明教契嵩”。金山寺，位于今天江苏镇江西北金山。东晋时建造，在当时是佛教禅宗名寺。此处契嵩回信，为金山寺茶筵邀请其参加，因天气炎热而作罢，契嵩收到退金山茶筵的书信后，特此回复。

综上可知，茶筵最早肇始于唐代中期，兴盛于五代十国，一直延续至宋初。茶筵举办的场合为寺院内部，置茶筵的目的与宗教活动息息相关，一般为开堂说法、为供养主求道问法、为邀请高僧大德所办。茶筵中会有吃食相伴，投子禅师茶筵中备有蒸饼，即胡饼，类似于我们今天的烧饼、炉饼。至宋，特备精馔，说明更加精致讲究。

三 “茶宴”“茶筵”在宋的延续

至此我们不难发现，由唐至宋，“茶宴”“茶筵”内涵不同，二者之间有着明确的界限。唐代上流社会中流行“茶宴”，是文人士大夫之间相互联络，以文会友、以茶会友的重要形式。唐代中期之后，茶宴多在寺院中举办，说明一方面禅僧与茶的关系日趋密切，如皎然便与陆羽奉为“缁素忘年之交”，二人也是茶文化的开创者。另一方面禅僧与士大夫河同水密，使得士大夫爱好的茶宴风尚逐渐进入僧人的生活之中。如周建刚在《唐宋寺院的茶筵、茶会和茶汤礼》中指出，随着饮茶风气的普及，唐代文人常举行“茶宴”，以茶代酒，以追求一种高雅清谈的趣味。这种风尚进入寺院以后，遂演变为“茶筵”。但是，唐五代的茶宴虽然多在寺院举办，从现有留存的诗文来看，少有僧人参与。而至五代流行的“茶筵”，则全部与寺院生活密不可分。为何出现此种差别？笔者认为，筵的本意为竹席，后引申为座位、位次。法筵即指僧徒做法事时的坐席。如《楞严经》：“法筵清众，得未曾有。”南朝梁释慧皎《高僧传·齐京师湘宫寺释弘充》云：“初止多宝寺，善能问难，先达多为所屈。后自开法筵，锋镝互起，充即思入玄微，口辩天逸，通疑释滞，无所间然。”《北齐书·杜弼传》言：“四月八日，魏帝集名僧于显阳殿讲说佛理。弼与吏部尚书杨愔、中书令邢劭、秘书监魏收等并侍法筵。”对于“茶筵”涵义的严格界定与使用，与寺院中严格遵循位序高低，并有一系列具体的礼仪规范有关，如《禅苑清规》中便明确指明了“赴茶汤”的规矩与要求：

第一，赴茶汤前必须按照严格遵循次序，按座位牌入座。“受请之人不宜慢易。既受请已，须知先赴某处，次赴某处，后赴某处。闻鼓版声及时先到。明记坐位照牌，免致仓遑错乱。如赴堂头茶汤，大众集，侍者问讯请入，随首座依位而立。”

第二，入座后，行为举止需合乎要求。“住持人揖乃收袈裟，安详就座。弃鞋不得参差，收足不得令椅子作声，正身端坐不得背靠椅子。袈裟覆膝，坐具垂面前。俨然叉手朝揖主人。常以偏衫覆衣袖，及不得露腕。热即叉手在外，寒即叉手在内。仍以右大指压左衫袖，左第二指压右衫袖。”

第三，问讯烧香也有一定的规定。“侍者问讯烧香，所以代住持人法事，常宜恭谨待之。安祥取盏橐两手当胸执之，不得放手近下，亦不得太高。若上下相看一样齐等则为大觉。当须特为之人专看。主人顾揖然后揖上下间。”

第四，吃茶礼仪、茶具取放有严格要求。“吃茶不得吹茶，不得掉盏，不得呼呻作声。取放盏橐不得敲磕。如先放盏者，盘后安之。以次挨排不得错乱。右手请茶药擎之。候行遍相揖罢方吃，不得张口掷入，亦不得咬令作声。茶罢离位，安详下足。”

第五，吃茶问讯结束后，谨沿顺序出。“特为之人须当略进前一两步问讯主人，以表谢茶之礼。行须威仪庠，不得急行大步及拖鞋踏地作声。主人若送回，有问讯致恭而退。然后次第赴库下及诸寮茶汤，如堂头特为茶汤。受而不赴如卒然病患，及大小便所逼。即托同赴人说与侍者。礼当退位。如令出院，尽法无民。住持人亦不宜对众作色嗔怒寮中客位并诸处特为茶汤，并不得语笑。”

对于“茶汤会”，寺院中有一系列严苛的规定，藉此可以窥见，由唐末至五代流行于寺院中的“茶筵”的大致顺序。

而茶宴，宋代仍为流行于上层社会的重要社交活动。《宋史》记载：“淳化元年九月，诏诸州、军、监、县无公使处，遇诞降节给茶宴钱，节度州百千，防、团、刺史州五十千，监、三泉县三十千，岭南州、军以幕府州县官权知州十千。” 至北宋晚期，由于宋徽宗的推动，茶宴成为君臣之间维系感情的重要手段。

宋徽宗著有《茶论》二十篇（后人称《大观茶论》），对茶的生长、采择、制作，以及茶具、点茶、品茶进行了精辟概括。另外，宋徽宗经常举办曲宴，《宋史・礼志十六》载：“凡幸苑囿、池籞、观稼、畋猎，所至设宴，惟从官预，谓之曲宴。”蔡京《太清楼特宴记》《保和殿曲宴记》《延福宫曲宴记》都记有皇室宫廷宴会的盛况。宋徽宗于曲宴之上，曾亲自点茶赐予大臣。如宣和二年 (1120) 十二月，宋徽宗召宰相、亲王等置曲宴于延福宫，席间“上 (徽宗) 命近侍取茶具，亲手注汤击沸。少顷，自乳浮盏面，如疏星淡月。顾诸臣曰：此自布茶。饮毕，皆顿首谢，既而命坐，酒行无算”。可见，宋徽宗后，茶宴作为宋代皇室曲宴的前奏，成为宫廷宴会的重要组成部分。

由上可知，与现代汉语“宴席”“筵席”通用不同，唐宋时期茶宴、茶筵有着明显的区别。唐中期之后，茶宴成为文人士大夫雅集聚会、吟诗赓和的活动之一。茶宴的形式随意自然。经过大历年间浙东、浙西文人群体的参与推广，茶宴从世俗世界进入寺院生活，并逐渐演变成为茶筵。茶筵与宗教活动息息相关，是宋代寺院中礼仪烦琐、等级森严“茶汤会”的雏形。而经过宋徽宗的推动，茶宴则成为皇室宴会的重要组成。

（纪雪娟　中国社会科学院古代史研究所）

论明代士僧互动与禅茶文化

陈刚俊

饮茶在我国具有悠久的历史，茶能清心去火，佛能静心明性，因此佛教与茶自古以来就结下了不解之缘。当禅宗在中原大地兴盛发展后，以茶证道的禅僧直接推动了饮茶风气在全社会的风行。而另一个推动饮茶之风的重要群体则是文人士大夫。唐代诗人元稹因此说，“（茶）慕诗客，爱僧家”。禅师在坐禅中讲究凝神屏虑，达到无欲无念、无喜无忧、梵我合一的境界。为防止未入禅定，先入梦寐，故常饮茶，产生了“茶禅一味”的思想。特别是赵州禅师著名的禅语“吃茶去”，更是为后世禅僧和文人一再引用。明朝文人士大夫与佛教人士谈禅论道，吟诗作画，互为唱和，茶在这个过程中发挥了不可或缺的重要作用，同时推动了禅茶文化的发展。

一、明代的士僧互动与禅茶诗

明代文人士大夫，上到阁部大臣，下到州县官吏，乃至乡贤士绅，大多是佛教倡导者，以与佛教人士相交为雅尚，有的甚至成为佛教寺院“护法”。佛教高僧，也大多研读儒家经典，不仅通文史，习诗文，而且有较高造诣。因此，士僧互动在明代成为一时风潮。

（一）文人多爱号“居士”

据不完全统计，明代文人号“居士”者多达245人，以“公安三袁”为代表，袁宏道号石头居士、空空居士，不仅是“公安派”领袖，还是一位禅学大师；其兄袁宗道号白苏居士；其第袁中道号凫隐居士。其他如文学家、史学家、“后七子之一”王世贞号天弢居士；政治家、首辅杨一清号山南居士；申时行号休休居士；著名廉吏、思想家聂豹号东皋居士；思想家、状元焦竑号澹园居士；书法家董其昌号香光居士；“明代江南四大才子”中唐寅号六如居士、文徵明号衡山居士；书画家陈继儒号品外居士；戏曲家屠隆号鸿苞居士；茶学家陆树声号适园无净居士等等，不一而足。

这些“居士”别号，不仅反映了明代文人“止于园舍，情均郊野，谦恭守道，贞素自得”的志向和情操，也反映出文人参与禅修活动的实践活动和心灵向往。比如袁宏道，参禅达不到透亮的境界，便如痴如醉、废寝忘食地继续参究。他以对禅宗的体悟，从1700多条禅宗公案中精选72则，“皆是百千诸佛相传之髓”，然后加以评说，汇成一部名为《金屑编》的佛学书稿，得到思想家李贽的高度评价。后来《金屑编》在国内散逸，幸日本有大批袁宏道的追随者，将此书藏于日本内阁文库，后又回传我国。

（二）结社论学喜谈禅

文人不仅个人积极与僧人互动交流，而且在晚明时期，文人群体纷纷以结社的方式在寺庙中与僧人论学谈禅。如冯梦祯的澹社、普门社，焦竑与李贽在南京的长生馆会、堆蓝社、华严会等。以“公安三袁”最为活跃，先后参与组织“南平社”“蒲桃社”“香光社”“青莲社”“堆蓝社”“华严会”“金粟社”等。其中袁中道在北京城西崇国寺组织的“蒲桃社”，为京师名士常常集会之地，其活动方式主要以“静坐禅榻”“食素持珠”为主，为官、论学之余的静坐持珠，不仅是一种身心放松，还是感悟禅理的方式。

明代著名官员、别号篁墩居士的程敏政与同僚好友的《灵谷寺与汪庶子平江伯司马侍御王给事严正学联句》，体现了明代中后期文人在寺庙中结社品茶、谈禅论道的风气：

高秋时节快登临（王），
云外僧房竹院深（陈）。
一啜清茶忘世味（严），
偶听多贝了禅心（汪）。
小童解作天魔舞（程），
佳客能成白雪吟（司马）。
乐事正逢休暇日（王），
玉壶莫放酒停斟（严）。

虽是士大夫之间酬酢游戏之作，却在诗中表达了品茶静思，寻求超脱，忘却世味，从政治与官场斗争中解脱出来的意向。或许是程敏政终究没有参透，后来因涉徐经、唐寅科场案惨遭下狱。

（三）从禅茶诗看士僧互动

茶能提高人的悟性，振奋人的精神，激发人的灵感，加之信佛与尚茶，在哲理上是相通的。文人在品茶的同时，或赋诗，或题刻，或书画，还与僧人探究禅理和人生哲学，成为一种风尚和自觉追求。现存的明代禅茶诗约有数百首，以下列举数首，我们从中可管窥当时士僧互动的盛况。

明初学者胡奎在《寄震龙门和尚》中云："安平池子上，不到十馀年。石老三生梦，茶枯一味禅。涧泉通屋下，山雨落尊前。我亦除烦恼，还来了胜缘 。""三生石"位于杭州西湖的天竺寺，是西湖十六遗迹。寺中有三生石的传说，三生指前世、今世、后世，是唐代李源与高僧圆泽禅师相约来世相见的佛教故事。胡奎以此借喻自己与龙门和尚相交莫逆的情谊，追忆两人在山涧流泉、山前雨后品茶参禅、茶尽顿悟的情景。

藏书家、学者、别号二泉居士的邵宝在《归途再用前韵》中提到专程到山寺中与僧人品茶："谈馀方外士，乘兴到禅家。云尽长依竹，山寒不见花。客留新卷墨，僧试旧垆茶。世味吾痴在，无官处处夸。"在山高云深处，竹林掩映下的山寺，泼墨挥毫，品茶赋诗，忘却官场世情的忧虑和烦恼，得到心灵的解放和愉悦。

王世贞在《山行至虎跑泉菴次苏长公石刻韵》中描写了秋后初雨乍凉时分，到虎跑泉寺寻访古迹，品茶悟禅后喜悦轻快的心情："百草沾风蚕月香，双鸠唤雨麦秋凉。过桥已觉世情少，到寺始知僧日长。拂薛石留行脚偈，挂瓢泉是洗心方。良公更有茶瓜在，禅悦能容取次尝。"诗中运用了佛教"行脚""偈""禅悦"等术语，充满深深禅意。

无独有偶，袁宏道《游虎跑泉》诗："竹林松涧净无尘，僧老当知寺亦贫。饥鸟共分香积米，枯枝常足道人薪。碑头字识开山偈，炉里灰寒护法神。汲取清泉三四盏，芽茶烹得与尝新。"诗句不着"禅"字，却体现了景中寓禅的风格，在平淡自然中蕴含禅机。

明代文人与高僧成为至交好友的不在少数，他们互为唱酬，相互赠诗，传为一时美谈。灵隐寺主持守仁禅师在《答倪元镇》中回忆两人的友情："禅榻清谈屡有期，茶烟想见鬓丝垂。春风水榭停兰桨，夜雨山房写竹枝。甲煎沈香都入梦，新蒲细柳总堪悲。鷓鸪飞处重相忆，拟和樊川五字诗。"两人时常坐禅清谈，以茶为伴，或泛舟水上，或泼墨作画，或焚香入定，不一而足，展现了两人相敬、相惜、相知的高洁友谊。

二、明代禅茶文化

寺庙的宁静清幽的环境，最适合清高隐逸的文人吟风弄月、咏诗作赋，其间饮茶助兴，以茶激发灵感。受明代中后期"三教合一"的影响，儒家、佛家——尤其是禅宗，相互影响，相互融合，出现了僧侣世俗化与文人士大夫僧侣化的现象。同时，茶文化在明朝有了新的发展，明人在茶侣选择、品茗方式和环境等都有前人所未发的创见。茶与佛教的关系更加紧密，文人在寺庙中得到安慰与超脱，又从寺庙文化与禅宗文化中汲取灵感，高僧作诗，名士逃禅，以茶悟禅，以禅入诗，打机锋，说偈语，将啜茶品茗、体悟哲理融为一体，形成了富有明代特色的禅茶文化。

（一）“平常心”与禅茶

禅家常常讲三个字：“平常心。”什么是平常心？长沙景岑禅师说：“要眠即眠，要坐即坐”，“热即取凉，寒即向火”。就是顺其自然，有困则睡，有饥则餐，热就纳凉，冷就烤火，不百般求索，也不千番计较，从日常生活的细微小事中得到启示。从修道方式来说，就是以平常心求清净心境，而茶道是与之相通的。特别是明代散茶勃兴，团茶逐步退出，唐宋以来繁琐的煎茶、点茶法被简单的冲泡法所取代，以率性而为、朴实无华、简单直接的方法，品尝茶的本色本味、淡泊自然。朱权在《茶谱》中提出：“然天地生物，各遂其性，若莫叶茶；烹而啜之，以遂其自然本性也。”

正如晚明张家珍《过金绳菴》诗云：“片云驰白日，吞吐夕阳天。过院寻僧坐，煎茶为说禅。簷牙归瓦雀，黄叶带村烟。今夜雁堂月，清凉许借眠。”只是路过寺院，讨一杯清茶谈禅说偈，不觉时辰渐晚，清凉好眠，索性借住寺中，不刻意、不矫揉、不造作，正合“平常心”。

明代文学家、史学家于慎行也曾赋诗《春日小斋闲居闻澄上人谈义》：“焚香清昼袅茶烟，小阁闲参一指禅。浩劫尘机何处解，彼方妙谛几宗传。有无尽息超尘境，种地俱空启胜缘。身现人天知是幻，闻师半偈已泠然。”春日在书斋中与禅师焚香品茶，清谈参禅，体味人生，从尘世变化，到教义流传，再到禅修境界，最后达到心境的清凉静谧。

（二）“明心见性”与茶道精神

禅家又常说“明心见性”。所谓“明心见性”，既是一种禅定的状态，又是一种境界，就是要去掉内心遭受的尘世污染，回归本原的自然心性。而明代中后期以来，随着阳明心学被文人广泛接受，在泰州学派、“公安三袁”等多种思潮的激荡下，文人世界观、价值观、人生观发生了改变，他们不再囿于“天理”的束缚，注重“心”的体悟。如陆九渊提出“心即理”的哲学命题，提出用自己的本心来决定人生方向，用本性来做出最直接的判断，来达到“吾心即是宇宙”的境界。李贽提出的“童心”说，“夫童心者，绝假纯真，最初一念之本心也”，意指没有被社会污染，源于人自然的、最初的、最为纯真的本心。

无论是禅家的“明心见性”，还是李贽的“童心说”，都与茶道精神颇为相容相和。品茶和参禅一样，都需要静心，需要安定。禅僧品茶常常伴以青灯古卷，晨钟暮鼓，参禅礼佛，沉思顿悟，以求“明心见性”。文人则强调以“心”品茶，用“心”体悟。

李日华在《六砚斋笔记》中曾说：“茶以芳洌洗神，非读书谈道不宜亵用。然非真正契道之士，茶之韵味亦未易评量。”茶因为有幽香清冽的品质，所以能洗涤心灵，因此不是在读书和论道的庄重场合，不宜饮用。然而不是真正懂得茶道之人，对于茶的韵味也不易得出正确的评价。他还进一步指出：“且芳与鼻触，洌以舌受，色之有无，目之所审，根境不相摄，而取衷于彼，何其谬耶？”因此，品茶不仅在于观汤色、闻茗芳、品甘苦，更在于用心，体悟茶之清、茶之幽、茶之雅。只有用心饮茶者，才能有深刻的体悟。

明初徐贲《赋得石井赠虎丘蟾书记》提出用心品茶，以茶参禅：“锡影孤亭日，茶香小灶烟。师心如定水，应悟赵州禅。”有的文人甚至直接接受禅宗“明心见性”的思想。王阜在《题妙峰上人寒翠轩》写道：“寒翠当轩曙气新，蒲团竹几无纤尘。日迎雪竹影在地，风送雨花香袭人。”“玄峰上人抱高节，见性明心坐超忽。几结三生石上缘，十年独饭山中蕨。”“霹雳岩前旧径深，霜天朗月挂珠林。窗前卧虎依禅寂，钵里降龙听梵音。”“野夫曾共西楼宿，竹外素烟茶已熟。清风两翼共谈禅，愿作双松在深谷。”诗中勾勒出霜天朗月、禅寂梵音的静谧景象，同时回顾两人赏雪观花、禅定品茶、抵足而谈的情景，以结三生石缘自比，以深谷相伴而生的双松自喻，也表达了对玄峰上人“见性明心”的境界的深深叹服。

（三）“佛法大意”与品茶意境

如何是“佛法大意”？禅语曰“春来草自青”，“秋来黄叶落”；或曰“寒暑相催”；或曰“幽涧泉清，高峰月白”；或曰“始嗟黄叶落，又见柳条青”。从表面看，是指寒暑更替，春天到了草木自然青青，秋天到了树叶自然变黄脱落，或者山泉清冽，山高月明等自然现象，实际上是隐喻事物发展的因果关系以及自然界运行的客观规律等等。因此，禅宗重视内心的自我解脱，注意从大自然的陶冶欣赏中领悟禅道。正是受禅宗的影响，明代文人喜欢到在自然、静谧的环境中，特别是清静的寺庙寻求超脱，在饮茶中追求自然真味，在大自然的宁静淡泊中参禅悟道，寻求忘怀世事，以及心灵的安宁与慰藉，可说茶如参禅，禅茶一味。

黄龙德在《茶说》中对品茶时节和环境进行了评述：

饮不以时为废兴，亦不以候为可否，无往而不得其应。若明窗净几，花喷柳舒，饮于春也。凉亭水阁，松风萝月，饮于夏也。金风玉露，蕉畔桐阴，饮于秋也。暖阁红垆，梅开雪积，饮于冬也。僧房道院，饮何清也。山林泉石，饮何幽也。焚香鼓琴，饮何雅也。试水斗茗，饮何雄也。梦回卷把，饮何美也。

他认为只要顺应时节，寻得美景佳境，将自己融入其中，实现人与自然环境的和谐统一，四季皆可品饮，更能在不同环境中，感受到品茶之清、幽、雅、雄、美的不同精神境界。与禅家追求的“佛法大意”可谓有异曲同工之妙。

明朝号为湖州诗人领袖的丘吉在《寄馆天宁寺》（二首）也将这种品茶与参禅境界融为一体：“茶炉吹断鬓丝烟，借得禅林看鹤眠。不道秋风何处起，一堆黄叶寺门前。”“宝树林中避世情，琴囊长挂白云层。蒲团学得枯禅坐，合作东轩长老称。”其诗以茶烟、禅林、秋风、黄叶勾画出幽雅、清净、空寂的画面，给人以远离世间尘嚣之感，其品茶意境与内蕴禅意相互映照，表达了摆脱尘俗干扰、求得心灵安宁慰藉的思想境界。

三、结语

明朝中后期的文化充满强烈的儒释道三教合一色彩，茶文化也因其巨大的包容性最大程度地汲取了三教思想的精华。茶以其淡泊、清苦、幽香的自然特质，被文人赋予了特有的精神内涵和人文性格，而又因茶道的审美意境、感悟方式与禅宗有着高度的一致性，而被文人和禅僧所推崇，成为两者交往、直抵内心的重要纽带和桥梁。可以说，正是在双方品茗感悟的过程中，茶道与禅思都得到了升华，推动中国茶文化迎来了又一个发展高峰。

（陈刚俊　江西省社会科学院）

论佛教对明代文人茶事之影响

董慧

一

明代的政治暴虐，已是一个常识性的话题，“厂卫”“廷杖”“诏狱”等制度促成了上下交争的局面，构成了明代政治文化的特有景观。严苛、暴虐的政治生态，使得以王阳明为代表的文人士大夫们，认识到在这样的政治生态下无法实现“得君行道”的上行路线，开始转向“觉民行道”的下行路线，这是明代文人团体为适应惨烈的政治生态而被逼发出来的价值取向的转变。

与此同时，明代的商品经济发展迅速，在物欲喧嚣的世界中，传统的朱子理学已经不足以应对时代课题，王阳明的“心学”得以崛起，把“格物致知”的命题从认识论转化为实践论、生活论，促进了儒学的世俗化、日常化。比王阳明走得更远的是李贽，他把探讨的中心，从经典阐释走向了个体生活，进而形成了一种面相生活世界，追问生活之价值的思想，要在生活的历练中葆有“绝假纯真”之“童心”，除此之外，还有袁宏道的“性灵说”，以及汤显祖的“唯情说”等，都非常看重真性情，强调不矫揉造作、追求天趣的思想。

在这种政治环境严苛，哲学思想和价值取向发生转变的时代背景下，明代文人更倾向于一种退守式的生活，以平和的心境去享受现实的人生，茶便成为调节身心、安顿心灵的佳品。明代文人们继承了唐宋以来文人重视饮茶的传统，普遍具有嗜茶情节，并且把日常生活中的饮茶活动当作一种艺术审美过程和人格修养方式，使普通的茶饮过程具有了更为深刻的精神内涵。

二

明代商品经济得到很大的发展，茶叶是其中的一项重要商品。洪武二十四年，明太祖朱元璋下诏“罢黜龙团”，改贡叶茶，散茶制作渐成主流；与之相应的，品茶之法也由以烹点为主改为以冲泡为主。这种变化给明代的茶业发展带来了三个明显的优势：其一，减少了大量的因制造团茶而耗费的人力、物力，茶农有更多的精力去制作散茶、开辟新的茶园，使得饮茶文化的推广具有更广泛的物质基础；其二，品饮的过程日趋简易化，宜于茶文化的普及，如文震亨《长物志》中所言：“简便异常，天趣悉备”；其三，在制作和冲泡过程中，茶性被破坏的较少，使得茶之真味尽显，如许次纾在《茶疏》中所形容的：“香色俱全，尤蕴真味。”散茶生产促使人们对茶的审美越来越精致化、多样化，新兴的茶类、花色品种如雨后春笋般不断涌现，极大地推动了茶叶消费和相关文艺活动的兴盛，茶深入而广泛的影响着社会各个阶层，成为不可或缺的生活必须品。

饮茶之风大盛，文人团体依然是茶文化最重要的塑造者和传播者。如前文所言，在明代严苛的政治氛围下，文人“弃巾”风气盛行，入仕不得，想归隐山水又流连世俗生活，“生活美学”因此而兴起。在生活美学的引导下，明代文人的日常生活出现了空前的艺术化、审美化的特征，家具、服饰、饮食、品茶、香道、插花等诸多小事都有了理论专著。就茶事而言，茶器的精致化、小型化，制茶与烹茶技法的简单化，使茶成为文人生活中不可或缺的元素，加之印刷术的空前发展，明代的茶书与茶论众多，尤其是明万历和其后的天启、崇祯年间，是我国古代茶书撰刊的一个盛世。根据对《中国古籍善本书目》和一些大型丛书进行的统计，现存明代茶书的数目为历代之最，较为完整的有 50 余种，字数逾 26 万余字，多具有博采众长之美，以及严密的结构和完备的理论体系，总体上对饮茶的社会价值与审美鉴赏功能的认识更加深刻。其中较为重要的茶书有：朱权《茶谱》、程用宾《茶录》、陶穀《茗荈录》、陈师《茶考》、许次纾《茶疏》、黄龙德《茶说》、罗廪《茶解》、张源《茶录》、陈继儒《茶话》、屠隆《茶说》、田艺蘅《煮泉小品》，等等，可见明代文人著茶书之盛。

三

文人作为明代茶文化的重要传播者，还有一个不可忽略要素发挥了重要作用，即是文人与僧家结交之风日盛，佛学思想和寺院茶事，对文人的茶事活动和品茶意趣产生了重要的影响，以下从几个方面来分别说明。

（一）

对于明代文人来说，营造与茶性相和的环境，选择与茶理相和的茶侣，以求得心灵的愉悦，获得美的感受，是茶事活动中最为重要的因素。明代文人普遍认为寺院是最宜饮茶的地点之一，而僧人则为理想的茶侣。明代的茶书、茶诗、游记等，记录了大量文人于寺院饮茶，与僧侣品茶论道的事例。

文人的茶事活动，多要求其氛围“雅”“静”并存，而寺院禅房多为幽静、雅适的佳域，是饮茶的理想场所。许次纾在《茶疏》中有一段对品茗佳所的即兴点评：“小桥画舫、茂林修竹，……清幽寺观、名泉怪石。”黄龙德的《茶说》则说：“僧房道院，饮何清也；山林泉石，饮何幽也。” 陆树声《茶寮记》中也指出饮茶的理想场所是：“凉台静室，明窗曲几，僧寮道院，松风竹月，晏坐行吟，清谈把卷。” 可见，寺院禅房，多为僻静清幽之地，是文人心中品茶的理想佳所。

此外，文人出游，常常携带茶器，进行汲泉烹茶的户外活动，如《茶疏》中记载：“士人登山临水，必命壶觞，乃茗碗熏炉，置而不问，是徒游于豪举，未托素交也”，又言：“出游远地，茶不可少，恐地产不佳，而人鲜好事，不得不随身自将。” 而寺院多处于青山胜景之中，常有名泉相伴，僧人开山造刹之后，更是吸引四方茶客，携带茶品茶器而来，就近取水泡茶。如松江华亭人宋彦游历京师诸山，便会自带茶器借宿寺院：“山堂夜坐，遣人携瓶汲宝藏泉归，瀹松萝茗。雪涛初泻，碧绡破剪，满室作九碗香气，恨无人共赏。” 文徵明的《惠山茶绘图》，是描绘在惠山名泉旁以泉水煮茶的雅集名画。山寺名泉所在之地，如苏州境内之无锡惠山、长洲虎丘山等地，常成为文士开“汤社”“茶社”“读书社”的社集中心，足见寺院茶事之盛。

明人的诗文中有大量于寺院中寻好泉、品佳茗的记载。如蒋奕芳在《游鼓山记》中说：“至灵源洞，僧碧空延余入室，啜山茗。旋观喝水岩，转而西，有龙首吐水，掬而饮之，味甚清冽”；朱逢吉在《游石湖记》中言道：“及抵暮，寺主僧德启倒屣出翠微亭，延观双冷泉，扫榻以宿。时治平僧清渭先在坐，焚香煮茗，相与清话”；又据高攀龙云：“早起至龙井泉，泉味澄冽，中有蓝鱼盈尺，出没旁穴。寺僧言其寺有十景，因导余一一识之。……僧复延至其精舍，曲折幽藏，图画满壁，依山开窗，巧石纵横，汲泉烹龙井茶饮之”，如此种种，不胜枚举。可见寺院禅房，是文人最喜爱的品茶佳所。

更为重要的是，寺内僧人因戒杀生而远离腥秽，因饮食清淡而养成敏感的嗅觉、味觉，并在长期的修行中又修养出超凡的生趣，能精于茶艺而又通晓诗文，是文人最为理想的饮茶伴侣。明代地理学家徐霞客性喜游历，足迹几遍天下，名山大川所在必至，他的游记中描绘的僧家生活颇多，如“与僧侣往还独密，计其所与游之僧，有名可籍者凡五六十人，莳花艺菊，煮茗谈诗，别有天地非人间矣”。此“别有天地非人间”道出了与僧人共品茗茶的心理感受，僧家因不与外事，一片清净善心，可谓契合了明代文人对茶的人格化审美。

明代茶书十分注重茶人的人格之美，屠隆的《考盘余事》论茶，其中有“人品”一则，陆树声的《茶寮记》则以“人品”为首，喻政辑录的《茶集》两卷，卷一收录宋人苏轼《叶嘉传》、元人杨维桢《清苦先生传》、明人支中夫《味苦居士传》等等，皆以茶喻君子，表明茶人对茶的人格化审美。由此可见，明代茶人对茶侣的要求十分严格，如《茶寮记》中所言：“煎茶虽微清小雅，然要须其人与茶品相得，故其法每传于高流大隐、云霞泉石之辈，鱼虾麋鹿之俦”；又言：“煎茶非漫浪，要须人品与茶相得，故其法往往传于高流隐逸，有烟霞泉石磊块胸次者”，说明陆树声已经明确了“茶侣”的标准，只有“翰卿墨客、缁流羽士、逸老散人，或轩冕之徒” 列名其中，而所谓“缁流羽士”即指僧人和道士。黄龙德在《茶说》中认为独自啜茶虽好，但不比与僧人道人共饮：“茶社疏烟，松涛盈耳，独烹独啜，故自有一种乐趣。又不若与高人论道，词客聊诗，黄冠谈玄，缁衣讲禅，知己论心”，而若“饮非其人”，则“罪莫大焉”，可见对茶侣的挑剔到了近乎苛刻的地步。

明人吴逵则如此描述与僧人共饮的美妙感受：“茶，宜松，宜竹，宜僧，宜销夏。……与僧相对，觉腋下生风，口中滴露，恍然身在清凉国也。今人事事不及古人，独茶政差胜。余每听高流谈茶，其妙旨参入禅玄，不可思议。幼于从斯搜补之，令茶社与莲邦共证净果也。”与僧人共饮，仿若身在清凉国，尘俗顿消，其中妙处难以尽言。僧家文采彬彬者，不但解经，兼有通书诗画者，在文士相访之时，或取寺藏古画、法书，并泡茶焚香以共赏，或与文士联咏、论道，以及讲论身家性命等超脱凡俗之事。因此，文人常在寺院禅房中与僧人“同匡床，共茗碗”，留下了珍贵而丰富的文化遗产。如明代西湖八社诗帖中有一帖《白云堂茶话》，专记在寺院中品茶论道之联咏诗句；顾起元之《懒真草堂集》中多有在禅寺听经品茶的记载，如“云衣漠漠雨丝丝，随意看山载酒迟，何似涌泉庵里坐，一杯新茗听经时”，又如：“野寺孤琴入，因之访卧龙。古墙秋亚竹，幽涧晚欹松。尊味匙云冷，茶香鼎云浓。近谐莲社事，倘许数从容”；吴之鲸在《武林梵志》中记载“理安禅寺，……衲子每月一会茗，供寂寞随意谈楞严老庄”，寺院每月举办一次茶会，是僧人与文士以茶相会，以文相交的好时机。可见，在文人与僧家的交往之中，“茶”扮演了不可缺少的角色，甚至成为一种联系情感之纽带。

这种以茶为媒介，在精神上文人与僧侣契合无间的生活方式，在有明一代，尤以惠山“听松庵的竹茶炉”最具有代表性。明初，惠山寺主持性海耽于茶事，曾在惠山泉旁的松林中建听松庵，命能工巧匠制一竹茶炉置于其中，供品泉煮茗之用。著名画家王绂是性海的至交好友，同样嗜好饮茶，便以此茶炉为题乘兴作画，并题诗，惠山听松庵的竹茶因此炉名噪一时。后又有名士邵宝，在惠山泉左营建“二泉精舍”，中有“超然堂”“点易台”等，时与士僧之辈来此品茶论泉，且著有《与客谈竹茶炉二首》等诗作。此后的数百年间，吸引了大量文人墨客于此烹煮惠山泉，留下了 200 余篇诗文和 10 余幅绘画，形成了独特的“惠山听松庵竹茶炉”的文化现象，是文士与僧人共同成就的茶文化史上的佳话。

总之，寺院禅房多为清幽、僻静的所在，又有名泉可供名茶之用，对于养生、养性，皆有裨益，是饮茶的理想场所。文人居寺，不但能暂忘世俗之烦恼，得出世之慰藉，还能与僧人品茶论道、趺坐谈禅、啸傲山林，莫怪僧侣会被文人视为品茗的最佳茶侣。

（二）

如前文所述，寺院、僧侣往往被文人视为最宜饮茶的场所和最为理想的茶侣，与之相应的，僧人从茶叶品种的创新、茶叶的种植、品茶技艺的增进等各个方面，皆深刻地影响着明代文人的茶事活动。

明代，僧人饮茶、嗜茶之风大盛。《明史》记载：“在浙，慕孙太初一元不可得见。道衣幅巾，放舟湖上，月下见小舟泊断桥，一僧、一鹤、一童子煮茶，笑曰‘此必太初也’，移舟就之，遂往还无间。” 陆容在《送茶僧》诗中云：“江南风致说僧家，石上清香竹里茶。法藏名僧知更好，香烟茶晕满袈裟。” 可见，在文人眼中，僧人饮茶几乎成为他们自身固有的典型形象。

茶不仅是僧家的生活必须品，也常常成为寺院经济的重要来源之一。明代由僧人创制的茗茶并不罕见，如休宁的松萝茶，冯时可《茶录》载：“徽郡向无茶，近出松萝茶，最为时尚。是茶始比丘大方。大方居虎丘最久，得采造法，其后于徽之松萝结庵，采诸山茶于庵焙制。……松郡佘山亦有茶，与天池无异，顾采造不如。近有比丘来，以虎丘法制之，味与松萝等。”僧人大方是在虎丘习得茶叶的制造方法，后在松萝创造了名声很大的松萝茶。佘山在松江府，亦有僧人以虎丘法制出了和松萝品味相当的茶叶。再如六安茶，黄龙德的《茶说》中有言：“真松萝出自僧大方所制，……又有六安之品，尽为僧房道院所珍赏” ，六安茶产于庐州府六安州霍县，在黄龙德的年代，六安茶在文人学士中还没有名气，但已为僧人道人所珍赏。再如产于南直隶滁州的琅琊山茶：“余如琊琅山云桑茶，茶类桑叶而小，山僧善于精焙，其味甚清。”还有宜兴之南岳茶，亦为僧人仿松萝茶而制，周高起《洞山岕茶系》言：“南岳茶也，……初亦如岕茶制，万历丙辰，僧稠荫游松萝，乃仿制为片”，如此等等。

以上可见，明代僧人创制茗茶是一种常见的现象，而僧人种植茶叶的记录则更为普遍。如南直隶泾县白云寺、南直隶吴县西山虎丘寺、南直隶无锡县慧山听松庵、浙江临安县天目山昭明寺、浙江武康县莫干山天池寺、福建福宁州白箬寺、江西德化县庐山白石寺、四川大邑县雾中山开化寺、云南大理府感通寺等等，皆有僧人于寺院中种植茶叶的记载。喻政的《茶集》中亦辑录一组有关明代僧人制茶的诗歌，如谢肇淛《芝山日新上人自长溪归惠太姥霍童二茗赋谢四首》，分别反映了僧人采茶、焙茶、藏茶、品茶的情形。

僧人多种茶、制茶，对制茶技术的提高也有贡献。屠隆的《茶说》中就有山僧炒制龙井，技法精妙的记载。每逢寺院茶期，并不仅限于本寺采茶僧，常有喜好茶事的文人前往采制，如茶人彭孙贻所言：“每约采茶僧共去，未烦玉碾试龙团”“我欲寻僧采茶去，更入此峰西更西。” 文人在山中亲自种植、采焙，自然会与茶僧往来，如文士徐天全，每逢春末夏初，即入虎丘开茶社，再如著名茶人许次纾，常在茶期亲到顾渚山的明月峡，摘取茶青焙制，见龙泓山僧有清福享受此处的青山佳茗，甚至有出家为僧之意。此外，文人与僧人结交，也常常从僧人处受赠名茶，时人有《山僧惠茶》诗云：“僧来天目寺，贻我雨前茶。荚似黄金嫩，泉如白雪华。长卿消渴思，鸿渐品题嘉。若向卢仝啜，宁言七碗赊。”山僧所赠之茶，多系名种，故受赠之人，也多能珍爱有加，胡奎在《柬僧纲住上人》诗中云：“绀园台殿郁重重，云去云来不离峰；鹤影每随天外锡，潮音长和月明钟。一诗何足酬支遁，三笑于今识远公；昨日分茶谢相访，绝胜白绢寄斜封。”便是此意。

同时，僧家大多颇解茶艺，甚至是精于此道，对明代的文人茶事产生了重要的影响。明代茶书中反映僧人精于茶艺的内容很多，如僧人真清的《茶经外集》辑录了许多这方面的诗歌；徐献忠的《水品》记录各处佳水，其中有些就是寺院中的水，如京师西山玉泉、无锡惠山寺泉、姑苏七宝泉、宜兴善权寺水、宜兴铜官山水、丹阳观音寺水、大扬州明寺水，并描述了僧人对水的鉴赏能力；明代画坛巨擘沈周，其嗜茶之家风乃传自其祖父，而其祖父则是受僧人大机之影响。再举一例，终南僧明亮，从天池山云游而来，赠名士陆树声天池茶，并且传授其烹点之法，据陆树声记载："大率先火候，其次候汤，所谓蟹眼鱼目，参沸沫沉浮，以验生熟者，法皆同，而僧所烹点，绝味清乳面不伙，是具入清净味中三昧者。要之此一味，非眠云跂石人未易领略。"可见明亮的烹茶技艺很高；陆树声写出《茶寮记》也是受到明亮的影响。再如许世奇为许次纾《茶疏》所作的《小引》中说："丙申之岁，余与（许）然明游龙泓，假宿僧舍者浃旬。日品茶尝水，抵掌道古。僧人以春茗相佐，竹炉沸声，时与空山松涛响答，致足乐也。然明喟然曰'阮嗣宗以步兵厨贮酒三百斛，求为步兵校尉，余当削发为龙泓僧人矣。'嗣此经年，然明以所著《茶疏》视余，余读一过，香生齿颊，宛然龙泓品茶尝水之致也。"许世奇和许次纾宿于僧舍长达十天，许次纾十分欣赏僧人的茶艺，他写作的《茶疏》或许受到了龙泓僧人的影响，僧家精解茶艺而影响世风，由此可见。

因僧家多擅长焙制而又精于茶艺，自命风雅的文人，自然喜爱品味僧寺所产之茶。如胡奎在《访僧不遇》中记载云："三月青桐已着花，我来欲吃赵州茶；应门童子长三尺，说道阇黎不在家。"蓝智在《游东林寺》诗中云："千年龙众当山殿，八月鲈鱼上钓槎；一二老僧皆旧识，松根敲火试春茶。"朱朴在《茶谷为约上人题》云："不是春风野草花，山深依旧自年华；新烟未改青枫火，细雨先烹粟粒芽。喜有酪奴修客供，幸无钱税恼官家，道人不解机锋语，日日相过且吃茶。"一些明代官僚文人在他们的游记中也记录了僧人烹茶敬客的内容，如张京元《游临安记》："为径山寺界，……至半山，与人少歇，庵僧供茗，泉清茗香，洒然忘疲。"如此等等，不胜枚举。

此外，文人的日常饮茶活动，也受到僧人和佛学思想的影响。以"茶寮"为例，"僧寺茗所曰茶寮。寮，小窗也"，茶寮原本泛指僧家饮茶的小室或小屋，自从寺院饮茶之风兴起之后，寺院中多设有茶寮，文士与僧家往返，渐次受其影响，居家生活中也建构起茶寮来，以作为安顿日常生活的重要场所。文人式的茶寮随之而蔚起，所谓的"勘茶有寮"，茶寮的饮茶遂成为茶人的生活清课。明代茶书中多次出现茶寮，如屠隆《茶说》之《茶寮》条曰许次纾《茶疏》之《茶所》条："小斋之外，别置茶寮。"并进一步提出专室茶寮的设计构想。陆树声受僧人明亮的影响，以"茶寮"为题写作出《茶寮记》。文震亨

《长物志》卷一《室庐》中专列“茶寮”一则：“内设茶具，教一童子专主茶役，以供长日清谈、寒宵兀坐。幽人首务，不可少废者。”在茶寮中，文人们通过饮茶来品味禅意，营造出禅茶一味的境界。受佛学思想的影响，文人们对茶寮的布置和氛围，往往是强调精神性灵上的自足或天趣，正如晚明名士李日华说：

洁一室，横塌陈几其中，香炉茗瓯，萧然不杂他物，但独坐凝想，自然有清灵之气来集我身。清灵之气集，则世界恶浊之气，亦从此中渐渐消去。

（三）

明代是茶书创作的高峰，茶书及相关专著的创作，同样受到僧人和佛学思想的影响。其中，《水辨》《茶经外集》这两部茶书是直接由僧人编纂的，作者为歙人龙盖寺真清，《茶经外集》辑录了很多茶诗都体现了浓浓的禅意。许次纾的《茶疏》开篇即写作者在龙泓寺中品茶的过程和感受，陆树声的《茶寮记》直接受到了僧人明亮的影响而写出，《茶笺》的作者闻龙，不仅精于茶事，而且通晓禅理。《茗史》的作者万邦宁，在相当于《茗史》序言的《茗史小引》中这样形容自己：“须头陀邦宁，……二三朋侪，羽客缁流，剥击竹户，聚话无生，余必躬治茗碗，以佐幽韵。……复愿世间好心人，共证《茗史》，并下三十棒喝，使须头陀无愧。”万邦宁自称“须头陀”，“头陀”是佛教中去除尘垢烦恼之意，也指僧人，“二三朋侪”说明他常和僧人往来。僧人圆后也为《茗史》作了序言，圆后自称“点茶僧”，很可能参与了万邦宁《茗史》的编写。《茶董》的作者夏树芳，曾撰写过两部与佛教思想有关的著作，即是《栖真志》和《法喜志》。再如《茶话》和《茶董补》的作者陈继儒，《明史》记载他“暇与黄冠老衲穷峰泖之胜，吟啸忘返，足迹罕入城市”。黄冠老衲即道士和僧人。邓志谟的《茶酒争奇》描绘了一个名为上官四知的士人，这位士人不仅嗜好饮茶，还在家中陈列大量佛、道书籍，又将茶人鼎社、衲子蒲团、茶具陈列在一起，充分体现了茶禅相融的意境。以上所列举，皆可见佛教思想对茶书作者以及茶书创作的深刻影响。

四

有明一代，儒、佛、道三教合流是重要的文化现象之一，以儒家文人学者为中心，并由众多名僧、方士参与其间，互相交游、互为影响，最终导致佛道的世俗化以及儒学的通俗化。在这种社会风气下，文人事沙门，或与僧道相交，并不为人所怪，甚至被引为风雅。加之明代政治环境严苛，文人士大夫多有“弃举业”“裂秀才冠”“着山人服”，甚至是“逃禅”之举，可见受佛教影响之重。前文所提及的重要茶人屠隆、袁宏道等人，均习佛学，提倡三教合一，是将佛学思想融进茶事的典型代表。

在这种风气的影响下，保持心灵的自适，追求性灵的、充满禅意的生活，并将之落实于现实的生活，成为文人们共同的审美取向。在这种生活美学的引导下，明代文人的日常生活出现了空前的艺术化、审美化的特征，如文震亨《长物志》中所记载的文人士大夫的生活那样，评书、品画、瀹茗、焚香、弹琴、选石等事，无一不精。生活美学的兴起，加之佛教思想的广泛传播，使得明代嗜茶的文人们将茶提升为精神文化生活的重要部分，形而上与形而下契合为一，在现实生活中体会“天趣悉备”的怡然之情。吴智和认为明代茶人形象的内涵有以下几则条件：酷嗜茗茶、恬退达趣、希企隐逸，茶人群体的生活文化主要有安顿浮生心灵、深化生活内涵、提升休闲品质、兼擅才艺茶趣，从而“呈现一种具有社会组织、集体意识、生活文化等时代风格的特征” 。

明代的茶书或诗文中，关于文人们充满禅意的饮茶生活的记录很多。文人饮茶，较之过程之精要，更求其超然物外、返璞归真的精神。以明太祖朱元璋之第十七子宁王朱权为例，宁王朱权慧心敏悟，精于史学，又旁通释老，他政治失意之后，不问政事，构筑精庐，终日以鼓琴为乐，以著书自娱，并在饮茶的世界中寻找到了心灵的慰藉。他著有明代第一部茶书《茶谱》，《茶谱序》言曰：“本是林下一家生活，傲然玩世之事，岂白丁可供语哉！……得非游心于茶社，又将有裨益于修养之道矣。”又言：“虽然会茶而立器具，不过延客款话而已，大抵亦有其说焉，凡鸾俦鹤侣，骚人羽客，皆能忘绝尘境，栖神物外，不伍于世流，不污于世俗。或会于泉石之间，或处于松竹之下，或对皓月清风，或坐明窗静牖。乃与客清谈款话，探虚玄而参造化，清心神而出尘表。

命一童子设香案携茶炉于前，一童子出茶具，以瓢汲清泉注于瓶而炊之。”这里的“鸾俦鹤侣，骚人羽客”，可以直解为僧道淄流，尤其是指栖心尘外、在野隐居、修真学道的人士而言。这一批不与世事、自甘隐逸于山林的当代人物，旷日多闲，多以追寻性灵的生活为标志，而“茶之为物，可以助诗兴而云山顿色，可以伏睡魔而天地忘形，可以倍清谈而万象惊寒”，完美契合了他们的生活审美需求。

万历年间进士第一名冯梦祯，因与张居正政见不一而见贬，其“里局十年，蒲团接席，漉囊倚户，如道人老衲。流连山水，品香斗茗，如游闲退士，……身心安逸，超然无意于荣进矣”。茶人吴宽之侄吴奕，一生隐居不仕，精于禅学，又通晓茶艺，被人称为“茶香先生”：“常避客东禅竹堂，东禅主持为开竹林，焚香煮茗，不遑及他务。其烹泉爇香之法，吴僧无不传习，谓之茶香先生。”再如陈继儒，《岩栖幽事》是他撰写的描述自己隐居生活的一部著作，其中有大量有关茶与佛学的内容，如：“香令人幽，酒令人远，石令人隽，琴令人寂，茶令人爽，……浩浩乎如春空之行白云，可谓的煎茶三昧。……箕居于斑竹林种，徙倚于青石几上，所有道笈梵书，或校雠四五字，或参讽一两章。” 三昧是佛教用语，指的不起心、不动念，是陈继儒将佛教的修行方法融入进茶事之中，表现出隐逸茶人淡泊名利、乐处山林的陶然超脱之情。《茶笺》的作者屠隆也擅于此道，其尝言：“净几明窗，好香苦茗，有时与高衲谈禅；荳棚菜圃，暖日和风，无事听闲人说鬼。”他是一位深得茶理和禅学，而能和光同尘的人物。《茶寮记》的作者陆树声，可能是明代茶书作者中，声望最盛，年寿（97 岁）最高的一位。他官至礼部尚书，但仍然喜好佛学，具有山林丘壑之志，曾撰写《九山散樵传》以自剖：“浪迹俗间，徜徉自肆。……入佛庐精舍，徘徊忘去。对山翁野老隐流禅伯，班荆偶坐，谈尘外事，商略四时树艺，樵采服食之故。性嗜茶，着茶类七条。所至携茶灶，拾堕薪，汲泉煮茗。与文友相过从，以诗笔自娱。”陆树声辞官之后，建造适园，追求隐于茶的适意人生，他的名作《茶寮记》，便记述了他与僧人在适园中的茶事活动和品茶感悟：“要之，此一味非眠云跂石人，未易领略。余方远俗，雅意禅栖，安知不因是遂悟入赵州耶？”名士朱朴乃爱茶、好禅之隐士，其《西村诗集》

中，亦收录了大量具有佛学意味的茶诗，如“洗钵修斋煮茗芽，道心涵泳静尘砂。闲来礼佛无余供，汲取瓷瓶浸野花”“喜有酪奴修客供，幸无钱税恼官家。道人不解机锋语，日日相过且吃茶”“浮世梦中仍作梦，出家心了更何心，道人解得尝茶癖，乞与清风一洒襟”，等等。万历二十年进士谢肇淛，在朝为官多年，入仕后曾游历名山大川，写作了大量茶诗，如《鼓山采茶曲》《雨后集徐兴公汗竹轩》《芝山日新上人自长溪归》《夏日过兴公绿玉斋啜新茗》《天源庵》《玉湖庵感怀》等等，其诗擅长借幽然之境，通过写与僧人、道人之交游，抒发其向往山林的隐者之志，另还有陶望龄、邓原岳等很多诗人，也大抵属于此类。可以说，佛学思想深刻地影响了明代文人的精神世界，并以茶为切入点，塑造着明代文人充满禅意的日常生活，铸就了时代风貌。

结语

明代是中国茶文化史上继往开来、迅猛发展的重要时期，当时的文人雅士继承了唐宋以来文人重视饮茶的传统，并在佛教思想和寺院茶事的影响下，把日常生活中的饮茶活动当作一种艺术审美过程和人格修养方式。文人与僧家一起投身于茗饮世界，成就一代的风会，改变了中国茶文化的风貌。其间所蕴含的价值和意义，交织了时代风尚和个人生命体验，是文人将物质生活转换提升为精神生活的一个显例。

（董慧　清华大学人文学院）

清规研究

《禅苑清规》所见“挂搭”制度礼仪探源

赵文

今日的佛教寺院中，都有在客堂“挂单”的制度。这一制度古已有之，在宋代禅宗丛林清规中，称为“挂搭”。禅宗僧人游方行脚，遍访他寺寻师论道，是修行的重要组成部分。宋代禅宗寺院的僧堂，为全寺之核心，寺中僧人会按照戒腊分配到僧堂长连床上的一个床位，并在此禅床上打坐、用餐。在禅床边的壁上有挂钩或架子，新到寺院的僧人将钵具等挂搭其上，故“挂搭”，又引申为行脚僧人前来依住寺院。

禅宗丛林制度的创制者，是唐代百丈山的怀海禅师。尽管百丈怀海所创《禅门规式》已佚，但在宋代的《景德传灯录》中，有一段对《禅门规式》的简要评述，其中也记载了“挂搭”的传统：所裒学众无多少无高下，尽入僧堂中依夏次安排，设长连床施椸架，挂搭道具。卧必斜枕床唇，右胁吉祥睡者，以其坐禅既久，略偃息而已。具四威仪也。

当然，这一制度未必是百丈怀海的首创，很可能在其他宗派的寺院中，也有相似的传统。正如《景德传灯录》记载，早期禅宗以行脚四方、遍访修行人为务，不注重本宗寺院的建设，通常在律宗的寺院中居住：

> 百丈大智禅师，以禅宗肇自少室，至曹溪已来，多居律寺。虽列别院，然于说法、住持未合轨度，常尔介怀……于是创意别立禅居。

尽管怀海认为律寺里禅宗僧人虽有独立别院，可是寺中的说法和住持制度与禅宗不合，需建立专属禅宗的寺院，但很有可能禅宗的很多制度，还是研习了唐代律宗制定的规范。我们知道，唐代禅宗主要在汉地民间传播，虽有传法至西藏的例子，但少有赴印求法者。然而，研究律学的僧人一向积极地了解印度佛教制度。这是由于律藏创制于印度，其中许多内容唯有对印度的宗教传统、社会风俗有深入认识，才能够理解。例如，唐代的义净在20岁时，礼慧智为戒师，此后在慧智的指导下集中5年时间学习律典，专研律学，所学主要是唐法砺的相部宗之律学和道宣的南山宗之律学。唐高宗咸亨二年（617年），义净启程赴印求法，后又在南海游历诸国，前后长达25年。在印期间，他还在昔日玄奘求学的印度佛教著名寺院那烂陀寺“十载求经”。义净于印度那烂陀寺求学，为我们留下了当时印度佛教情况的重要记载，尤其是那烂陀寺的戒律和寺院制度，大多记录于《南海寄归内法传》一书之中。该书也成为唐代汉地僧人了解印度佛教寺院制度的重要文献。

代表唐代禅宗寺院制度的重要文献《禅门规式》虽已佚失，但随着宋代禅宗进入全盛期，禅宗丛林遍地开花，逐渐成为汉传佛教的主流，《禅门规式》也经历代禅宗祖师大德增补完善，发展出各种清规类的文献。其中，保存至今的清规类文献中最早的一部，是北宋云门宗宗赜编纂的《禅苑清规》，为我们了解唐宋之际汉传佛教寺院制度的发展演变提供了重要资料。

有趣的是，北宋宗赜创作的《禅苑清规》的一些内容，与印度寺院的制度有可供比较之处。当然，这并不是说《禅苑清规》的文本直接参考了印度寺院制度。事实上，唐代及之前的汉传佛教寺院制度，往往是以印度佛教寺院的制度为“参照系”的。这些制度继续保存在宋代禅宗的清规之中，因而通过这样的比较，有助于我们了解汉传佛教寺院制度的发展与沿革。

一、“挂搭”的程序

宋代禅宗丛林“挂搭”的程序十分烦琐。据《禅苑清规》“挂搭”一节记载，新到僧人赴堂司与维那见面（并饮茶）、向维那呈递祠部文书、到僧堂礼拜圣僧像、按戒腊次序安排禅床挂搭、赴寮房听寮主（按入住寮房次序轮替担任）、寮首座（入寮时间较长，人事精熟者担任）安排、拜访住持人等；新到三日之内，还会安排茶汤会。

宋代禅宗的僧人似乎很清楚地知道“挂搭”这一传统来源于印度。北宋道诚的《释氏要览》谓：“凡西天比丘，行必持锡杖，持锡有二十五威仪。凡至室中，不得着地，必挂于壁牙上。故云挂锡。”不过，更确切地应该是将钵具挂在壁牙（墙壁上的挂钩）之上。如《南海寄归内法传》中的记载：

又复西方寺众，多为制法，凡见新来，无论客旧及弟子门人旧人，即须迎前唱莎揭哆，译曰善来。客乃寻声，即云窣莎揭哆，译曰极善来。如不说者，一违寺制，二准律有犯，无问大小悉皆如此。即为收取瓶钵拄在壁牙，随处安坐令其憩息。幼向屏处，尊乃房前。卑则敬上，而熟搦其腨后及遍身。尊乃抚下，而频按其背不至腰足。齐年之类，事无间然。既解疲劳，方澡手濯足。次就尊所，申其礼敬。

这段文字记载了那烂陀寺迎客宾主双方的礼节，主要包括：见来客需称“善来”（sv ā gata，表示欢迎到来），来客则回复称“极善来”（susv ā gata，表示很高兴前来）；来僧将钵、瓶挂在壁牙上后，坐下休息；宾主行礼；来客洗手洗脚；到寺里尊长处行礼等。显然，与印度的制度相比，禅宗的挂搭程序要复杂得多，但迎客者（丛林中为维那）与来客见面后行礼、挂搭钵具、然后去拜访尊长（丛林中为住持人等），这样的基本程序仍然保留着。另外，在印度寺院有以汤饮待客的习俗，禅宗则除见面以茶待客之外，还有大型的茶汤会（见后文）。不过，禅宗的挂搭程序，又加入了礼拜圣僧像、等待安排寮房等程序，而且见面礼拜的方式禅宗也与印度有很大的不同（见后文）。

《南海寄归内法传》所记的程序，应当不是那烂陀寺的孤例。它还出现在义净所译的几部印度律学著作之中。这包括胜友的《根本萨婆多部律摄》(No.1458)和毘舍佉的《根本说一切有部毗奈耶颂》等。此处仅引述胜友的记载：

旧住苾刍见客苾刍，若少见长应起迎逆，遥唱善来，合掌而言畔睇。客即报言极善来。为持衣钵引进房中，授座令坐，解除衣服，为搦腨足，以蠲劳倦。持洗足盆，为其濯足。待稍劳息，方设敬仪。整衣一礼，手按双足，问其安不。若未曾相见，应问大小，依位设敬。若少者来，准前问答。老者令少迎接，衣钵随时置座，遣为解劳。若有恩慈老者，或时为按肩背。凡客苾刍，创至他处，应先礼敬众首上座。上座亦应唱善来等。若见客人量己有无床席卧具，随时供给。如上所制，不依行者，得恶作罪。

此处的记载与前述《南海寄归内法传》中的情况大致相当，但多了为客人洗足、为年长者舒解疲劳的程序。该段落提到客僧新到寺庙需礼敬寺中上座，前引《南海寄归内法传》中也提到“次就尊所申其礼敬”，可见，“尊所”是指寺中上座（sthavira，也就是寺中的尊长）所在处。义净在《大唐西域求法高僧传》中，记载了那烂陀寺的管理制度，提到寺中的职司名称：上座（sthavira）是寺中尊主，寺主（vih ā rasvamin）为造寺之人，护寺（vih ā rap ā la）为“作番直典掌寺门及和僧白事者”以及维那（或作授事，karmad ā na）敲击法器和监督进食。那烂陀寺的制度设计，体现了中古时期印度的寺院管理的特征，即仅以年长者为尊，十分注重僧众全体参与决策；同时，严控徇私舞弊、将公共财物据为己用。与印度的情况相比，代表唐代寺院管理制度的“三纲制”虽有对应的职司名称，但各职司的职责已有了一些差异。上座是一寺宣讲佛法、修行的楷模，寺主则负责寺院内外事务的管理，维那则协助寺主处理日常性的事务、主持法事等。北宋的律宗寺院沿袭了唐代的“三纲制”，然而，禅宗却采取长老（住持人）一人负责制。据《景德传灯录》中对《禅门规式》的评述，选禅宗寺院的长老时，需推举“具道眼有可尊之德者”。因而，我们看到《禅苑清规》中，新到僧人需拜访住持人，而在《南海寄归内法传》中拜访寺中上座，是有相似之处的。

二、礼拜方式

《禅苑清规》中记载，宋代禅林新到“挂搭”的僧人需携坐具，与寺院的相关管理者见面，行不同级别的礼拜。如与维那、寮主、寮首座相见时，双方各行触礼三拜（将坐具放置在地上，头触坐具而叩拜三次的礼节），与住持人见面时，新到僧人要行两展三拜（指两度展折坐具而礼拜三回）或大展九拜（大展坐具礼拜九回）之礼等。每一拜时，都要求站起身再拜下。

相比之下，印度寺院的制度则要简单得多。如新来寺院的僧人在拜访上座时，有行执足礼的规范。接着上文所引“次就尊所申其礼敬”一句，《南海寄归内法传》中有如下记载：

但为一礼，跪而按足。尊乃展其右手，抚彼肩背。若别非经久，手抚不为。师乃问其安不。弟子随事见答，然后退在一边，恭敬而坐。实无立法。

这里指出，新到的僧人到寺中上座处行执足礼：两膝着地，两手按住上座两足，而后在上座足前叩首一回即可，若叩首时间久，上座则用右手抚新到僧人的背。两人寒暄之后，新到僧人则退到一旁恭敬坐下。

印度佛教的礼拜当然也有行三拜的，但只有行大礼时才三次叩首，中间也不必站起身。而且在迎客的礼节中，大多只需年轻的向年长一方行礼叩首一次便罢，也无使用坐具的要求。这在《南海寄归内法传》介绍礼拜的一节中也有记载：

凡礼拜者，意在敬上自卑之义也。欲致敬时，及有请白，先整法衣搭左肩上，擫衣左腋令使着身，即将左手向下，掩摄衣之左畔，右手随所掩之衣。裾既至下边，卷衣向膝，两膝俱掩，勿令身现。背后衣缘，急使近身，掩摄衣裳，莫遣垂地。足跟双竖，脊项平直，十指布地，方始叩头。然其膝下逈无衣物。复还合掌，复还叩头。殷勤致敬，如是至三。必也寻常一礼便罢。中间更无起义。西国见为三拜，人皆怪也。

这段文字不但介绍了礼拜的详细仪则，同时也指出汉地的三拜之礼，要求三拜三起立，在印度则不必起身。这说明在唐代，中印之间佛教礼拜的差异就已存在了。况且《禅苑清规》中见住持人时，还要求六拜和九拜，显然要复杂得多。

另外，所引文的后文中，义净也指出敷坐具的礼仪在佛教的经律里不曾见到：

如经律云，来至佛所礼佛双足，在一边坐。不云敷坐具、礼三拜、在一边立，斯其教矣。

唐代佛教的类书《法苑珠林》中，提到“敷坐具”的缘由：尽管经律中并无“敷坐具”之记载，但认为“敷坐具”的制度是因“如来将坐，如常敷之”，也就是说，坐具是为佛陀而虚设的，是为展示顶礼佛陀而敷的。不过，这一解释并没有提到“敷坐具”的传统是从何而来。

《南海寄归内法传》的另一章中，也提到印度并没有敷坐具的礼节，并指出敷坐具的传统，可能与东南亚佛教的习俗有关：

礼拜敷其坐具，五天所不见行。致敬起为三礼，四部罔窥其事。凡为礼者，拜数法式，如别章所陈。其坐具法……非为礼拜。南海诸僧，人持一布巾，长三五尺，叠若食巾。礼拜用替膝头，行時搭在肩上。西国苾刍来见，咸皆莞尔而笑也。

“礼拜敷其坐具，五天所不见行；致敬起为三礼，四部罔窥其事”，是说礼拜时敷坐具，在五天竺都没有看到；礼拜时要三起三拜，佛教的四部之中都未闻此事。于是，义净又联系起东南亚佛教徒平日携带布巾一条，行走时搭在肩上，礼拜时用来垫膝盖和头，推断“敷坐具”是与东南亚佛教的习俗相关。

三、迎客茶和茶汤会

《禅苑清规》中，新到僧人来到堂司拜访维那，在双方行触礼三拜之礼后，会有饮茶的环节：

具威仪，袖祠部，于堂司相看。寻行者报维那云：“新到相看。”相见各触礼三拜。吃茶罢，起身近前云：“久向道风，此者特来依栖左右，且望慈悲。”维那云：“山门多幸，特荷光临。”

如前所述，维那负责协助寺主处理日常性的事务、主持法事等。新到僧人初到寺院，携带祠部文书来到寺院的堂司，在行触礼三拜后，维那会以茶待客。与之相应，《南海寄归内法传》在陈述寺院迎客宾主双方礼节之后，也提到会根据季节为客人提供汤饮。这包括酥油、蜜糖、沙糖等（可饮用也可食用），以及“八浆”：

然后释其时候，供给汤饮。酥、蜜、沙糖，饮噉随意。或余八浆，并须罗滤澄清方饮。如兼浊滓，此定不开。杏汤之流，体是稠浊，准依道理全非饮限。律云：“凡浆净滤，色如黄荻。”此谓西国师弟门徒客旧相遇逢迎之礼。

印度佛教有以汤饮待客的传统。其中的“八浆”，戒律中有明确的记载。如《四分律》中提到施卢婆罗门往见释迦牟尼及众沙门，不愿空手而去，便带

“八种浆”前往。这“八种浆”便成为释迦牟尼允许僧众饮用的汤饮。

刘淑芬依据竺佛念所译的《鼻奈耶》的相关段落，指出“八种浆”分别为蒲萄浆、甘蔗浆、柿浆、梨浆、奈浆、煮麦浆、曲浆（苦酒）、华浆。然而，《鼻奈耶》的汉译未必是可靠的。在汉译中，梵文里的一些专有名词会依据汉地熟悉的物品而进行翻译，从而适应汉地的读者。在义净译《根本说一切有部毗奈耶》中，也记载了“八种浆”：

尔时佛告阿难陀：“我今为诸苾刍，开四种药：一、时药，二、更药，三、七日药，四、尽寿药。言时药者，一、麨，二、饼，三、麦豆饼，四、肉，五、饭，此并时中合食，故名时药。言更药者，谓八种浆。……内摄颂曰：椰子、芭蕉及酸枣，阿说他果、乌跋罗，蘡薁、蒲萄、渴树罗，是谓八种浆应识。七日药者，酥油、糖蜜、石蜜。尽寿药者，谓根、茎、叶、花、果……”

这里提到八种浆的偈颂，若查阅相应的梵本，对应为：

cocaṃ mocaṃ ca kolaṃ ca aśvatthodumbareṇa ca |

parūṣakaṃ ca mṛdvīkā kharjūraṃ cāṣṭamaṃ matam* || (92a1)

由此，这“八种浆”应为：椰子（coca）、芭蕉（moca）、酸枣（kola）、阿说他果（aśvattha，即无花果）、乌跋罗（udumbara，即马椰果）、蘡薁（parūṣaka？）、蒲萄（mṛdvīkā，即葡萄）、渴树罗（kharjūra，即银海枣的果实）制作的饮品。

《根本说一切有部毗奈耶》中“八种浆”出现的段落，其语境为陈述佛陀为比丘开具的四种药。其中，“八种浆”为“更药”，也就是夜晚初更时分允许饮用的，酥油、蜜糖、沙糖则是“七日药”，是允许七日内存放的食（饮）品，均为佛门常食用之物。另外两种药，“时药”为天亮到正午之时佛教的可用之餐（所谓“时药”指不是非时食），“尽寿药”则为治病的草药等等。

印度佛教待客汤饮的原料，在古代中国并不多见，于是汉地便采用了本土化的茶饮和汤饮。在汉传佛教寺院中，茶一向为待客的重要饮品，南北朝时期就已有僧人以茶待客的明确记载。另外，唐宋的佛教寺院中的汤饮的原料也已完全不同于印度，变为橘皮汤、山药汤和荷叶汤等。另外，印度的汤饮仅仅是为新到僧人去除疲惫的饮品而已，并无任何相关的仪式。而《禅苑清规》中，迎接新到僧人的茶汤会，已成为寺院全体僧众参与的“欢迎仪式”，更增强了新到僧人之归属感。

除了迎接新到之外，结夏、解夏、冬至、新年四节、职事任免等等，乃至入寮、沐浴、阅藏、住持人巡寮等日常活动，也都会举办茶汤会。各种茶汤会中，又以四节的茶汤会最为隆重，均有三日茶汤。四节茶汤会是寺院住持人及知事、头首等寺院的管理层，为首座（具备声望与德行的修行人）和大众举行的盛会。根据举办的地点，又分为在方丈（即住持人的居住与办公之处）举办的堂头煎点和住持人、知事与头首在僧堂中举办的僧堂内煎点。

结语

“挂搭”源自印度寺院中客人（僧人身份）到来时，将钵具挂在墙壁挂钩上的习俗。在《禅苑清规》中，“挂搭”引申为新到僧人前来依住寺院，并有一系列复杂的程序。然而，这一程序中也可以看到印度寺院迎客之制度的影响。

通常，我们存在着一种偏见，认为禅宗的清规全然是汉传佛教的发明，孤立地研究禅宗清规；但不应忽视的是，在禅宗清规萌芽的唐代，印度佛教的制度正是汉传佛教制度建设的“参照系”。南北朝与隋唐时期，赴印求法僧不畏艰险，远涉重洋学习印度佛教的典章制度，而来华的僧人（印度、中亚或东南亚）不仅带来经书，也带来了佛教的制度规范。中印佛教的互动对于中国本土佛教制度建立之贡献，还值得深入研究。

随着印度佛教在本土衰落，到了宋代，中印佛教交流逐渐降温，汉传佛教的本土宗派禅宗遂成为主流。然而，宋代禅宗的清规，依然保留着中古时期汉传佛教的遗制，并开启了至今依旧影响深远的寺院制度建设。对比禅门清规和印度的戒律、寺院制度，更有助于我们理解佛教制度“中国化”的进程。

（赵文　南开大学哲学院）

儒礼与禅林茶事

——从《禅苑清规》与儒礼实践谈起

夏虞南

一、禅林茶事仪轨的发微与继承

禅林茶事，一直以来备受学界重视。茶汤礼仪是禅宗在吸收、借鉴儒家礼制的基础上制定的，以茶汤为载体的寺院礼仪，广泛应用于寺院人际交往和信息沟通，也用于供佛敬祖。传统意义上的理解茶汤礼仪由茶礼与汤礼组成，但是在实践过程中也可以分别单独应用，在很多场合被简称为茶礼，事实上人们普遍认为茶的比重也确实比较高一些，但从我们读各类清规等文献看来，粥饭和茶汤是分开的，但没有明确的证据显示禅林中在唐宋时期就有茶、汤的明显分别。这一点非常值得我们注意，既然在当时并未将茶汤礼仪分离，那么我们对于仪式的来源和整体性都需要认真考察。

陈文华先生对佛门饮茶的历史进行了阶段性的描述[①]，李海杰先生对禅林茶事的五种发展阶段进行了文献上详实的梳理[②]。而我们认为当从文献本身的角度出发，从《清规》中挖掘禅林茶事的历史发展轨迹再分析。虽从魏

① 陈文华:《论中国茶道的形成历史及其主要特征与儒、释、道的关系》,《农业考古》,2002年第2期。

② 李海杰:《中国禅茶文化的渊源与流变》，陕西师范大学，硕士学位论文，2007年。

晋至有唐一代茶与禅的结合主要是还是停留在禅门日常的修行层面，真正把禅林茶事从参禅饮茶、敬茶谢客等提升到文化层面还是源于中唐时期《百丈清规》的制定。

唐代大德百丈怀海所编定的《百丈清规》乃禅门茶书之集大成者，原名《禅门规式》，又称《古清规》，然其原书已散佚。随着历史社会环境的不断变化，清规发展到宋代，宗赜法师根据当时禅林制度重建《禅苑清规》（以下简称《清规》），其中多少能保留一些百丈制定的规约，可见出其对唐代禅门丛林戒律精神的延续。关于《清规》来源和历史考辨，沈冬梅先生的专文《清规考述》[1]考证明晰，见地非常。我们认为《禅苑清规》是对历代清规的一种总结和再编，其中包含了宗赜本人的记录以及他对自己目力可见的清规材料的整理和再加工。关于《清规》文本的问题，当另撰文讨论。

宗赜在《清规》序言中，论及了禅门清规的各种问题，以及自己编纂《清规》的原意：

噫！少林消息已是剜肉成疮，百丈规绳可谓新条特地。而况丛林蔓衍，转见不堪；加之法令滋彰，事更多矣。然而庄严保社，建立法幢，佛事门中，阙一不可。亦犹菩萨三聚，声闻七篇，岂立法之贵繁？盖随机而设教。初机后学，冀善参详；上德高流，幸垂证据。崇宁二年八月十五日序。[2]

可见此中真意当为宗赜目睹禅林现状后所思所感，以及当时为了应急整顿禅门风范的编着原因。所以在此《清规》中固然有当时禅门所用的日常仪轨，也不排除有曾经遗留下的更加古老的《清规》某些部分或者是片段。所以在第一卷《赴茶汤》、第五卷和第六卷中涉及煎点的篇目中都可能保留了对传统清规中茶事仪轨的继承，刘淑芬先生的《< 禅苑清规 > 中的茶礼和汤礼》[3]一文进行了详细的分析。沈冬梅先生对《禅苑清规》中的茶礼研究比较深入，并且

① 沈冬梅：《清规考述》，《禅茶：礼仪与思想》，中国农业出版社，2017 年。

② 本文引用《禅苑清规》原文在句读和字词上都为沈冬梅先生主持的“《禅苑清规》读书班”的部分未发表的讨论成果。

③ 刘淑芬：《< 禅苑清规 > 中的茶礼和汤礼》，《中国宗教文献研究》（京都大学人文科学研究所），临川书店，2007 年；又收录于关剑平主编：《禅茶：清规与茶礼》，北京：人民出版社，2014 年。

对《禅苑清规》中茶礼出现的场合，四节茶礼、诸节斋会、日常生活等方面都进行了甄别[1]，指出《禅苑清规》中共有的 78 条目中有 48 条目涉及茶汤礼，超过 60%以上，其中兼及茶、汤的有 39 条，单独言茶的 7 条，单独言汤的 2 条。足见茶汤之礼在丛林生活中的隆盛和重要。《禅苑清规》中对茶礼的重视我们可以从篇幅上看到，还可以从它对后代清规的影响窥见一些痕迹。例如，元代元通三年，元顺宗特命怀海第十八代法孙德辉法师重修清规，编成《敕修百丈清规》。据福岛俊翁先生统计此清规中有 204 个不分等级的独立项目，涉及 39 条茶汤，占总比例的百分之十九以上，此外与茶关联的项目还有 49 条，占 24%。并且将以茶事为主的规式 25 条摘录出来，加以注释、翻译[2]。根据竺济法先生的统计，8 万多字的清规中，提及“茶”字 325 处，涉及“请茶”仪式 21 处，记载“吃茶”事件 15 处[3]。而当代大德一诚法师所编撰的《云居仪轨》中也专门针对丛林茶事编订了《普茶仪轨》《请茶、请开示仪轨》两章。后来根据《云居仪轨》编订的《禅七仪规》，涉及“打禅七”期间的茶事具体要求记于《内护七要务及吃茶方法》。虚云法师也对受戒之时的茶事进行了要求，著录于《请行茶仪》[4]《请行茶式》[5]两篇中。

从历代零零总总禅门清规对于不同场合、不同对象的茶事记载，可见禅门丛林对于茶事的重视和充分肯定。并且随着《百丈清规》制定的典范，禅茶的内涵从传统的供佛敬客礼仪成为正式的寺院制度、丛林仪规。从我们的研究中，发现禅门对于茶事的要求还存在着相当具体和严谨的要求。对于不同场合、不同对象的茶事所行方式也有所不同。故而，禅门对于茶事的宗教威仪和精神追求中衍生的各类仪轨成为我们主要研究和探讨的对象。

考虑到中国茶文化本身源流悠长，加之儒、释、道三家文化对于古代中国

---

① 沈冬梅：《<禅苑清规>丛林茶礼研究》，《禅茶——认识与展开》，关剑平主编，浙江大学出版社，2012 年。

② （日）福岛俊翁：《<敕修百丈清规>解题》，《茶道古典全集》第一卷，1967 年。

③ 竺济法：《<百丈清规>集佛门茶事大成》，《中国茶叶》（历史文化版），2011 年第 9 期。

④ 净慧主编：《虚云和尚全集》，郑州：中州古籍出版社，2009 年，第 80 页。

⑤ 同上，第 202 页。

茶文化、茶道精髓的形成都起着不可忽视的影响。从历史客观判断，“禅茶”所代表的佛门茶事中各类仪轨的形成，也脱离不了儒家和道教茶事甚至日常礼节的影响渗透。“禅茶”对于儒家或道家的茶事接受还表现在精神倾向和审美意趣的某些层面上。

二、儒礼对禅林的思想影响

从我们初步研究代表性的禅门清规中所涉及的茶事看来，禅门茶事除了追求以茶修性，助禅清静，达到修行层面的觉悟外，还保留着有秩序、有组织、有差异的行茶过程和文法性质的具体要求。而这个过程即是我们通常称之为“礼”的展开。

从造字角度上看，《说文解字》卷一中示部字礼“禮”：“礼，履也。所以事神致福也。从示从豊，豊亦声。𠃞，古文礼[①]。灵启切。徐铉注：“礼、𠃞，古文”。这里的“示”指宗庙祭祀中所见的柱石，即商承祚先生所指的“栗主”，即受祭主位[②]。此处当作礼字的形符，另一边的“豊”字非常重要。在《说文·豊》部中将“豊”解释为：“行礼之器也。从豆，象形。”许慎认为礼为象形字，这里的行礼之器，被指实为豆，豆是古人举行敬神求福仪式的重要器具，但是，豆中所盛之物为何，则未说明。学界对此也众说纷纭，多位学者参与讨论，甲骨文中字形中作“豊”（甲 3629），金文中作“豊”（何尊）类字形。近代以王国维先生在《释礼》中的说法影响最深，王先生依据殷虚卜辞所见的“丰”字对“礼”字作了补充说：“此诸字皆象二玉在器之形。古者行礼以玉，故《说文》曰：‘丰，行礼之器。’其说古矣。惟许君不知‘丰’字即珏字，故但以从豆象形解之，实则丰从珏在凵中，从豆乃会意字，而非象形字也。盛玉以奉神人之器谓之曲若丰，推之而奉神人之酒醴亦谓之醴，又推之而奉神人之事通谓之礼。”[③]

① 许慎：《官版说文解字真本》第一卷，日本早稻田大学藏，第二页上。
② 商承祚：《甲骨文字研究》下编，天津：天津古籍出版社，2008 年。
③ 王国维：《观堂集林》卷六，北京：中华书局，1959 年，第 290—291 页。

但以裘锡圭①、林澐②先生为代表的观点则推翻王氏一派观点，认为下部从豆，而认为下部字当作“壴”。而李宗焜③先生在重新梳理古文字的基础上，指出“豊”、“丰”上部无论是“丰丰”还是“丯丯”都是象串玉之形，指大鼓上的玉饰配件部分。整个字本指鼓声宏大引申为丰盈之意。但事实上，学界最新的研究更新来源于字形理解上的突破，蔡哲茂先生联想到了甲骨“[illegible]”、“[illegible]”[illegible]左右对称歧出的笔划类似于鸟羽，是较为原始的写法，所象皆为大鼓上的装饰。他认为可以从甲骨文中“凤”字尾羽写法中找到依据。所以从字形角度上找到突破口以后，再结合文献以及出土文物的对照，“[illegible]”、“[illegible]”[illegible]左右对称歧出的笔划类似于装置于鼓上的装饰物，即后世称之为建鼓上“羽葆”的装饰④。最初很可能仅是使用较修长的鸟类羽毛作为建鼓之装饰，或加流苏于尾部，或加幢盖于立柱之上。随着时代演进以及美观的需求，“羽葆”才开始使用布帛等丝织品，取代了原始的使用方式。无论是鼓声丰盈还是羽葆飘逸，都是象征钟鼓在三代历史生活中的祭祀礼仪内质。如孔子云：“礼云礼云，玉帛云乎哉，乐云乐云，钟鼓云乎哉？”礼乐制度相对的是阶级分化和社会分层的核心内涵。

那么定义丛林中涉及茶的场合和仪式，可能还是倾向于用“茶礼”一词，不仅是从文字来源还是与儒家、禅林的哲学伦理的观点考察，都息息相关。

普遍意义上，“礼”的定义主要运用于以传统儒家思想、经典为核心的礼仪交流中。而关于“礼”的起源，历史学家杨向奎先生指出“礼”最早在原始社会中指礼品的交换，换言之当时的交易行为是用礼品赠予和酬报的方式进行

① 裘锡圭:《甲骨文中的几种乐器名称——释“庸”、“豊”、“鞀”》,《古文字论集》,北京：中华书局，1992年，第197页。

② 林沄：《林沄学术文集》，北京：中国大百科全书出版社，1998年，第4—7页。

③ 李宗焜:《从豊豐同形谈商代的新酒与陈酿》,第四届国际汉学会议,“中央研究院”,2012年6月20—22日。

④ 蔡哲茂：《古文字“豐”字构形试释》，2014年11月12日刊载于中国社会科学院历史研究所先秦史研究室网站：http://www.xianqin.org/blog/archives/4661.html。蔡氏指出這种带羽饰的建鼓形，最早见于河南汲县山彪镇战国一号墓出土的“水陆攻战纹鉴”；汉画像石所见更多，如南阳县英庄M4墓出土画像石“雷公”“鼓乐”“鼓舞”；后代的羽葆也有演变为较为繁复者，如流苏一般，不限于两条，如沂南古画像石墓画像。

的，反映了当时物品交易的对等原则。并且杨先生引用了法国社会科学家毛斯(M. Mauss)的“potlatch”（保特拉吃）学说，译为“竞赛式之全体赠给”。毛斯认为“potlatch”这种“竞赛式之全体赠给”的古老习俗，经过阶级社会“圣人”的加工改造，变成成文的礼，后来又变成成文的法。杨先生在论述宗周礼乐文明的形成过程中，提到了周公和孔子对于“礼”制的改革，周公制礼作乐提倡“德”，在礼物对换方面，德施于人，可以不报。而孔子对“礼”进行的再加工，则以“仁”为核心，提倡“仁者爱人”，此时的礼尚往来之中，已经不存在“回报”这样的对等关系了[①]。但和毛斯理论一致的是儒家“礼”之形成经过了圣人（周公、孔子等）的加工和改造，成为成文的礼法。

而从目前的研究成果看来，佛门丛林中的仪轨，在很大程度上容纳、接受了儒家的伦理观念及礼仪规范[②]。自佛教东传以来的很长的历史阶段中，佛家与占据政治统治地位的儒家在各个领域都存在着冲突、交融的痕迹。陈寅恪先生在论及盛唐时期的儒释之争时有言：“夫政治社会一切公私行动莫不与法典相关，而法典为儒家学说具体之体现。故两千年来华夏民族所受儒家学说之影响最深最巨者，实在制度法律公私生活之方面，而关于学说思想之方面，或转有不如佛、道二教者。”[③]陈先生强调儒家思想是礼仪化、法制化的，是政治秩序的制定和维护者。在儒家文化占据统治地位的社会背景下，佛教作为外来

① 参见杨向奎:《宗周社会与礼乐文明》，北京：人民出版社，1992年，第373—375页。

② 对于这一点，探讨内容必然涉及关于大部分学者主要是针对儒道会通的思想义理一面进行的讨论。而针对佛教仪轨中体现对儒家思想的受容的和存续研究主要有张云江先生《儒家礼仪“征服”佛教》一文，主要着重探讨了以《北山录》“丧葬礼仪”为中心的佛教丧葬礼仪中对儒家思想和礼仪的继承。而近代以来会通三教的思想家大多是从思想层面上融通三教。比较有代表价值的如彭战果先生的《圆融与无执：方以智三教会通观研究》一书；还有马一浮先生在《复性书院讲录》一书中从心性论会通儒佛，从理一分殊、理事双融一心所摄，；义理名相，性相通融；本体功夫、性修不二；主敬致知，止观双运；等方面融通儒佛。台湾新儒家代表牟宗三先生主要从《大乘起信论》中的“一心开二门”发展出良知坎陷的新外王学说，见于其《中西哲学十九讲》。还有荷兰学者许理和先生的《佛教征服中国：佛教在中国中古早期的传播与适应》一书对佛教早期中国化的历史脉络梳理得很清晰，主要从社会学角度，以僧团为切入点来研究佛教在中古中国社会中的文化影响和传播过程。葛兆光先生的《中国思想史》第一卷也着重探讨了佛学东传的思想史意义。

③ 陈寅恪：《陈寅恪史学论文选集。冯友兰中国哲学史下册审查报告》，上海古籍出版社，1992年，第510页。

文明的身份必须通过抽象的义理和具体的物质载体完成中国化转型的过程。所以我们不难发现佛教发展历史上的很多阶段强调佛教道德与儒家礼教在基本原则上没有本质差别。我们有理由认为禅茶文化和禅茶仪轨的产生正是佛教中国化过程中的具体思想和物质载体的体现。所以在禅门各派清规中都应该保留了儒家文化的礼仪内质。

例如，赵荣光教授在 2009 年 12 月 8 日第二届禅茶文化论坛上发表的《中国茶饮文化中的禅悟精神》一文，详细爬梳了中世以后儒释道三家神通融通过程中，通过茶所呈现出的中国士族的心态习性。赵教授认为以儒家为代表的文人茶形成了天然亲和、沉思慎独、宁静致远的茶饮风格[①]。而从思想史的角度看，茶文化中“茶德”的形成与发展趋势也主要是以士族文人的思想和文化活动行为塑造中国传统的茶事生活与哲学思考、文化创造特征。来玉英先生通过对武夷山文人茶的礼仪精髓的研究，认为儒家以茶修“德”，提倡中庸、和谐，目的是要修身、齐家、治国，茶礼俗也融合了儒家思想的精华[②]。我们需要通过进一步的考察，研究儒家礼仪所体现的核心思想、闻道理念与内省修身行为是如何与禅门静默品饮、修行禅悟的茶事过程契合无间的。诚然，从禅门茶事对儒家思想的受容度来看，儒家使禅门茶事在礼仪方面实现“中国化转型”，可谓“儒家礼仪征服了佛教”。而佛门也敞开其博爱的胸襟以多种形式对中原主流思想文化进行吸收，其原有的印度文化的底质渐渐被稀释，从而两者相互融摄，佛家文化逐渐成为中国传统文化的重要的有机组成部分。

诚然我们需要从简单的文本比较出发，厘清禅茶仪轨和儒礼之间的内在联系。

---

① 赵荣光：《中国茶饮文化中的禅悟精神》，禅茶的历史、现实与未来——第二届禅茶文化论坛，2009 年 12 月 8 日。

② 来玉英：《晕象武夷山儒、释、道三教茶礼俗文化》，《宜春学院学报》，2011 年 1 月，第 33 卷 1 期。

三、《禅苑清规》中的儒礼存续

儒家始终将“礼”作为士族政治、社会生活的核心，例如《礼记·曲礼》云：

道德仁义，非礼不成；教训正俗，非礼不备；分争辩讼，非礼不决；君臣上下，非礼不定；宦学事师，非礼不亲；班朝、治军、莅官、行法，非礼威严不行；祷祠、祭祀、供给鬼神，非礼不诚不庄，是以君子恭敬撙节退让以明礼。[①]

以士冠礼为例，儒家强调年轻人必须通过冠礼，通过以新的方式见尊长、亲宗族，才能标志自己以成年人的身份融入到社会序列中。此时，才拥有了做人子、人弟、人臣的资格，而所进行的礼节，象征的除了日常生活方式和行为方式外，还必须符合他们在家族内的身份和社会、政治地位，不同的身份有不同的行为规范，这就是礼外化出来的文献特征。在讨论不同思想流派的物质体现上，需要从文献中可以发现的细节来比较。所以如果将儒“礼”从内涵上分成四个层面：礼器、礼制、礼节、礼意，那么探寻禅茶仪轨中的儒礼存续，也需要从此四个方面进行探讨。

僧团在行茶过程中所使用的茶器肯定是禅门茶事中的礼器，礼器是构成践礼活动必不可少的要素。从物质层面上看，1979 年出土于陕西扶风县法门寺地宫的唐僖宗时期的金银茶器以及地宫中的秘色瓷器以实物的形式，呈现了唐代宗室茶礼过程中的尊贵神圣的氛围，彰显了行礼主体宗室成员的身份地位，包括他们行茶敬奉交流的对象的重要性。梅珍生先生对礼器的讨论还强调行茶主体与之交往的对象（无论是人还是神）的特定感情。并且礼器作为表达礼意的工具，无疑是表现礼的形式。在传统礼制中，礼器的数度与礼意相符的要求，更清晰地揭示了礼的形式（礼文）与礼的内容（礼质）之间的关系[②]。从禅门茶事中涉及的茶具来看，我们今天能够找到的具体描述禅门饮茶的图像记载都主要集中在相关的清规中，如日本无着道忠禅师的《小丛林略清规》中载有《汤盏图》，描绘了清代初年日本的禅门饮茶用具。图中的汤盏和目前我国在寺院

---

① 郑玄注，孔颖达疏，龚抗云整理、王文锦审定：《礼记正义》，北京大学出版社，1999 年 12 月，第 23—26 页。

② 梅珍生：《晚周礼的文质论》，武汉：湖北人民出版社，2004 年，第 52 页。

出土的如釉下彩青瓷长沙窑“岳麓寺茶”盏形制类似，而唐代长安西明寺出土的茶臼和茶碾以及晚唐法门寺地宫中出土的宗室的茶臼和茶碾，除材质上有所不同外，形制和用途上都是相似的。

在《清规·办道具》中首先出现了单独的“茶器”：“如茶器并其余衣物，并随家丰俭。”这里我们不难想见僧人们自带的“茶器”并非人人皆有的平常之物，而应该是相对富裕的出身才能拥有的或者追求精致的器物。《赴茶汤》一篇中指出：“安祥取盏槖，两手当胸执之，不得放手近下，亦不得太高。若上下相看一样齐等，则为大妙。”这里其实强调的是在僧众参与到赴茶汤的仪式中，是有固定茶器的，并且从文字中读出，需要有一些固定的执法和等齐的仪式感，这一点是非常重要的。并且除了饮茶器皿，还有煎点的汤瓶等茶器也是仪式中特别强调的道具。“道器不二”“器以藏礼”的礼学概念都是对礼的文质关系所作的精炼的表述，在中国古代哲学体系中，礼与器的结合是我们讨论道器关系的出发点。

而礼制方面，我们认为制度是和政治秩序的运行、管理密不可分的。诚然，禅茶仪轨所面对的管理对象是僧团，而儒礼的对象是整个帝国的各个阶层群体。在大类上两者并不能同日而语，更不能简单地加以比较。但是从记载禅林茶事仪轨的《清规》相关文献的思想来源看，禅茶仪轨更多的是在礼节上对儒礼精髓的一种存续。正如关剑平先生指出的，《敕修百丈清规》中的茶礼能够体现饮茶的高度礼仪化，饮茶的高度程序化，茶礼实施者的专业化[①]等，都是禅茶礼节的具体体现。这一点，在《清规》中更是如此。

禅门对于不同之茶，后世各有名目，如供奉佛祖的称“奠茶”，按照受戒年限先后吸饮的称“戒腊茶”，全寺僧人共饮的称“普茶”。大型茶事，除僧众“普茶”外，还有住持亲自参与的“茶宴”等等。在不同的仪式中有不同的行茶过程。近年来沈冬梅先生对《景德传灯录》中的禅茶礼仪进行了梳理，并致力于《清规》的真正礼仪复原；刘淑芬先生对《禅苑清规》中的禅茶仪轨也

---

① 关剑平：《<敕修百丈清规>与佛教茶礼》，《禅茶：历史与现实》，2009年；载于世界茶联合会，网址：http://cwh.zjsru.edu.cn/show.aspx?id=54&cid=10。

进行了复原和整理；关剑平先生着重在福岛俊翁先生研究的基础上对《敕修百丈清规》进行了深入的讨论。我们在讨论禅茶仪轨的过程中发现，一些礼节的细节可以从逻辑上和儒家的某些礼仪进行比较。

在讨论礼节之初，首先需要明确《清规》中有很多细节的礼仪动作或是称谓是从儒家的传统来的。例如《清规》中常出现的“三拜”礼节，包括“触礼三拜”“两展三拜”“大展三拜”等。“三拜”事实上是行礼的常用礼节，在春秋战国时期稽首礼当为常礼，如遇到特殊的情况则变常礼为三拜稽首。例如《左传·僖公十五年》：“秦获晋侯以归……晋大夫三拜稽首。”此时还是作为特殊情况对待的，而到了北周时期，始改三拜为常礼。《周书·宣帝纪》：“诏诸应拜者皆以三拜为礼。”清初再改以一跪三叩首。而佛教东渡到中国后，我们看到的是开展具行拜礼，这种礼节上的相似可以说是佛教东传以后的本土化，也是一种在普世传播上对本土礼节的借鉴。

其次，一些称谓也有很多值得我们注意的地方。在《受戒》一篇中，有一句“盖以严净毗尼，方能洪范三界。然则参禅问道，戒律为先”。此处“洪范”一词并非随处、随性可用，《洪范》为儒经《尚书》名篇，本指治国大道。“洪”者大也，“范”者法也。所以引申为楷模，最高无上的模范，《清规》此处使用“洪范”，可见儒家典籍对禅门用语的影响。此外，宗赜直接在《护戒》篇中引用了《左传》中的名句“皮之不存，毛将安傅”一句。这都是我们读《清规》可以察觉到的明显的细节，后续研究中可做深入讨论。

从操作方法上看，要将儒家礼节和禅林礼节进行直接的比较是比较突兀的。目前比较的基础是仪式上的程序和参与者及情景中的人或事。我们选取同时代包含儒家日常化仪轨较多的“乡约”一类文献作为一种俗世生活礼节的比对。北宋蓝田吕氏兄弟所制定的《吕氏乡约》、《吕氏乡仪》作为中国历史上第一部乡约、乡仪，倡导尊礼正俗，互帮互助，把儒家伦理由血缘宗法范畴推广到地缘乡里范畴，成为士绅社会礼仪的思想源头。其中涉及迎来送往的待客礼仪，虽然没有明确记载饮茶或茶事礼仪。但是具有同类功能的“饮酒礼”与茶事接待有些类似，可做参考比较。《乡仪·献酢》中记述的主宾之间相互敬酒的过程：

凡请召及饯劳，若以长者、贵者为上客，则初坐主人兴，取上客酒杯就盥洗。上客兴，辞。主人命赞者（执事者）执杯，亲执酒斟之，执杯以献，上客受之以授赞者，置于席前。主人再拜，上客答拜。上客复酢主人如前仪。主人乃献众宾，命赞者遍取众宾酒杯，亲洗及盥，以次斟酒执献众宾。众宾各受杯以授赞者，各置于席前。若主人是长者，则众宾旅拜。是敌者以下，则皆揖不拜。主人乃揖就坐。又揖上客及众宾，皆祭酒（祭少许于地），乃饮。卒饮，主人兴，拜，上客答拜。若敌者为上客，皆如长者之仪，惟卒饮不拜。若少者为上客，亦如前仪，惟上客先拜，主人答拜。若主人辞则止。若众宾中有长者、贵者，当致恭，则特献如上客仪。若婚会以姻家为上客，其献不以长少，皆如前仪[①]。

《清规》中僧堂内煎点礼仪流程《僧堂内煎点》和《乡仪·献酢》篇中的献酢仪式流程进行对比[②]如下：

来源	流程
北宋 宗赜 《禅苑清规》 卷五 《堂头煎点》	侍者禀堂头 → 行者准备汤瓶（饼）、盏橐茶盘、香花、座位、茶药、照牌 → 请客，躬身问讯而退 → 斋罢 → 侍者上方丈、照管香炉 → 行者齐布茶 → 报覆住持人 → 打茶鼓 → 众客集 → 侍者揖入 → 首座已下，入，依位立 → 斋足，请住持人出 → 宾主立定，侍者立，问讯 → 烧香 → 向住持人问讯 → 开合上香 → 问讯特为人 → 请先吃茶 → 次问讯劝茶 → 次烧香再请 → 请吃药 → 又请吃茶 → 请先吃茶 → 问讯劝茶 → 茶罢、近前问讯 → 收盏橐

① 王宗昱编：《儒礼经典选读》，北京：北京大学出版社，2011 年，第 155 页。

② 此处我们所提取的仪式是在《僧堂内煎点》篇中的主要流程，而且仪式主体为行法事人，但《清规》原文中还涉及一些特殊情况和客体（即参与煎点仪式的僧众），这里需要特别指出。其他的流程的提炼可参考刘淑芬：《< 禅苑清规 > 中所见的茶礼与汤礼》，《禅茶：清规与茶礼》，北京：人民出版社，2014 年，第 73—74 页。但此处我们根据所读的片段，提取的仪式是在《僧堂内煎点》的主要流程，而且仪式主体为行法事人，但《清规》原文中还涉及一些特殊情况和客体（即参与煎点仪式的僧众），这里需要特别指出。

（续表）

北宋　宗赜 《禅苑清规》 卷五 《僧堂内煎点》	行者以箱复托榜、状 → 侍者等呈特为人礼 → 请住持人 → 众僧集定、烧香、大展三拜 → 鸣钟 → 众僧就座 → 行法事人到南门，先问讯，再到圣僧前闻讯 → 烧香 → 到后门特为处问讯 → 再转向南面，到圣僧前问讯（面北） → 转身闻讯住持人 → 第一次巡堂至前门出堂外 → 再入堂内，至圣僧前问讯 → 到北颊特为人处当面问讯、请吃茶 → 待汤瓶送至僧堂时，即茶汤准备好 → 第一次巡堂、劝茶 →（吃茶罢）特为人收盏 → 烧香问讯特为人 → 圣僧前大展三拜 → 巡堂一匝 → 请先吃“药” → 当面问讯、请吃药 → 再劝一次茶（巡茶浇汤） → 问讯请先吃茶 →（再出汤）　第三次问讯巡堂劝茶 → 茶罢 → 行法事人依位立 → 谢茶
北宋　吕大钧 《乡仪·献酢》	主人兴 → 取上客杯 → 盥洗杯子 → 上客兴，辞谢 → 赞者执杯，主人斟酒献上客 → 上客受，授赞者，赞者置席前 → 主人再拜，上客答拜 → 上客重复前仪献酒于主人 主人献众宾 → 赞者取众宾杯 → 主人亲自洗盥酒杯 → 斟酒献众宾 → 众宾受杯，置席前 → 主人长，众宾旅拜；主人年岁相仿或少，作揖不拜 → 主人揖，坐 → 主人又揖上客及众宾 → 皆祭酒于地 → 饮 → 主人兴，拜上客 → 上客答拜

此处的献酢礼仪和普遍意义上的迎来送往有所不同，但“酢”最早属于浆饮类，“浆”是一种微酸的饮料，郑玄注《周礼》“酒正”职云：“浆，今之截浆也。”又郑玄注《礼记·内则》云：“浆，酢截。”《说文·水部》“浆”与《酉部》“截”、“酢”，都释为“酢浆也”。古文“酢”同“醋”，其意为酸。许慎将浆、截、酢三字互注，可见，其义相同，其味为酸。浆为饮料，在《周礼》中被列为“六饮”或“六清”、“四饮”之一。可见其地位的重要性。儒礼中的乡饮酒礼和与《清规》中存在的茶事礼仪相类似。

但是我们不难发现其中的差别：一、儒家强调上客的地位和年岁的等差，重视其社会身份的属性。佛门则相对比较淡化俗世社会地位的色彩；二、儒家的座次以社会身份和年岁长幼排定，彰显礼制；佛门在座次上强调的是僧团内的戒蜡、职位的关系；三、在宋时因为强调对圣僧的信仰，虽然并不是着重单纯强调对圣僧的跪拜，但是在《僧堂内煎点》这篇其余座次之间的交流并不分明，所以我们要特别注意禅门仪轨和儒家礼仪的不同使用场景。

从整体上看，两者之间的比较和分析，不是单纯的内容上的横向比较，借鉴社会学所注重的使用形态以及其意义。当然，后续的研究中我们可以把《堂头煎点》《僧堂内煎点》《知事头首点茶》《入寮腊次煎点》《众中特为煎点》《众中特为尊长煎点》《法眷及入室弟子特为堂头煎点》《通众煎点烧香法》等篇章涉及的礼器、礼制、礼节、礼意四方面内容进行更加深入和细致的比较分析。

小结

“凡道德宗教足以为一民族立国之本，必有其两面：一足以为日常生活之轨道（所谓道揆法守），二足以提撕精神，启发灵感，此即足以为创造文化之文化生命。”[①] 无论是儒家的礼节还是禅林的茶礼都具备为世俗和修行生活提供日常生活轨道和启发精神灵感的双重功能，所以这其种比较研究还有更多的空间去细化、挖掘。“礼”本身是一种社会行为规范，规范就要严格限制约束每一个社会成员的行为，这就是苦。只有社会成员的言行举止符合规范，社会才能和谐，这就是甘。儒家礼仪，主要体现了儒家学说的“仁”，体现了人与人之间互存、互助、互爱，对他人的尊重和友善。在儒家精神世界笼罩下的佛门也会尊奉世俗的儒家伦理，孝敬父母、祭祀祖宗，入乡随俗，从而出现儒家化的佛教徒。作为“文教”的儒学身段柔软，润物无声，渗透到各种外来和本土的宗教传统之中，一方面将外来宗教本土化、儒家化；另一方面也从其他宗教传统之中获得新的养分，进一步强化自己超越于其他宗教上的“文教”地位。而《清规》的普世意义并不单纯存在于禅林中，其中的众多礼节和仪式同样适用于普通的世俗生活，也能被儒家世界所接受，甚至产生长时间段的持续影响，这种存在是值得我们深思的。

（夏虞南　清华大学历史系）

① 牟宗三撰：《中国哲学的特质》，2008 年，123—124 页。

北宋圣僧信仰

——以《禅苑清规》记载为例

苑红超

一、研究综述

学界关于圣僧信仰的研究并不丰富，直接对《禅苑清规》中圣僧信仰进行探析的论著较少，此议题虽未获过多关注，实则留有大量记载收录于藏经中。据已有研究成果知，主要做该方面研究者为台湾“中央研究院”刘淑芬，著有《宋代的罗汉信仰及其仪式——从大德寺宋本<五百罗汉图>说起》《中国的圣僧信仰和仪式（四—十三世纪）》，其中后者对圣僧研究作系统回顾与爬梳。

湛如法师所著《禅苑清规研究》中，有关圣僧信仰的论述集中于校释部分。此书旁征博引，详尽阐发丛林制度与禅门生活的规仪，对全面认识圣僧信仰在丛林生活中的形态极具参考价值。

此外，亦有藉圣僧信仰转而研究寺院宗教礼仪形式的著作，例如日本学者村井康彦《茶の文化史》[1]，对寺院茶会中供养圣僧的形式作剖析。

相较而言，宋代前的罗汉信仰研究成果更丰硕，白化文先生《中国的罗汉》一书中，具体介绍了中国罗汉信仰的发展脉络。本文主要参考白先生关于

---

① 村井康彦：《茶の文化史》，株式会社岩波書店，2017年2月21日。

罗汉信仰的研究与整理。

研究圣僧信仰，特别是《禅苑清规》中的圣僧信仰，可以对北宋时期丛林生活的面貌生发更全面的认知与深刻的体察，且透过圣僧信仰形态所映射的僧俗关系及僧团状况，对理解北宋末年的僧俗社会有一定参考意义。

二、佛教中的圣僧的形式

佛教关于圣僧的记载格外繁复，由众多文献可知，佛典中圣僧主要以三种形式出现。

第一，以佛法僧三宝的僧宝形态出现。

圣僧形象以类似僧宝的形态出现时间跨度长，文献也非常丰富。例如隋代高僧达摩笈多所译《起世因本经》三十三品有："大德世尊！我今归依佛、法、圣僧。大德世尊！从今已后，我当奉持优婆夷戒，乃至命尽，更不杀盗及非法等。归佛法僧，清净护持。"圣僧与佛、法相并出现，同样与奉持戒律有密切关联。此处可见，早期的阿含经典中对于圣僧记载基本以概念性的，与佛、法并行出现的形态为主。

圣僧与佛、法并行而称为三宝的出现时间亦较早。除阿含经典外，早期大乘经典对于僧宝的描述，大都以"圣僧"的名词来叙述。例如东晋时期佛驮跋陀罗所译六十卷《大方广佛华严经》中谈到转轮圣王布施三宝，就以"贤圣僧宝"来描述僧宝。[①] 再如北凉昙无谶所译《大般涅槃经》中也明确以圣僧指称僧宝[②]，并将其例于三宝，纳入皈依行法之中。在早期佛典里不乏相似的记载[③]，由此可见，在汉译经典文献中，圣僧重要特点之一即与佛、法、僧三宝并行出

① 六十卷《华严经》卷第二十六："时，转轮王以如是等百千万亿无量无数宝庄严座，施于如来第一福田，及诸菩萨、真善知识、贤圣僧宝、说法之师、父母、宗亲、声闻、独觉，及以发趣菩萨乘者，或如来塔，乃至一切贫穷、孤露；随其所须，悉皆施与。"

② 北凉昙无谶译《大般涅槃经》卷八："归依圣僧者，不求于外道，如是归三宝，则得无所畏"，见大正藏第 01 册 No.0007。

③ 此外鸠摩罗什所译《不思议光菩萨所说经》也提道："恭敬佛法及圣僧，常恒奉施众妙供，不毁骂他不逼恼，彼有如是净妙身。"

现，且多以“圣僧”指代僧宝。

第二，以修行到某种果位而出现。

在汉译文献中，以某种果位为基础被称圣僧的情况时有发生。

以此种形态出现的大致可分为两类：一为独立出现，再者，与佛一并提起。

独立出现的基本是描述其修行果位。例如六十卷《华严经》中记：“善住意言：大士！无为法者是名圣僧。如世尊说，一切圣人以无为得名，故无为法名声闻僧。”故了达无为法而得声闻果位，即称圣僧。

不过在其他经典的记述中，圣僧的果位明显不同，并结合僧宝作解释。例如唐代高僧般若所译《大乘理趣六般若波罗蜜经》，就解释圣僧为所获得不同果位或多重果位的僧宝。尽管此经独立地解释圣僧，且圣僧单独出现，但内容比以往的描述更加丰富。

关于圣僧果位究竟为何，各经典描述不一。不过就译经时期看，后期文献对于果位的描述更为详尽。关于此问题，刘淑芬在文章中作系统探讨与总结，就不再赘述。[①]

第三，以某个具体人物形态出现。

圣僧以具体人物出现，并未记录于经藏中并没有明显记载，律藏等文献中有明确讲述，且与寺院生活有着密切关联。

关于具体人物的记载，多为“宾头卢”圣僧像。

《高僧传》中道安法师梦感圣僧，而后立座供养。这是目前最早关于供养“宾头卢”圣僧的记载。故最早供养一位具体的独立圣僧，或自南北朝时期就已开始。

---

① 刘淑芬：《中国的圣僧信仰和仪式（四—十三世纪）》，收于第四届国际汉学会议论文集，台北“中央研究院”，2013 年；刘老师谈到：“三宝，佛、法、僧之中的僧，担负着传法的任务，包括凡僧和圣僧两种，凡僧系指世间出家修道传法之人，圣僧则系修行证果的高僧。在大乘和小乘佛教中，圣僧有不同的意义，在大乘（菩萨乘）中，圣僧系指初地以上的菩萨，小乘（声闻乘）则指达到初果以上的出家人……罗汉是小乘最高的果位，因它系在圣僧的队伍之中，佛典有时将这两个名词连称，作罗汉圣僧或圣僧罗汉。”

在佛教中，关于“宾头卢”的记载颇丰，基本特点为：永住于世、[①]坐禅第一[②]等。在佛教文献中，宾头卢圣者为其第一上座[③]，而于授受戒律之中，大乘佛教多以文殊菩萨为其上座。[④]湛如法师在《禅苑清规》校释的注解部分就提及“圣僧为上僧。原指开悟且德高望重的高僧……一般小乘寺院安置宾头卢，大乘寺院安置文殊。”湛如法师的解释或依据法藏的《梵网经菩萨戒本疏》。不过在该注解中，僧堂所设立的供养还有文殊菩萨、观音菩萨、憍陈如、空生、大迦叶、布袋和尚等等[⑤]。据文献记载，除宾头卢外，供养其他圣僧的情况较晚出现。

宾头卢圣僧信仰于道安法师后逐渐流行，甚至出现其形象塑画，并形成供奉与祈请的具体方法。[⑥]唐代盛行供奉宾头卢。至宋代，则多转变供奉“憍陈如”。

唐代供奉圣僧“宾头卢”，其主要原因或为延续前代圣僧供奉传统。在刘淑芬老师的介绍中，唐代不仅有其圣僧之位，更设置圣僧像。宋代寺院供奉圣僧的传统同样有所继承和发展。在寺院生活中，圣僧供奉伴有重要的角色，方式、内容更加具体。唐代，圣僧信仰或与罗汉信仰有一定关系，但至宋代，所

---

① 东晋罽宾三藏昙僧伽提婆译：《增一阿含经》卷四十四·十·不善品第四十八（三），CBETA 大正藏第 02 册 No.0125：“所谓大迦叶比丘、君屠钵汉比丘、宾头卢比丘、罗云比丘。汝等四大声闻要不般涅槃，须吾法没尽，然后乃当般涅槃”。

梁宝唱等集：《经律异相》卷二十四，CBETA 大正藏第 53 册 No.2121：“时如来戒勅云。汝不得涅槃。主我法住”。

《舍利弗问经》，CBETA 大正藏第 24 册 No.1465：“舍利弗复白佛言：‘云何如来告天帝释及四天大王云：我不久灭度。汝等各于方土护持我法。我去世后，摩诃迦叶、宾头卢、君徒般叹、罗睺罗，四大比丘住不泥洹，流通我法。’”。

② 元魏慧觉等译：《贤愚经》卷六，CBETA 大正藏第 04 册 No.0202：“是师弟子，名宾头卢埵闍，善能入定，坐禅第一”。

③ 梁宝唱等集：《经律异相》卷二十四，梁宝唱等集，CBETA 大正藏第 53 册 No.2121：“佛说。弟子中有能师子吼者。名宾头卢。是第一上座”。

④ 唐法藏撰：《梵网经菩萨戒本疏》，CBETA 大正藏第 40 册 No.1813：“今别行地持戒本首安归命偈者是也。又闻西国诸小乘寺以宾头卢为上座。诸大乘寺以文殊师利为上座。令众同持菩萨戒”。

⑤ 湛如：《禅苑清规》研究，商务印书馆 2014 年 5 月，第 501 页。

⑥ 南朝刘宋时期慧简译《请宾头卢法》一卷，但最早译者为安世高。刘淑芬老师在《中国圣僧信仰和仪式》中作简要介绍。

供奉圣僧基本转为“憍陈如”，后文将具体介绍。

除以上关于圣僧的特点记载外，另外还有两种特点为：与罗汉并行出现和以显现某种神迹而出现[①]。例如五百罗汉等，特别是宾头卢尊者的记载，多处与罗汉相并出现。罗汉信仰在唐代也非常流行，白化文先生曾经谈到，唐代所流行的罗汉信仰，特别是玄奘大师在译《大阿罗汉难提密多罗所说法住记》后逐渐流行的十六罗汉、十八罗汉信仰之中，就有宾头卢的身影。透过该描述可以了解到，唐代的圣僧信仰是与罗汉信仰相并出现，二者独立且互为融摄。

在圣僧修行果位上，还有一类记载即将佛陀与圣僧并称，或圣僧为佛陀的另一种称呼[②]。不过这种说法并不普遍，在少数经典中有谈及，这或与早期部派佛教思想对佛陀与二乘的关系探讨有某种联系。[③]

---

① 唐定宾：《四分律疏饰宗义记》卷八，“罗汉圣僧集。凡夫众和合。香汤浴净筹。布萨度众生”。

② 唐普光述：《俱舍论记》，“佛虽亦是圣僧等非声闻僧。”

亚瑟·柏林戴尔·凯瑟：《印度和锡兰佛教哲学》，宋立道、舒晓炜译，贵州大学出版社，2014年4月，第161—162页：“阿罗汉圣者的品质在经中有详尽介绍；他有四种无碍慧——理解和诠释能力；直观能力；真正的洞彻力、静虑的能力；他藉四种意断而行神通；他是最高贵的尊者。作为闻法者，他可以称声闻，尽管这个名称是佛弟子的通名。但他的品级略低于诸如辟支佛、佛，独自修行者等”。

③ 郭良鋆老师在《佛陀和原始佛教思想》中关于“涅槃说”谈到：“佛陀本人也是出家修行，最后在菩提树下通过禅定悟道成佛，达到涅槃境界”，又“阿罗汉是比丘修行达到的最高果位。成为阿罗汉也就是达到涅槃。所以，在巴利语三藏中，描述阿罗汉性和达到阿罗汉性的途径与描述涅槃和达到涅槃的途径的经文语言基本一致。”由此可见，在南传佛教来看，佛陀或就为阿罗汉本身。

木村泰贤：《小乘佛教思想论》，贵州大学出版社，2013年12月，第58—62页；日本学者木村泰贤认为，佛陀在解脱者的一点上是与罗汉同一的。这是各部派基本一致的。但是在段生死因的烦恼而不再受后有的这点上，是不同的，是到解脱道的道行以及解脱后的力用。并引用《异部宗轮论》谈到化地部、有部以及法藏部的说法。并且具体从断烦恼以及见地说两方面通过有部的观点来进行讨论，并进一步引用其他部派观点，最后谈到：“佛陀也好，二乘也好，在解脱生死的一点上，彼此是同的，所不同的，在于做的方面。佛陀，是自利利他的人格圆满者……二乘，仅在自利的方面，做到解脱道的及第者，至于利他的事情，虽不是说完全缺乏，但总没有像佛陀那样，以之为性格必具的条件，所以在这点上，无论怎样，都不能与佛相提并论。”

平川彰：《印度佛教史》，贵州大学出版社，2013年8月，第59—61页；平川彰先生谈道：“佛陀也成为如来（Tathagata），还有阿罗汉、正等觉等十种名称（如来十号）。”

与之相关的还有木村泰贤先生的《原始佛教思想论》，贵州大学出版社，2013年12月。

三、北宋所供养圣僧与《禅苑清规》关于圣僧记载及分类

（一）北宋所供养圣僧

唐代所供奉圣僧多为“宾头卢”，北宋时期则转变为“憍陈如”。《释氏要览》记：“今堂中圣僧，多云憍陈如。”刘淑芬在其文中也基本确认北宋时期所供奉圣僧之像为憍陈如像。张十庆先生编著《五山十刹图与江南禅寺》，在僧堂戒腊牌示意图中亦可看到，有供奉圣僧“憍陈如”。

唐至宋，圣僧供养的转变较大。宾头卢多永住于世、护持佛法，另有道安法师感梦之由，再加供奉宾头卢圣僧传统早以有之，宋代的憍陈如圣僧转变或另有原因。

有关憍陈如尊者主要记载于经藏、律藏等文献中。其为佛陀初转法轮时的五比丘之一，同样也是其中首位授比丘戒的尊者。关于此内容，竺道生法师所译《弥沙塞部和醯五分律》第十五卷中记载道：

> 远尘离垢，于诸法中得法眼净。佛问：“憍陈如！解未？憍陈如！解未？”答言：“已解，世尊！”地神闻已，告虚空神，虚空神告四天王天，四天王天告忉利天，如是展转至于梵天，言：“佛今于波罗转无上法轮，先所未转！若沙门、婆罗门、若天、若魔、若梵，一切世间所未曾转！”诸天欢喜，雨种种花，皆有光明，如星坠地；于虚空中作天伎乐。于是从坐起，顶礼佛足，白佛言：“世尊！愿与我出家受具足戒！”佛言：“善来，比丘！受具足戒，于我善说法律，能尽一切苦，净修梵行。”须发自堕，袈裟着身，鉢盂在手，是为已得出家受具足戒。自是已后，名为阿若。佛便为四人说法教诫，跋提、婆颇二人得法眼净，见法得果。见法得果已，从坐起顶礼佛足，白佛言：‘世尊！愿与我出家受具足戒！”佛言：“善来，比丘！”乃至鉢盂在手，亦如上说。复为二人说法教诫，頞鞞、摩诃纳得法眼净，见法得果。见法得果已，从坐起顶礼佛足，白佛言：“世尊！愿与我出家受具足戒！”佛言：“善来，比丘！”乃至钵盂在手，亦如上说。

意即佛陀成道后，憍陈如尊者系首位正式皈依佛陀的弟子[①]。故宋代或将其推崇僧团之祖，在僧团大规模供奉憍陈如尊者，也便知其由。

除憍陈如为第一弟子，僧团之代表，首位受比丘戒律的佛陀弟子之外，或许供奉憍陈如的另一深层原因，即以其警醒僧团以持戒修行为要。这一点与北宋时期，特别是《禅苑清规》所产生的北宋末年僧团与社会关系有某种契合之处[②]。

柳立言先生曾谈到，宋代僧团制度与国家法律制度相结合，对于佛法与国法的关系分为四类。其中，谈到《禅苑清规》与国法关系的有两类。分别为“佛法取得类国法的地位和效力”以及“佛法与国法重迭相合，违反它们就是同时违反佛法和国法”。从柳先生的概述中可见，在宋代，佛教制度与国家法律制度的关系非常密切，国家律文制度的变化与丛林制度的设定，亦基于丛林现状而确立。除却国家法律的影响之外，社会因素对于丛林制度也产生深刻影响[③]。宋代佛教地位有所下降，[④]这与僧团本身的发展有密切关系[⑤]。吕澂先生曾谈到公元1021年，北宋的僧人将近46万人，达宋代僧尼数额最高峰，比北宋初年多出七倍。寺院近四万所，另有贵族所侵占寺院。寺院甚至拥有相当数量的田园、山林，有其豁免赋税与徭役的权利。寺院经济富裕，经营各种牟利

---

① 姚秦佛陀耶舍竺佛念等译：《四分律》卷三十二，“尔时尊者阿若憍陈如，见法得法成办诸法已获果实，前白佛言：‘我今欲于如来所修梵行。’佛言：‘来，比丘！于我法中快自娱乐，修梵行尽苦原。’时尊者憍陈如，即名出家受具足戒。是谓比丘中初受具足戒，阿若憍陈如为首”。

② 柳立言：《宋代的宗教、身分与司法》，中华书局，2012年6月。

杨曾文：《宋元禅宗史》，中国社会科学出版社，2006年10月。杨曾文先生谈到：“禅宗在宋代的兴起与皇帝、士大夫的赏识和支持是有密切关系的。在皇帝中，真宗、仁宗、高宗、孝宗皆亲近禅僧；朝臣士大夫中有不少人亲近或信奉禅宗。”杨先生具体还介绍周敦颐、王安石、谢景温、黄庭坚等人与禅宗僧人交往的事迹，另有北宋驸马李遵勖、苏轼等。

③ 王仲尧：《南宋佛教制度文化研究》，商务印书馆，第90—194页；王仲尧老师在谈论北宋民间丛林住持体制雏形中谈道：“《禅苑清规》反映的丛林体制当时尚属民间性质……”

④ 宋之前所对于佛教及其道教的文献记载多独立为“释老志”。宋代关于佛教僧人传记记载则多在“方技”之中。

⑤ 在宋代僧团中，拥有赐紫袈裟地位的僧人数目相对比较多，僧人或与士大夫阶层有密切联系。

事业。[1]不难看出，北宋时期寺院不仅数量众多且拥有寺产。

僧团自身的发展形式，同样会影响国家对于佛教制度以及佛教自身制度的变化。此外，宋代僧人触犯戒律及法律的比例逐渐提升。[2]柳立言先生在文章中就该问题有详细统计与介绍。在《禅苑清规》序中，宗赜法师也谈到："少林消息已是剜肉成疮。百丈规绳可谓新条特地。而况丛林蔓衍转见不堪。加之法令滋彰。事更多矣。"这段记载中投射了《禅苑清规》编辑的社会背景，宋代禅院制度的建立与社会制度、国家律制有密切关联。另一方面，寺院与世俗生活关系相对紧密[3]，这对以修行为主的丛林生活而言，与其本质相去甚远[4]。

憍陈如尊者或在当时社会中更有警醒作用，这也是宋代供奉憍陈如而非宾头卢的一个重要原因之一。

（二）《禅苑清规》关于圣僧记载与分类。

在宗赜法师所编《禅苑清规》之前的清规中，就有记载圣僧的文字。例如《敕修百丈清规》中就有广泛论述，关于圣僧的记载包含所有卷目，也涉

---

① 吕澂：《中国佛教源流略讲》，中华书局，2011年1月，第384页。

② 柳立言：《宋代的宗教、身分与司法》，中华书局，2012年6月，第1—3页。

③ 小道毅：《中国思想与宗教的奔流：宋朝》，广西师范大学出版社，第180—182页。日本学者小道毅谈到："经五代到宋朝以后，佛教把对象扩大到普通百姓，逐渐变化成为人们的日常生活而存在的佛教。或者可以说也是唐末以后的藩镇政治带来权利的地方分散、佛教寺院随之与所在地关系变得更为紧密这个原因。"又提到："所以'师资相承'虽然是禅宗的理想，但是一般都教有为数不少的弟子，师死后因对学说理解不同马上分裂，虽然都在禅宗内，分裂却再三重复……到了北宋，临济宗中的黄龙派利用苏轼、黄庭坚等名人扩大影响，在四川、荆湖、江西等长江流域建立据点。蔡京政敌张商英也是一个有名的支持者。"

④ 中村元：《中国佛教发展史》（上），天华事业股份有限公司出版，1984年5月，第422—423页。日本学者中村元先生谈到苏轼反对王安石变法流放之时所见禅风时说道："在辗转历任之际，了解了不少地方禅风的内情；他惊讶的发现：杭州自五代以来就不曾遇到过战乱，以伽蓝壮大夸示的佛寺，也有极大的权利，尤其是钱塘江地方佛僧的权势，更是别的地方所见不到的。当然僧侣中也颇具德行、才能、智慧的，但亦有宛如商贾，专事欺骗民众、勒索金钱者，使得苏轼叹不知如何区别才好。"在中村元先生的叙述中，就可以看到当时南方寺院与世俗关系的基本情况，这或也反映了北宋时期的寺院与世俗关系的基本形态。

及在丛林生活的各个方面，对比文本，《禅苑清规》的记载与其有很大相似。不过，从产生正式而系统的清规制度文本来看，《禅苑清规》相对较早，尽管宗赜法师在序言中提“百丈绳规”，但并未发现其整体文本的具体记载。这一点，沈冬梅老师在《清规述考》中有具体论证和考据，沈老师认为：“北宋末年，宗赜《禅苑清规》始开禅律名称使用‘清规’之先河。”通过该总结，也从另一个侧面认识到，关于圣僧信仰、大范围供奉圣僧，并融合在丛林生活各个层面的完整记载，宗赜法师的《禅苑清规》应为最早。而元代的《敕修百丈清规》的文本中关于圣僧的记载，从涉及的角度与记载数量上，应该也有参考前代文献的可能。[①]

《禅苑清规》中关于圣僧记载见：卷一九处，卷二九处，卷三十处；卷四六处，并有单篇相关文字；卷五八处；卷六两处；卷七两处；卷九五处；卷十一处。一共为 52 处，除第八卷外，都有相关文字记载。所涉及丛林生活分别为挂搭、赴粥饭、法事念诵、结夏安居、祈请知事、维那行事、下知事、祈请头首、首座行事、化主行事、僧堂煎点、日常出入、将息参堂、亡僧事务、沙弥受戒、训童行等等，其中另单独设立圣僧侍者一职位，专门负责供奉圣僧事务。所涉及丛林生活将近 20 处，由此可见，在北宋末年，圣僧的信仰几乎是贯穿于丛林生活各处的。

供奉圣僧的级别最高，除问询外，在礼拜圣僧时均为最高的礼拜方式——大展礼拜。例如在《禅苑清规》卷二·结夏篇中谈道“圣僧前大展礼三拜”；卷三，下知事篇记载“次于圣僧前大展三拜巡堂”；等等。

从以上诸层面知，圣僧信仰不仅涉猎寺院的各种生活，其礼节也尤为重要。

据上述文献资料可见，圣僧信仰于北宋末年非常普遍且所处位置极其崇高特殊。憍陈如尊者的广泛供奉，既有传承前代圣僧供养的传统，又有警示僧团的作用。再者僧俗关系的逐渐发展也影射出丛林中供养憍陈如尊者的社会性因素。

---

① 元德辉重编：《敕修百丈清规》，见大正藏卷四十八：传奉圣旨，江西龙兴路里有的百丈大智觉照禅师在先立来的清规体例，近年各寺里将那清规体例，增减了，有如今教百丈寺里住持德辉长老。重新编了 ？

四、小结

综述以上对于佛教中关于圣僧的记载类别以及圣僧信仰脉络的大致整理，佛教圣僧记载大致可以分为：1. 对于三宝的僧宝的另一种称呼；2. 佛陀的众弟子；3. 佛陀本人；4. 所得到某种果位的圣者。这几个层面基本是概括性出现的。

另有具体所指的人物。记载较多者与寺院圣僧信仰有一定关系，主要为宾头卢尊者和憍陈如尊者。

透过这些资料不难看出，宋代所流行的圣僧信仰大致可总结为三点：

1. 延续了佛教一直以来对于僧宝的崇拜。

2. 延续了自道安法师开始对于独立圣僧的崇拜。

3. 到宋代特别是北宋时期，供奉的独立圣僧形象更加具体化，有重要的代表性。代表性的出现，不仅与僧团本身信仰和崇拜有重要联系，也与北宋时期丛林僧团构成的变化，寺院制度建立与国家法律制度建立有着相应的关联。

宋代的圣僧信仰，虽未获学界过多关注，但藉丛林生活中普遍流行的信仰形态，可以透见更多关于当时社会背景的诸多问题，对于丰富理解和认识宋代寺院生活提供了另一个有趣的角度。

（苑红超　北京大学哲学系）

相关研究

正念茶修理论与实践

戒毓

正念，是佛陀在菩提树下觉悟之后首次讲法的内容之一，被记载在佛陀所说第一部经《转法轮经》，现呈现在南传佛教《相应部 56 相应 11 经》以及北传《杂阿含 379 经》中："应行中道，即八正道，为了以三转十二行相了知四圣谛，是这部经的一条脉络；听完此经，憍陈如尊者当下便证得初果。"随着南传佛教在西方传播，佛教禅修体验也逐渐被西方社会接受。由此，正念在 20 世纪七八十年代被介绍到西方，为心理学界所注意及广泛运用。正念由正念减压疗法创始人，美国麻省大学荣誉退休医学教授，麻省大学医学院医学、保健和社会正念中心的创立执行主任，麻省大学医学院减压门诊的创立主任乔·卡巴金 (Jon Kabat–Zinn，PhD) 等学者介绍和科学研究，渐渐改良和整合为当代心理治疗中最重要的概念和技术之（mindfulnss），并因此诞生了正念减压疗法（MBSR）、辩证行为疗法（DBT）、接受实现疗法（ACT）、正念认知疗法（MBCT）等当代著名心理疗法。

"正念"此概念，在汉传佛教早期翻译经典及禅经应用得比较多。随着大乘佛教概念及思想的弘传，广义的正念思想仍遍布整个佛教教理中。如南宗的无住、无相、无念思想，其实也是佛教定慧思想中国化与生活化的诠释。如何借用一杯茶，再现佛教禅思想生活化及人本化的观修？本文将对早期佛教正念思想及其在佛教思想史中的演绎，在现代社会生活中的观照进行爬梳。正念茶修，即是运用一杯茶中的正念思想在现实生活中的实践。

一、“正念”在早期佛法中的概念及地位

（一）正念的出处：“正念”梵语 samyak-smṛti，巴利语 sammā-sati。指真正之念，八正道之一。八正道是针对婆罗门教及耆那教的苦行主义，以及六师外道中主张享乐主义者所提出的。释尊提倡不苦不乐之中道，因此，早期佛教也将八正道称为中道，是四谛中道谛的具体内容。

随着佛教的诞生，正念最早同八正道一起被提出来。学界公认为佛教第一经的《转法轮经》[①]认为：修行不应走苦行及纵欲的两个极端，而须行中道。中道的内容就是：正见、正志、正语、正业、正命、正精进、正念、正定。此正念等八正道，是中道行的核心根本，随着佛教的诞生，就开始盛行在主要佛教修学中。

（二）正念的含义是什么？正念的意思是“每个人必须时刻顾念自己与周遭的事物”。“念”并不是“为我”，而是时时刻刻地顾念自己、关心别人，以便使正见乃至正定等各正道皆能付诸实践。所以正念可称之为“正意”“正当的深思熟虑”，亦可视之为反观自身与积极的负责。正念与漫不经心或粗心大意相反，因为不道德的行为或是无法履行自己的业务，全是由于漫不经心或粗心大意。在佛法里，正念常与正知相提并论，二者都是指相同的心理状况。正念必须时刻念兹在兹，一切事物皆是无常、苦、无我、不净等等。正知则是时刻保持灵敏觉性，把握住佛法在日常生活中应有的作为与态度。正念的内容，身、受、心、法的了知，对其保持苦、空、无常、无我的正确认识。

（三）正念是八正道中的一个条目。八正道虽然分成八个项目，却是有机的结合，因此不是个别而不相关联的。只是为了说明上的“方便”，才将它分为八项。其中正念的内容，基本是四念处的范畴。

（四）正念在三学的位次。八正道在具体的佛学中又归纳为三学。第一，如正见、正思惟是慧学所摄；第二，正语、正业、正命是戒学所摄；第三，正念、正定是定学；正精进是遍通三学的，也有的说是定学所摄。此八支圣道内

① 《相应部 56 相应 11 经法轮转起经》（谛相应·大篇·修多罗，庄春江译）；《杂阿含 379 经》正闻本 542 经、佛光本 378 经（谛相应·杂因诵·修多罗，庄春江标点）。

容也是佛教戒定慧三学的全部，也可以说是佛教修学的全部内容。我们要讨论的“正念”属于三学定学及禅学的范畴。修定及修禅，就是使自己的心能处于自己控制之下的境界。但是，这并不一定非要在打坐之中不可，亦不一定在日常生活中，非要全神贯注于禅定不可。由禅定，可控制自己的心理，并由此使自己的心理变得更灵敏、更精细。当然，佛教中的定学及禅学，不是孤立单独呈现，其必与戒学与慧学相统一，才有可能达到佛教终极的追求，趋向涅槃（灭谛）解脱的途径。三学是因，涅槃解脱是果。

（五）正念在三学中的关系与地位。三学一般讲是由戒而定，由定而慧次第。但八正道中由慧而戒，由戒而定。其实道次是一样的。因为，慧学不但是首先的，也是究竟的。所以八正道的次第是，正见是闻慧；正思惟是思慧；思惟发起正语正业正命是戒学。正精进遍通一切，特别是依着精进而去修正念、正定，是定学。定与慧是相应的，就是修慧。等到从定而发无漏慧，是现证慧，真实的慧学，从此而得解脱。所以，佛说的解脱道，三学与八正道一样，不离闻思修及现证慧的次第，也就是依戒而定，依定而慧，依慧得解脱的次第。

念是专心系念，为摄心不乱的主要修法。但这里，还是以出离心为导向。而所修的念，不是念别的，就是从正见、正思惟得来的正念。这是与慧相应的，向于涅槃的正念。正念修习成就，能得正定。约定境说，就是上面所说的七依定；佛教又特别重视四禅。这不是一般的定，是与念慧相应的，向涅槃的胜定，所以叫正定。定慧齐修，末了，依正定而起现证缘起寂灭性的无漏慧，也就是涅槃智，达到出世的无漏慧成就，断烦恼，证真理，了生死而得解脱。到此，才完成修习出世解脱道的目标。

（六）正念在道谛中位次。佛法的世出世间的两重因果，全部由四谛来统摄。出世间法中，道谛是因，灭谛是果。而道谛的内容，有四念处、四如意足、四正勤、五根、五力、七菩提分、八正道。《俱舍论》卷二十五谓念根、念力、念觉支与正念皆以念为体。其中身、受、心、法四念处是正念的对象。欲（愿望）、勤（精进）、念、观四如意足中，欲（愿望）修四念处，努力地修四念处，念如意足，于所修之法，记忆不忘，如愿满足。观如意足也就是心思所修四念处之法，不令忘失，如愿满足。可以说是四念处的递进。修四念处的目的，就是净化身心，改造心的品质。为了净化心的品质，通过修习四念处后，才能真正控制心、改造心。心的行为不出善、恶、无记三种性质。修行就是希望我们的心不随习气，任意、随性蔓延，而是不断保持往善的品质上发展状态。也就是已生恶令永断，未生恶令不生，未生善令生，已生善令增长的状态。有了四念处、四如意足、四正勤的修行，我们的菩提善心才有根茎，才会有力量，有信、进、念、定、慧五根五力。而念根，乃于正法记忆不忘，念根增长，能破诸邪念，成就出世正念功德。有了前面二十二分菩提分中，念的心所与定、慧均为增上清净品之势用者，故立之为菩提分法。但依位次之别，其增上的作用有所不同。故于忍位称为念根，于世第一法位称念力，于见道位称正念，于修道位称念觉支。择法、精进、喜、舍、轻安、定、念七觉知分法，从前面二十二菩提分递进，慢慢地进入圣道。此七觉分法中，若行者之心浮动时，可用除舍定之三觉支摄之，若心沉没时可用择法精进喜之三觉支起之。念觉支常念定慧，不可废退。是故除念觉外，他六觉随行人之要而用之。可见念觉知在行者修学中的地位。八正道在此就不再叙述。

由上所述，正念是八正道中的一支，是佛法中最早修行的条目。随着佛法的盛行，正念思想涵盖整个佛法。不管是在八正道，还是在三学，乃至在道品中，其内容皆是贯穿始终的。由此可见，正念在行者的修学中地位极其重要。随着我们对佛法的深入研修，及对佛法的抉择，就不断地清晰佛法修习内容及范畴。诸恶莫作，众善奉行，自净其意，是所有诸佛的教导。若想佛法入心，净化我们的身心，实修最为重要。所以佛陀最早讲法，是四谛十二法轮。这十二法轮，是佛陀所了知，所实践，所实证的内容。我们不要只限于空谈佛法，更应像佛陀一样实践佛法。佛法是科学的、因果的。佛陀是这么实践的，通过实践最后而证悟的。

正念被现代心理所应用，是佛法内涵实质的传播。正念茶修，就是借用日常生活中喝茶的形态，通过对身、受、心、法的内在及内心的觉察，保持平等心，获得清净心。

二、正念在当代心理学中运用

心理学是一门研究人类心理现象及其影响下的精神功能和行为活动的科学，兼顾突出的理论性和应用（实践）性。心理学包括基础心理学与应用心理学两大领域，其研究涉及知觉、认知、情绪、思维、人格、行为习惯、人际关系、社会关系等许多领域，与日常生活的许多领域——家庭、教育、健康、社会等发生关联。

在现代心理学的背景之下，佛法被广泛地运用，其中有佛法自身的魅力——佛法的人本思想及心理性，其本身与宗教哲学有其关联性。在现代的心理学背景之下，正念减压及内观疗法，是佛法的现代性及社会性非常成功的运用，这也是非常值得我们借鉴的。下文简单地介绍一下正念在现代东西方的发展。由于各种原因，没有系统的数据及科学的论证。

（一）正念在西方心理界的运用。在现代的思潮下，佛法传播到西方后，正念被现代社会广泛运用。其中卡巴金博士通过“正念”学习，运用得非常地好。他创立了“正念减压疗法”，毕生专注于正念认知、正念减压疗法的研究教学和宣传推广。1979 年，卡巴金博士为麻州大学医学院开设减压诊所，并设计了“正念减压”课程（Mindfulness—Based Stress Reduction，MBSR），协助病人以正念禅修处理压力、疼痛和疾病。1995 年，卡巴金博士在麻省大学设立“正念医疗健康中心”，并开始进行关于身心互动疗愈效能的研究与相关临床应用，希望能藉此有效缓减慢性疼痛及压力相关的种种失调症状。他的著作有《多舛的生命之旅》《此刻是一枝花》《每天的祝福——正念养育的内在功课》（与其妻 Myla Kabat-Zinn 合著），以及《恢复理智：用心念为自我和世界疗伤》。他还与 illiams、Teasdale 和 Segal 三人分别合著了《治疗抑郁的正念方法：从慢性的负性情绪中释放出来》《到达您自己的那扇门：正念的 108 课》和《让每件事成为老师》。他的著述被翻译成 30 多种文字。30 多年来，卡巴金博士创发的“正念减压疗法”已被医疗、学校、企业、监狱等机构广为应用，目前美、加等国约有 200 多家医疗院所和相关机构都运用正念减压疗法帮助病人。

（二）正念在我国心理学界情况。下文将着眼三届全国正念冥想学术研讨会，概述正念在我国现代社会的推广。

第一届全国正念冥想学术研讨会于2015年4月8日在北京举行。主题为“正念与情绪”。研讨会上，正念认知疗法联合创始人，英国牛津大学正念中心的创始人Mark Illiams教授作了题为Mindfulness and the Prevention of Depression的演讲，介绍了正念用于抑郁预防的相关研究成果；中国科学院心理健康重点实验室主任罗非教授介绍了冥想促进心理健康的关键环节；南京大学心理系主任周仁来教授对东方禅修与西方正念训练的情绪调节作用初步进行了比较；第二军医大学心理与精神卫生学系应激医学研究室主任蒋春雷教授阐述了正念冥想效果的医学证据，以及正念在西方军事领域的应用；首都师范大学学习与认知重点实验室副主任罗劲教授提出了“认知重评”情绪调节方法的两大困境以及从东方文化中得到的启示；首都师范大学教育学院刘兴华副教授第一次在学术界提出“觉察此刻”正念练习新理念。研讨会上还报告了以正念冥想为核心的干预训练，对临床病人和非临床参与者均具有积极干预效果。经过训练后，个体的健康水平得到了显著提高，具体表现为改善参与者情绪、提高睡眠质量、减缓心理压力等。

为了鼓励青年学子的研究工作，研讨会还设立了“研究生论文奖”。学术研讨会后，中国心理学会临床与咨询心理学专业委员会正念学组组长，教育学院刘兴华副教授主持了正念学组会议，出席会议的10余位委员展开热烈讨论，对未来开展正念冥想学术研究与交流进行了规划。

“第二届全国正念冥想学术研讨会”2017年4月18—19日在南京大学举行。与会人数多达400人。此次研讨会主题为“正念与健康”。在研讨会上，正念减压疗法创始人Jon Kabat-Zinn教授做了题为Mindfulness From the Perspective of Public Health的报告，介绍了正念在公共卫生领域的发展状况；牛津大学正念中心主任Illem Kuyken教授做了Mindfulness-based Cognitivetherapy Across the Lifespan的报告；释乘远法师从东方文化的角度介绍了禅修的哲学基础、与正念的关系和修习方法；首都师范大学刘兴华副教授介绍了“此刻觉察”正念训练在传统正念修习方法基础上的发展及相关研究发现。本次研讨会上，Jon Kabat-Zinn教授还带领全体成员进行了长达3小时的正念冥想练习，参会代表切身体验了正念呼吸、正念行走和友善禅修，认识到了正念技术对于身心的改变。研讨会期间还开展了 8 个不同领域的正念工作坊，包括牛津大学正念中心主任 Illem Kuyken 教授主持的“The Science and Practice of Mindfulness-based Cognitive Therapy: Mindfulness and Mindfulness-based Cognitive Therapy”工作坊，中国科学院心理健康重点实验室教授、中央国家机关职工心理健康咨询中心主任祝卓宏教授主持的“正念之道：接纳与承诺”工作坊、华东理工大学陈亮老师带领的“正念领导力”工作坊等等……在研讨会期间丰富的活动和主题报告中，不同的学者交流了自己的科研成果，发表了对正念的见解。

第三届全国正念冥想学术研讨会于 2019 年 4 月 19—21 日在北京召开。研讨会由刘兴华研究员担任大会主席、罗非研究员任执行主席、罗劲研究员任学术委员会主席、祝卓宏教授任组织委员会主席及大会秘书长，联袂两岸三地等 40 余位学者齐聚北京，带来他们的学术研究与临床应用成果，搭建开启对话、分享知识经验和见解的交流平台。

本次会议共设 9 场主题报告，涉及正念机制研究，正念训练的作用和正念在心理疗法中的运用等多个方面，专家们围绕正念干预研究、正念机制探讨以及正念理论及应用等主题进行深入交流和探讨，共发布 27 份报告。

工作坊。研讨会共开设三场会中工作坊，分别是：郑睿敏教授的《正念在更年期女性中的应用》、李波教授的《试论正念的超越性、到的实践性与智慧（创新）的关系》、刘兴华研究员的《正念工作坊》。

专家对话。研讨会期间，邀请到罗非、罗劲、祝卓宏、韩布新四位专家进行了 2 个小时的晚间对话，针对各位参会嘉宾提出的问题进行了集中的答疑，大家各抒己见，从不同角度对多个问题进行了阐述和讨论，学术气氛十分浓厚。

第三届全国正念冥想学术研会与会代表们纷纷表示此次研讨会不仅打开了视野，拓宽了思路，有助于深刻理解正念冥想的理念，切实加强了在实践操作中的技能提升。

通过这三届全国正念冥想学术研讨会所涉及到的正念与情绪、健康、幸福等话题的受关注度，就可以了解到，在中国，“正念”是时下非常热门的话题。对于具有深厚的正念思想及厚重历史的汉传佛教而言，我们应好好思考如何深入地挖掘正念思想及其在现实生活中的运用。

三、当代禅修对正念实践指导（以茶为中心）

其实在佛教界，正念概念及禅修方法也有不断的现代化诠释过程。在正念的理论与实践上，当今佛教界首推一行禅师。

一行禅师（Thích Nhất Hạnh，1926 年 10 月 11 日—），越南人，是现代著名的佛教禅宗僧侣、诗人、学者及和平主义者，是在全世界具有重要影响力的禅宗僧人。一行禅师一生都在传播贴近普通人的“生活佛法”，传递正念生活之道，同时宣扬非暴力的和平理念。1967 年，一行禅师被美国黑人民权领袖马丁·路德·金提名为诺贝尔和平奖候选人。

其《正念的奇迹》一书充分体现了正念生活之道的思想。一行禅师认为“正念能创造奇迹”，在行住坐卧当中，仔细体验，可以感受正念带来的利益。“当念头生起来时，如果没有觉察，我会在念头中沉湎一阵子，去回忆、去期望、去分析、去判断……而一旦正念觉照到它，它马上不好意思地消失了。”“有的时候感觉正念就像一位慈祥的母亲，用慈爱的眼睛看着自己那些活泼可爱的孩子，只要孩子们感觉到妈妈的目光，便都会安安静静地玩耍，一个孩子跑过来，叫一声‘妈妈’，妈妈只要用慈爱的眼神看一下他，他便心满意足地跑过去了；若是妈妈一时走神，没有回应孩子，这个孩子便会调皮捣蛋起来，给妈妈制造一些小麻烦，直到妈妈再次注意到他的存在，他才会老实下来。当情绪生起来时，正念一旦觉察到它，它可能不会马上消失，但一定会缓解，然后慢慢化去；它可能会一次两次三次地出现，但力量在渐渐变弱。”这是禅师所说的智慧的萌芽。

由一行禅师的《正念的奇迹》，我们可以自信地说，正念修行来自于汉传佛教及古代中国禅林生活。如：“30 多年前，我刚进寺庙时，法师给了我一本宝华山独体禅师写的小书《毗尼日用切要》，让我背下来。那是一本很薄的书，不到 40 页，但它收录了所有独体禅师在做任何事务时，用来唤醒自心正念的心法。清晨醒来，他生出的第一个心念就是：‘睡眠始寤，当愿众生，一切智觉，周顾十方。’洗手时，他也这样提醒自己保持正念：‘以手盥掌，当愿众生，得清净手，受持佛法。’整本书都是由这样的句子组成，用来帮助初入佛门的修行者安守意念。独体禅师以相对简单明了的法，帮助我们这些小沙弥修习《正念经》当中的开示。每一次穿衣、洗碗、如厕、叠被、担水或者刷牙，你都可以照着书中的某个偈语来安守自己的意念。《正念经》说：‘行走时，修行者应当觉知到他正在行走；坐下时，修行者应当觉知到他正在坐下；躺下时，修行者应当觉知到他正在躺下……无论身体是何种姿势，修行者都应当对此有所觉知。如此修习，修行者才能观照内身，直入正念，安住其中……’然而，仅仅对身体姿势保持正念是不够的。我们应当觉知每一次呼吸、每一个动作、每一个念想与感受，觉知与我们相关的一切。但是经文为何要教导这些呢？我们如何才能找到修习正念的最佳时机？如果你整天都在修习正念，怎么会有充足的时间去做所有需要做的事，以改变现状并建立一个更理想的社会？艾伦如何能够一边打理工作、辅导乔伊的功课、给安娜洗尿布，同时还能修习正念？”通过一行禅师的解释，我们可以清晰地认识正念的训练，禅林僧侣们天天在运用，这种修习方式传承至今。在传统的丛林生活中，每一次穿衣、洗碗、如厕、叠被、担水或者刷牙，都可以照着书中的某个偈语来安守自己的意念。

正念是一个抽象的概念，如何落实到生活中，必须要有实际的训练。比如一行禅师在实际指导正念泡茶时的实际练习：“泡茶时，保持正念。准备一壶茶款待客人，或泡给自己喝。在正念中，缓缓地进行每个动作。不要失去正念让任何一个最细微的动作滑了过去，心中要了了分明。了知你的手正握住茶壶把手，提起茶壶。了知你将清香暖热的茶水，倒入杯中。每一个步骤都要在正念中进行。比平常更轻且更深地呼吸。如果你的心散乱了，就要先看好自己的呼吸。”在动中实际体验每一个动作，观照自己的身心，以呼吸为工具。在这样的思想指导下，一行禅师如泡茶时，练习正念等 32 个说明。这 32 个训练，是传统禅林生活中的智慧在现代生活的转换。

一行禅师的《正念的奇迹》中，可以看到佛教的般若思想、禅经内容及华严哲学圆融无碍地从字里行间流露出来。而正念的练习，实际是禅的具体落实。而这部分恰恰是我们忽视的：通过正念练习，让古老传承的智慧运用于现代社会，解决佛法实际修行的功用。一行禅师的奇迹，是值得我们借鉴的，也对我们今天推行正念茶修，起到很大鼓舞作用。

明海大和尚 2015 年 10 月 6 日下午在首届赵州茶席禅修开示上说："什么是正念？在昨天论坛上，我不经意间看到汉语'正念'下面的那个英文翻译，翻译成'positive'。从佛教禅修在世界范围内这些年的弘传看，'正念'这个词在英文里面通常会翻译成'mindfulness'。如果作名词用，叫'mind'，就是英语里面的'心'。昨天看到这个'positive'的翻译，也让我非常受启发。通常现在在世界范围内说'正念'，都是用'mindful'。'mind'就是'心'，'ful'是什么呢？可以说'ful'就是'很'心。'很'心是什么？'很'心是说，你的心没有分裂，你的心是统一的。你的心跟你的身体是统一的，你的心跟外在的环境是统一的，你的心里没有分裂的因素。令我们的内心分裂的因素有很多。我们内心种种的挂碍，种种的牵挂、压力、焦虑、担忧、渴求……这都是令我们的心分裂的因素，而这些分裂的因素使我们的心不能统一。所以，这个英文翻译'mindful'也很有意思，就是说你的心思'很'心思。当我们的心没有分裂而是统一的时候，我们的生命就会表现出一种状态。这种状态是什么？这种状态可以说是自由感。什么是自由感？自由感其实就有一点像昨天那个论坛上翻译'正念'的英文词'positive'说的，就是主动。用'positive'翻译'正念'，我觉得它有点妙处就在于，当我们的心统一的时候，我们有自由感。这种自由感，其实就是我们觉得我们是主人，我们有一种主动感，有一种操之在我的感觉。正念就是这样。正念并不神秘。""在茶事活动中，在茶文化中，我认为，正念的修习是很容易的。因为茶是我们生活中的一个元素。……我特别希望各位茶人去体验。我知道，你们有很多人有过很深的禅修的修为。如果还刚开始接触，你可以在所有的茶事活动中体验正念。就在此时，就在此刻，不为什么，你已经到达了。你现在所做的一切就是最好的、最完美的。那么，在这个时候，我们的心就能到达一种统一。当它统一的时候，它其实就是禅心，统一里面有专注。……在茶事活动的每一个动作中，由于你的内心并没有一个远方的目标，没有一个外在的期待，所以你是专注的。同时，你对自己的每一个动作，包括对茶的性状，你又是很觉察的、很觉知的……在茶事活动中，我们做每一个工作，做每一个环节的事情，乃至把茶喝到嘴里，我们的感官和外在境界的每一刹那的接触——注意，每一刹那的接触，你都保持清醒的觉知。由于你的心没有倾斜，没有失去平衡，没有分裂，这种觉知是自然的，你知道一切。释迦牟尼佛讲禅，就是要让我们明白，其实每个众生的生命本来就有这种潜能。你已经具足一切了，为什么要向外去找呢？”又：“你们在泡茶以前都能有这样短暂的禅修，在等待出汤之前都能这样摄心，在茶事活动的过程中都能有正念，那么这就是禅修，就是禅。‘禅’这个字可以用一个汉字把它替换。什么字呢？‘心’。所以，‘茶禅一味’相当于‘茶心一味’。用正念的心，那么茶里面的一切环节都可以是禅修。”从以上可以看出，明海大和尚也清晰地通过对正念概念的解释，用大乘禅的思想、南宗的见地来实际指导正念茶会的练习。

不管是一行禅师还是明海大和尚，他们正在抉择佛法，提出正念，为当前的人类，提供一种精神的产品，以正念来安顿我们现代人的心灵。

四、正念茶修的实际运用

正念不断地被广泛运用。如何真正落实正念，让大众受用，不管是西方心理学，还是中国的心理学界，乃至佛教界都在努力地尝试。笔者长期演习禅，从事茶事活动。我们曾编写过一首正念茶修歌，作为理论的实际指导：“吸进来，呼出去；吸进来，呼出去；美妙的一刻，安住在当下。品三味清茶，唤醒身心的世界，保持如实客观的觉察。自性岛屿，明月无渣。无有好坏，莫非高下。清净平等，世尊拈花。清净平等，世尊拈花。”

一行禅师泡茶时的正念练习为：“泡茶时，保持正念。准备一壶茶款待客人，或泡给自己喝。在正念中，缓缓地进行每个动作。不要失去正念让任何一个最细微的动作滑了过去，心中要了了分明。了知你的手正握住茶壶把手，提起茶壶。了知你将清香暖热的茶水，倒入杯中。每一个步骤都要在正念中进行。比平常更轻且更深地呼吸。如果你的心散乱了，就要先看好自己的呼吸。”以呼吸为工具，让心安定下来，让心有所牵系，然后再觉察泡茶时的每一个动作，觉察了知。

明海大和尚运用大乘禅的见地提出泡茶时的正念：“在茶事活动的每一个动作中，由于你的内心并没有一个远方的目标，没有一个外在的期待，所以你是专注的。同时，你对自己的每一个动作，包括对茶的性状，你又是很觉察的、很觉知的……在茶事活动中，我们做每一个工作，做每一个环节的事情，乃至把茶喝到嘴里，我们的感官和外在境界的每一刹那的接触——注意，每一刹那的接触，你都保持清醒的觉知。”明海大和尚的教导，基本上与一行禅师相同。

结合两位禅师的实际指导，我们尝试性地就正念练习在茶事中的实际运用，做一个简单说明。

正念茶修，或者正念，我们是通过茶事的形式等，增长我们的心力，从清晰及不净的心当中解脱出来。基本有安住、专注、觉察、认识、了解、同理、共情、接纳、和谐沟通、和合共生10个次第。

（一）以呼吸为工具，安住在当下。正念，其实就是调整改变我们心的模式。我们的心时常处在散乱的转态，飘忽不定，在失念及无觉察的本能习气反应中。为了能让心迅速地安定下来，观呼吸是治理散乱心最直接及方便的途径。由此，我们正念茶修借用念佛十念法的善巧，借助十念观息法。让心在清明及觉察不随妄念跑的转态下，进行茶事活动。

（二）如实客观地觉察。首先对主事泡茶者的人而言，从事茶事的过程，如前面一行禅师及明海大和尚的指导，对每一个动作细心地觉察及了知。其次，对喝茶的人而言，我们也借用四念处的修行业处，反观自我身心。第一，对身觉察，对自己的动作、自己的体感、口感进行觉察。第二，对喝茶时的感受进行觉察。一般情况下，我们经历一件事情，喜欢用好坏及舒服不舒服、开心不开心等习性反应。第三，对心意识的觉察。由于我们的心、我们的意识，经常处在麻木及暗钝的转态，处在无感及麻木反应中。如何让心处在安定状态中，不被意识念头所转，不被客观事物所影响，那么必须要了知主观的心及客观地进行清晰的辨析。第四，客观的境，就是随所谓的法尘。我们意识对境的，也就是感官世界及意识世界所呈现的色、声、香、味、触及名言概念中。心的功能就是照，如镜子一样。不管有境还是无境，心照的功能不变。而心所显现的就是色、声、香、味、触、法（名言概念）。由此，我们引导大家在喝茶时，去细心地体会心所呈现的境。其实四念处的修习，有时是一个念处来观察，有时可以四个念处同时观察。这就是要看我们行者的心粗与细。如果没有能力的状态下，可以修别相念。有能力时可以采用四个念处一起修的总相念。但不管如何，四念处中，心念处是核心及根本。喝茶用心，觉察用心，净化心，改变心。

（三）让心在清明及觉察不随妄念跑的转态下，进行茶事活动。采用直指人心，不立文字，无有好坏，莫分高下的禅观指导。单禅定是无法解决我们内心深层次的问题的，但没有禅定，般若正观无法现观。如何运用大乘禅观，实际地指导我们的生活呢？这样也是正念茶修的核心部分。首先我们来了解印度大乘三系：中观、唯识、如来藏。一般认为，如来藏思想，是禅宗所继承的。其次我们必须要清晰地认识到，三系其实是一乘，是佛陀教法理解和实际指导修行时的说法不同，内壳是一样的。就中观的一切皆空的思想，基本建立在双遮的角度，对能所进行正观。所谓的“凡所有相，皆是虚妄”。由此，我们所感知到的相，都是心的呈现。相，名言概念是俗谛；心，如实观是真谛。真俗不二，能空所空才是我们正观现证的部分。上文的四念处观修中，心念处法念处部分，足以说明中观的实际指导。那么，唯识观如何现观呢？唯识无境，三界唯心。唯识学建立在认识论的基础上来看问题。所谓唯识，一切都是我们意识的方便，自我的认识。世界只不过是心的呈现及心的认识而已。而我们认识世界之相，称为相分，是由我们的心所呈现的。心，也就是见分。不断地认识观照的观察识的见分及相分，一切只是种子熏现行，现行熏种子而已，就是转识成智的部分。那么如来藏思想呢？自性岛屿，明月无渣。无有好坏，莫非高下。清净平等，世尊拈花。清净平等，世尊拈花——这也是正念茶修主要的思想指导，其实中国禅宗有实际解读。南宗禅法的根本精神贯穿着无相、无住、无念的般若深观，照见身心的基础。在《大般若经》里发挥无相、无住意义最透彻的《金刚般若经》，恰恰提供指导修行的根据。般若思想渗透在学人的日常生活里，使它形成一种随缘任运的态度。南岳的马祖，更生动地用磨砖不能成镜来形容坐禅无从作佛，就不再拘泥于平常所说静坐习禅那些功夫了。但是，禅家一切行为的动机，始终在向上一着，探求生死不染、去住自由的境界，并且不肯泛泛地去走迂回曲折的道路，而要直截了当地把握到成佛的根源。

五、正念的流通之路

正念的运用实际上在东西方都已比较普遍，不断地深入到我们的生活中。如何让正念的力量，在我们生活中发挥作用，那么我们就需要与大家一起共同推过。

正念是个体有意识地把注意维持在当前内在或外部体验之上并对其不做任何判断的一种自我调节方法。正念茶修是一组以正念技术为核心的禅观练习方法。正念发源于古代佛教，代表了东方传统文化和西方现代心理学的一种融合。随着 20 世纪五六十年代禅宗佛教在美国的流行，临床心理学家们开始对冥想在心理治疗的应用产生兴趣，并将正念冥想作为一种促进心理健康的干预方法来研究。对正念冥想的科学研究发现，正念冥想对心理疾病有明显的干预效果，例如，正念冥想能够改善抑郁症、强迫症、创伤后应激障碍、失眠症、物质滥用、酒精依赖、饮食障碍等不良症状，其次正念冥想对生理疾病也有辅助治疗的效果，如临床研究报告显示，正念冥想有助于治疗慢性疼痛、哮喘、皮肤病、糖尿病、心脏疾病和癌症等心身疾病。

此外，越来越多的研究致力于探索正念冥想对普通人群产生的积极效应，改善生活质量、职业倦怠、增强积极情绪、改善睡眠、降低压力水平等。通过对正念冥想哲学基础、起效机制、修习方法与技术、对不同心理疾患的干预效果等的研究和讨论，能够有效地改善人的精神和心理障碍，提高国民心理健康水平，促进人类福祉。

（戒毓　厦门弘一书院副院长）

公共品牌的塑造与管理
——以灵隐禅茶为例

张志刚

一、禅茶文化现状概述

（一）中国茶文化的内容丰富、广泛

从人类学家的角度来看，“文化是一群人通过习得，对其所作所为和每件事物的意义共有的认识”。①

中国是茶叶的故乡，也是茶文化的发源地。中华民族种茶、制茶、饮茶的历史已经有几千年，在对茶漫长的栽培、制作、利用过程中，慢慢形成了对茶这一事物的共有认知，即中国茶文化。

中国传统的茶文化横亘儒、释、道三教，融贯形而上下道器，自成一体，是中华文化中的一朵奇葩。从茶道、茶德、茶之精神、茶习俗，到烹煮煎点瀹泡的饮茶方法，再到器具服饰、礼仪习俗、名人掌故、诗词绘画、外交贸易等等，茶文化无处不在。

当我们用当代学科体系解析茶文化的时候，发现它已经涉及地球科学、生物化学、土地环境、宗教哲学、历史考古、商贸经济、心理学、文创艺术、医学保健、旅游餐饮、影视传播、服装服饰等多个学科和行业。

---

① （美）约翰·奥莫亨德罗：《像人类学家一样思考》，北京大学出版社，2017年，第17页。

（二）禅茶文化旨在以智慧指导生活方式、提升生命质量

禅茶是茶文化的重要组成部分。

徐干认为禅对中国茶文化的影响是相当深入且广泛的，“茶禅一味”是中国茶文化的精髓。[①]

陶济认为“人、禅、茶三者之间致中和合的文化交互关系，从根本上决定和主导了人与茶、人与禅、茶与禅之间的多种交互关系机器交互整合过程”；“茶家以茶入禅，以茶化禅，突出了茶与禅的相互关系，并且强调了主导茶禅关系的人茶关系；而禅家以禅入茶，以禅化茶，突出禅与茶的相互关系，并且强调了主导产管关系的禅人关系”。[②]

灵隐寺光泉大和尚也为禅茶给出了定义：“禅茶是僧人在寺院以传递禅定内涵与境界的茶。”

从该定义来看，灵隐寺推广禅茶的目的，不仅仅是把它当作一种文化现象来进行研究，更是希望把它作为一种载体，以圆融的智慧融入一盏茶汤中传播出去，让公众在体味茶的同时，提升对自己生命的觉知，进一步提升智慧，并形成积极向上的生活方式，改善生命质量。

为了区别于其他组织、范畴的“禅茶”定义，我们将上述“禅茶”表述称为“灵隐禅茶”，并作为本文研究的主要内容。

（三）禅茶文化在世俗中的现状与问题引出

由杭州灵隐寺主办的“禅茶文化论坛”，今年已至第 8 届。光泉法师在 8 年前曾经提到“中国当代禅茶文化建设是一个崭新的课题，基础研究薄弱，严重制约着建设的进程”。[③] 据董慧的统计，20 世纪至 2012 年，“禅茶文化研

① 徐干：《浅谈禅与中国茶文化》，《广西民族大学学报》2007 年第 12 期。

② 陶济：《人、茶、禅的文化交互关系》，关剑平《禅茶：认识与展开》，浙江大学出版社，2012 年，第 157 页。

③ 释光泉《总序》，关剑平《禅茶：认识与展开》，浙江大学出版社，2012 年。

究领域共发表论文100余篇，出版专著和论文集4部”。[①]

禅茶论坛自开展以来，寺院法师及各界学者对禅茶文化进行了广泛、深入的研究与探讨，在文史研究、清规与茶礼、仪式与思想、茶文化与文学、美学、整体认识、茶文化资源等方面，均开展了深入的探讨研究，产出了多篇有深度、广度和对社会有广泛应用价值的文章。

而同期，禅茶文化在社会各界也受到高度关注。如今，通过百度搜索“禅茶文化”，已经可以找到200多万条结果。赵州禅茶、资国禅茶、蒙顶禅茶、黄梅禅茶、少林禅茶、天心禅茶、二祖禅茶、径山禅茶、武夷禅茶等以地域、佛教寺院为划分的禅茶，以及以内观禅茶、养生禅茶、素食禅茶等行为为划分的禅茶文化概念，都开始出现在公众的视线中。

一方面，是学界、教界对禅茶文化的深度挖掘整理与探讨；另一方面，却是公众对禅茶文化在认知上存在很大偏差。

首先，是对禅茶认知不足问题。遑论说清“禅茶”的内涵，即使是让广大茶民对“禅茶”作出有关的联想都是一件困难的事情。很多人除了口头上常提到“禅茶一味”四个字，基本上就说不出其他与禅茶文化有关的内容了。使用带有《心经》的茶壶，或者带有六度字样的茶杯，穿着传统款式服装，去寺院或者找个僻静的场所慢慢地喝茶，这就是他们对“禅茶”的认知了。

其次，是对禅茶存在错误认知。更有甚者，“一般文人墨客推崇的禅茶所隐含的偏差和风险：对于茶品好坏的挑剔、对于美妙茶味的贪恋、对于优雅环境和情调的耽着，正是修行所要对峙的毛病，稍一不慎，处处都可能成为修道的障碍”。[②]

第三，错误的禅茶观念的传播。目前，相对正确的禅茶观念的传播，主要集中在学界、教界的内部交流或少数有影响力的茶人圈子。这些渠道能影响到的人群，只占极小部分。广大消费者接触禅茶思想的第一线，往往是以营利为

---

① 董慧《禅茶文化研究综述》，关剑平《禅茶：认识与展开》，浙江大学出版社，2012年，第141页。

② 宣方《灵峰一滴水，信可矢千秋》，关剑平《禅茶·礼仪与思想》，中国农业出版社，2017年，第47页。

目的的世俗茶馆和五花八门的茶会。商人们或为售茶，或为卖具，往往会根据自己商品的特点，编造营销故事，进行大肆宣扬。披附“禅茶”外衣是他们经常利用的手段，但通常内核都会被他们改造得面目全非，严重误导大众。而大众身处乱言之中却不得知，将一干文化糟粕奉为圭臬。

再者，正确的禅茶观念传播严重不足。在当今这个信息爆炸时代，“禅茶”对于广大公众来说，可能只是信息海洋中很不起眼的一个浪花。如果公众连“禅茶”的正确信息都无法获取到，又谈何从中收益呢？

如何能让“灵隐禅茶”的理念在繁杂的信息中脱颖而出，引发公众关注，去主动认知；继而接受其理念，并实践到自己的生活方式中，成为我们当下的一个课题。

二、禅茶的品牌化

说起品牌，很多人以为就是一个 LOGO 标识，或者再加上几句口号。的确，这些是品牌的一部分，但它们绝不是品牌及品牌管理的全部。

在重要的市场营销经典著作《战略品牌管理》一书中，上述内容被定义为“品牌元素”。而该书比较推崇关于品牌的最有潜在价值的营销概念则是“品牌资产”。“品牌资产是品牌所具有的独特的市场影响力”①。品牌资产是一种观念，它的来源可能是公众对某种商品商标、服务行为、理念的记忆、反应等等，它存在于消费者、公众的脑海之中。这种观念可以“简化顾客决策、减少风险和形成期望”。强势品牌的价值无限，它可以持续地给品牌持有者创造利益——如购买产品、使用服务，可以让品牌在商海之战中取得优势、战胜对手。因此，创建可以履行承诺的强势品牌，以及长期保持和强化品牌能力就成为战略品牌管理的工作目的。

“灵隐禅茶”非常适合作为一种公共品牌，进行品牌化管理。

① 凯文·莱恩·凯勒《战略品牌管理·第三版》，卢泰宏、吴水龙译，中国人民大学出版社，2009 年，第 34 页。

“灵隐禅茶” 的利益出发点符合公共品牌特性，也是希冀公众利益最大化。“灵隐禅茶”的目的是让所有民众都能从禅茶的践行中获得身心安顿，启迪智慧。同时，这也是公众所希望的。

“灵隐禅茶”天生具有公共品牌的核心竞争力——文化力。“灵隐禅茶”作为一种文化现象，拥有着悠久的历史传承与现代表现，易于在打造之后，被社会各界接受。

首先，可以建立组织识别。

在互联网上以“禅茶大会”为关键词进行搜索，有约近 40 万条的搜索结果。我们会看到黄梅五祖寺禅茶文化交流大会、蒙顶山禅茶大会、天下赵州国际禅茶文化交流大会、六祖故里——广东云浮·新兴禅茶旅游大会、宁德中韩禅茶文化交流会、径山国际禅茶文化研究高峰论坛等多地不同主题的禅茶研究交流会议。

“禅茶是僧人在寺院以传递禅定内涵与境界的茶”。这个核心、这一独特的定位与印象，是“灵隐禅茶”与其他禅茶文化的根本区隔。建立“灵隐禅茶”这一公共品牌，有利于清晰地刻画和传达品牌使命，与其他禅茶文化组织建立区隔，让品牌凸显出来，获得公众的关注与认同。

其次，良好的品牌形象易于被公众接受。

第三，促进寺院其他事物的发展。大众吃到一棵苹果树上的苹果，如果是甜的，他有理由相信这个树上的其他苹果也是甜的。以“灵隐禅茶”为品牌突破点，进行良好的塑造与运作，可以同时推动寺院其他行为、工作的开展。例如：灵隐禅棋等。

第四，促进寺院管理的良性发展。品牌目标管理是一种先进的管理手段，可以促进寺院管理方式的变革与优化。品牌化要求大家对组织品牌达成共识，这有助于促进组织内外的各级成员对寺院的认同，大家在一个共同的事业下凝聚起来，共同朝着一个愿景目标前进。

第五，“灵隐禅茶”品牌的建立可以提升以灵隐寺为中心的整个区域的竞争活力，学者专家、四众弟子、旅游者源源不断的到来，有利于寺院获取各方资源。同时可以为景区，甚至区域内的商家、机构组织共同带来良好的收益。

三、灵隐禅茶公共品牌的塑造——品牌识别系统的建立

推行战略品牌管理，创建强势的公共品牌，首先要解决公众对品牌的认知问题，也就是建立一个清晰的品牌识别系统，有计划地将品牌的各种特征向社会公众主动地展示与传播，使公众在社会环境中对品牌有一个标准化、差别化的印象和认知，以便更好地识别并留下良好的印象。

禅茶研讨会的探讨成果和对禅茶品牌的认知、识别是两个概念。学界的探讨，随着时间的推移，探讨范围会越来越广泛、内容会越来越深刻，而在作为品牌传播时，一定要先界定边界，要对品牌有清晰的描述，再进行传播。否则公众面对不一样的品牌信息，只会产生混乱的感觉，影响传播效果。

公共品牌识别系统，通常由以下几部分构成：

（一）理念识别：（MI）Mind Identity

理念识别是指”灵隐禅茶”这一公共品牌及其持有人组织认可、遵守的准则和文化观念。

灵隐寺的禅与茶，都有着悠久的历史传承。禅与茶相结合共生长，形成了特有的禅茶文化背景。“禅茶是僧人在寺院以传递禅定内涵与境界的茶。”光泉大和尚给出的禅茶定义，实际上就是“灵隐禅茶”的核心理念。

“灵隐禅茶”旨在在一杯茶汤中，建立正见，并始终保持正知和正念。如实观照，了知实相，不起分别执着，契入禅心，证悟解脱。

所以，“灵隐禅茶”的核心理念绝对不是单纯为了满足饮者对茶叶色香味的痴迷，对茶器精美精致的眷恋，或者是对饮茶环境的享受，对某种泡茶技巧、仪轨的训练，对历史名人、高僧的膜拜。所有这些执着于向外求的东西，通通不是“灵隐禅茶”作为一个公共品牌，区隔于其他禅茶品牌的核心理念。

（二）视觉识别：（VI）Visual Identity

品牌光拥有理念是不够的，品牌的传播不能只靠对理念的一次次地“讲述”来进行。视觉识别是将品牌理念、文化特质、服务内容等抽象语意转换为具体符号的概念，塑造出品牌独特的形象。

“灵隐禅茶”拥有强大的佛教文化基因与灵隐寺地域文化基因，这些已经在公众脑海中形成了根深蒂固的认知，它们其实已经成为原始品牌资产。在品牌的设计中，应考虑到这两部分的权重。

图一：部分国内旅游目的地品牌形象参考

视觉识别包括如下几部分：

1. 标志：可以从佛教文化或者茶文化元素中抽取创作元素进行设计，采用图形标志，让人一目了然知道这是一个“禅茶”LOGO；

2. 标准字体：可以充分考虑“经书体”作为字体；

3. 颜色控制：使用佛教常用颜色，加强佛教与公众的链接。

灵隐禅茶的视觉识别系统可以在如下范围进行应用。

1. 茶叶外包装；

2. 器具：特殊的茶具、茶席用品等；

3. 建筑环境：茶空间设计、指示路牌等；

4. 印刷品及宣传品等；

5. 办公用品、车辆、服装等；

6. 活动现场布置、路旗、礼品等。

（三）行为识别：（BI）Behavior Identity

行为识别是由公共品牌持有组织机构，统一规划而形成的动态识别形态。它通常有对内、对外两个方面的展现。对内是一个品牌化、系统管理、内容开发、增强内部的凝聚力和向心力的过程；对外则是通过组织活动、公共关系沟通等来传达理念，取得大众认同，树立形象。

行为识别从内部来讲，“灵隐禅茶”可以建立一个标志性的、中国当代禅茶之道。中国古代的饮茶行为有一条清晰的传承脉络。早期烹煮、唐煎宋点、明清瀹泡。当代茶人从潮汕功夫茶中受到启发，凝练、发展出当代茶艺的展示系统。近些年，社会上也陆续出现了茶修、申时茶、内观禅茶等多种泡茶技艺。在日本，茶道即是以寺院茶事为源，“茶道是从禅的仪式中发展起来的”，[①] 结合日本特有的文化，形成了现在的茶道。

“灵隐禅茶”本就是佛法禅定与茶文化的结合。寺院的僧侣行为有着非常严格的行为规范，对寺院饮茶、茶会，也在清规中有详细记载。据沈冬梅研究，清规中除了对程序礼仪，诸如“茶榜请客、鼓板集客、问讯烧香、吃茶、谢茶、送客”等有备述外，对具体到某些僧人个体的行为也有约束。如饮茶吃药时，要举动安详不得出声。“安详取盏橐，两手当胸执之，不得放手近下，亦不得太高。若上下相看一样齐等，则为大妙。当须特为之人，专看主人顾揖，然后揖上下间。”“吃茶不得吹茶、不得掉盏、不得呼呻作声。取放盏橐，不得敲磕，如先放盏着，盘后安之，以次挨排、不得错乱。”[②] 时至今日，虽然寺院清规仪轨发生了很大的变化，但基本的丛林制度、僧伽规范还是存在的。期待“灵隐禅茶”可以结合历史及当前的寺院礼仪，演化出一套有中国特色的禅茶之礼，为禅茶文化乃至中国非物质文化遗产增添光芒。

从外部来讲，灵隐寺的行为识别已经具有一定规模。云林茶会和禅茶文化论坛，已经举办多年，形成了一定的社会影响力。

---

① 冈苍天心《茶之书》，王向远选译，复旦大学出版社，2018 年，第 92 页。

② 沈冬梅《<禅苑清规>丛林茶礼研究》，关剑平《禅茶·认识与展开》，浙江大学出版社，2012 年，第 84 页。

（四）声音识别：（AI）Audio Identity

听觉识别中最为重要的部分是音乐、旋律、动效。它可以带给人一种灵魂深处的、高于感觉刺激之上、又超越理性认识的高层次心理活动。好的声音识别，可以直接给人带来独特的良性的品牌认知。我们比较熟悉的声音识别是因特尔品牌的 jingle，当我们听到电视机里“等登等登”的动效时，不用看画面，就知道是使用了有关英特尔产品的商品广告。

佛教自古以来，就有使用音乐传法、教化众生的先例。在《长阿含经》中记载，音声具足五种清净乃名梵音。“灵隐禅茶”可以结合我们熟悉的梵呗，用声音这种直击人心灵的方法，创作出独特的品牌声音识别系统。

综上四个体系所述，我们也可以看到，专家学者、高僧大德们的研究，目前相对集中在第一部分“理念识别 MI”系统上，而对其他三个系统的研究相对较少。“禅茶”应用的器物道具、服装服饰、仪式仪轨、配乐配器等等相对不足，这些会影响“禅茶”的落地及传播，有“道”无“器”让大众不易在脑海中建立起全方位的联想。我们在今后的研究方向、研究重点上，可以适当有所调整。

四、“灵隐禅茶”公共品牌的传播

品牌识别系统建立、完善是一个过程，在这个过程同时，我们还需要进行传播，才可以让这些品牌元素传达到公众一端，进入他们的脑海，并形成品牌资产。在这个过程中，我们也可以检验所建立的品牌识别系统是否有效，是否能真正地吸引公众，并对他们的行为产生影响。

目前，在国际上使用比较成熟的传播观念是整合营销传播。整合营销传播理论的先驱唐·舒尔茨教授给出了如下定义：“整合营销传播是一个业务战略过程，它是指制定、优化、执行并评价协调的、可测度的、有说服力的品牌传播计划，这些活动的受众包括消费者、顾客、潜在顾客、内部和外部受众及其他目标。”[①] 商业品牌的整合营销包括了广告、促销、公关、直销、CI、包装、新闻媒体、社交媒体等一切传播手段。

“灵隐禅茶”作为一个公共品牌，它的持有人灵隐寺也可以被看作是一个公益组织，可以从上述的研究中找到借鉴。

笔者对“灵隐禅茶”公共品牌营销传播的研究尝试进行思考，做出如下几点建议：

1. 完善品牌营销传播体系——建立识别

首先完善灵隐禅茶公共品牌的建设。按照科学的品牌塑造方法，从 MI、BI、VI、AI 四个方面，打造全方位、立体的品牌识别系统，注重“茶品、器具、服务”等落地层面。例如：在寺院内建立良好的禅茶体验服务系统；开发禅茶系列产品，包括茶叶、茶具等；对举办的云林茶会、禅茶大会等事件活动进行整合营销传播，在一定程度上达到“标志性识别、标准化服务”，吸引公众注目，使大家主动走入灵隐寺体验禅茶。

如果想体验“灵隐禅茶”，基本上必须来到灵隐寺内才可以到达目的。而寺院的空间资源是有限的，供公众体验“灵隐禅茶”的机会也随之受到限制，与公众的接触点受到限制，自然也让“灵隐禅茶”的传播、影响力大打折扣。

当“灵隐禅茶”的公共品牌识别系统建立之后，“灵隐禅茶”就可以通过品牌的形式对外进行输出，不再局限于寺院内。茶叶包装、茶具、茶服装、茶空间布置，这些带有强烈品牌印记的元素，一旦成为根植于公众脑海里的品牌资产，那么，“灵隐禅茶”就能每时每刻让公众感受到它们背后强大的精神世界，地球的每一个角落也都可能成为“灵隐禅茶”与大众沟通交流的地方。

2. 品牌精准营销传播——社交媒体为主导

灵隐寺作为非商业机构，具有宗教信仰色彩的组织，在营销传播上，必须要找到适合自己的一条有特色的道路。以事件为契机的社交媒体营销，是一条不错的可选之路。

---

① 唐·舒尔茨《整合营销传播：创造企业价值的五大关键步骤》，清华大学出版社，2013 年。

灵隐寺现在已经拥有成熟的、大量的利益相关者群体，他们或是专家学者、僧众大德，或是寺院义工、信众香客等，传播可以从这些群体开始。首先要对他们进行行为分析，找出对“灵隐禅茶”真正有兴趣、有研究，并且有一定公众话语权的人，建立“意见领袖”名单，计划“精准营销”。建立与“意见领袖”们的互动，或组织主题论坛、会议，或邀请禅茶体验等，将“灵隐禅茶”品牌的理念及其他识别元素，嵌入活动信息中。

“意见领袖”们将在社交媒体通路上对事件进行传播，而“灵隐禅茶”品牌的信息也会承载其中，一同随着他们的影响力，像水波涟漪一样，精准地传递给他们周围次核心的有效人群。

3. 构建品牌营销传播的终极方式——禅茶融入大众生活

归根到底，灵隐禅茶的品牌构建与传播，既不是为了要建立一个强大的品牌，而使品牌持有者灵隐寺获利，也不是单纯地为了改变人们对喝茶的“旧观念”，建立某个“新观念”。回归到光泉大和尚对禅茶的定义上来：“禅茶是僧人在寺院以传递禅定内涵与境界的茶。”“灵隐禅茶”注定负有将佛法中的智慧赋予大众的责任。没有新旧之分，不执着于茶的好坏之分，不拘泥于茶具的优劣，不被泡茶姿态的美丑束缚，摒除名相，树立正见，保持正知正觉，如实观照，这些才是“灵隐禅茶”的真谛。

“灵隐禅茶”优势品牌的建立，将让大众从众多纷杂的信息中被禅茶所吸引，并悄然间转变自己的观念，按照“灵隐禅茶”的方式去尝试禅定，树立正见，开发智慧，尝试发现生命的真相。当这些人最先接受“灵隐禅茶”品牌，并从中获益后，他们也可以转化成为“意见领袖”，成为传播的源点，由品牌受益者，变成品牌建设的一分子。让佛法的智慧在不知不觉中走入公众的生活，使更多的人们拥有积极向上、健康的生活方式。

〔张志刚　羲罟（上海）网络科技有限公司〕

浅谈日本茶文化传播及对中国的借鉴意义

吉木

一、茶传入日本及日本茶文化体系的确立

（一）茶传入日本

古代日本没有原生茶树和饮茶的习惯，饮茶习惯和以此为契机的茶文化是奈良时代由中国传入的。日本从7世纪初开始不断向中国派遣唐使，直到唐末的200年间，各行各业的留学生把唐的各种先进技术、优秀文化带回日本，可以说是史无前例的国家间文化交流举措。佛教经典和茶也是那个时代传入日本的。空海、最澄、永忠等僧人作为遣唐使入唐之时，正值陆羽写就茶经、举国习茶的时代。

（二）茶和茶文化的早期传播

平安时期的茶文化，是以嵯峨天皇和最澄、空海、永忠三位留学僧人为主体，在弘仁年间展开的。

（三）茶道的确立

日本茶道经历了平安、镰仓、室町时代，发展到安土桃山时期，从过去对中国茶文化的模仿，逐渐引入日本文化因子，结合歌道、花道、香道等民族艺

术形式，融合建筑、庭园、烹饪等，形成了一种法式完备的具有日本特色的综合文化体系。

武野绍鸥曾经学习歌道并将其融于茶道思想。武野绍鸥的弟子千利休，最终成为日本茶道集大成者，得到天皇御赐的“利休”法号，先后担任最高权力者织田信长和丰臣秀吉的茶头，德高望重，将日本茶道定位在了很高的社会地位。

茶道在经历了千利休的孙子第三代元伯千宗旦的发展之后，千宗旦的三个儿子——次子一翁宗守，三子江岑宗左，四子仙叟宗室分别承继自千利休以来的“官休庵”“不审庵”“今日庵”的道统，并分为“武者小路千家”“表千家”“里千家”的“三千家”流派，家元制度由此确立。江户时代（1603—1868）中期，茶道又向町家传播，各流派积极开展茶道更大规模的普及活动。

日本的茶文化可谓青出于蓝，日本茶道不是推广煮茶技术，而是通过茶道学习礼仪，感悟清净幽雅的境界。千利休把茶道的基本精神概括为“和、敬、清、寂”，微观上表示主客时间的和睦和互敬，宏观上代表对和平的期望，和隔绝、清净的茶道宗旨。这四个字都融合在严谨的茶道程式当中，使饮茶从中国式的、民俗化的活动上升到注重精神陶冶的层次，也成为日本传统文化的象征之一。

煎茶法是对中国的明朝以后散茶瀹泡法的继承，由僧人隐元传入日本，他把当时中国的泡茶法，结合参考抹茶道的一些礼仪规范，形成了日本煎茶道[①]，并出现了多种流派。煎茶道从江户时代末期到明治初期开始流行至今，自由地、享受清香滋味的煎茶道，变得非常受欢迎。

二、佛教在日本茶文化传播中所起的作用

禅文化是日本文化的重要内容，它伴随着禅宗传入日本，并且在日本发展，形成内含丰富的文化形态，渗透于日本文化的各个层次。

《南方录》中写道：“‘茶道’寂之本意，乃为表清净无垢佛之世界。至

① 徐晓村：《中国茶文化》，北京：中国农业大学出版社，2005 年，第 145 页。

此茶亭草庵，拂却尘芥，主客皆诚心而交，不云规矩尺寸式法，唯只起火、沸汤、吃茶而已，无有他事。事即佛心显露之所也。”以禅宗为传播载体而发展形成的日本茶道带有浓厚的中国佛教思想。

（一）茶的起源和发现利用的传说

关于茶的起源和发现的传说有很多，在中国比较常见的是“神农尝百草”说，而在日本，流传更广的是宗教色彩更为浓郁的“达摩说”[①]。

相传达摩祖师在少林寺后山的山洞中打坐九年。少林寺的僧人们曾相继送去各种食物和水，但是达摩禅师不饮不食。虽然不饮不食，但是在入定中的第三年，由于睡魔侵扰，不断打盹。达摩禅师非常愤怒，扯下眼皮掷在地上继续禅坐。被掷到地上的眼皮变成了一株茶树，开枝散叶，为禅师遮风挡雨。茶树的树叶，能使后来得到并服用的人全身舒畅道、知思路清晰、精神充沛。

从茶的起源和发现利用的传说可以看出日本文化和佛教文化的深厚渊源。

（二）僧人对日本茶文化的影响

1. 空海与最澄

最澄和尚在中国修习天台宗教义，并在天台山佛龙寺修习禅与茶，他回日本时把茶籽带回国，并在日本开创了日本天台宗。最澄带回的茶籽播种在比睿山的日吉神社，至今日吉神社池上茶园里仍然保留有日吉茶园的石碑，上刻有“日本最早茶园“的文字。这是茶传入日本最早的记载。

空海跟随遣唐使抵达唐长安，在青龙寺从高僧惠果受法。《弘法大使年谱》记载，空海在回国时带回了茶籽，献给了嵯峨天皇。至今在空海回国后第一个担任住持的奈良佛隆寺里，仍保存着空海带回的碾茶用的石碾以及茶园遗迹。从空海回国后留下的文学作品中可以得知，直至圆寂的后 30 年中，他始

① 陈云琴：《诗僧皎然与茶文化》，《农业考古》2006 年第 2 期，第 215 页。

终饮茶爱茶，推广茶文化，对弘仁茶风的形成起到积极推动作用。[①]

2. 永忠

永忠随第 15 次遣唐船到达唐长安，并在西明寺学习生活了 30 年，回国后他受到天皇器重，掌管了崇福寺和梵释寺。当天皇游幸崇福寺时，他亲手煎茶献给天皇。这是日本历史上有明确记录的第一次茶事活动，这次献茶给嵯峨天皇留下了深刻的印象，敕令日本关西地区普遍推广种植茶叶，以备进贡，还在皇宫里开辟茶园。

3. 荣西

经过弘仁茶风，自从唐末日本停止派遣遣唐使，茶文化曾经一度消沉低迷。而茶在日本的再度兴起应该首先归功于两度留学中国的荣西。荣西在中国的时代，正是丛林之中吃茶之风兴盛的时代，荣西将茶树种子和种茶、制茶、点茶的方法和技术带回了日本。荣西的《吃茶养生记》并不是简单介绍吃茶的方法，而是把吃茶之风作为弘扬传播禅宗思想的一种手段。他把临济禅宗传到日本，在日本传播讲经布道的茶礼。复兴的茶风植根于日本文化，衍生出新的形式——茶之汤。荣西既是日本的禅宗之祖，也被奉为日本的"茶祖"。

4. 隐元

明代高僧隐元，俗名林隆琦，63 岁率徒弟从厦门出海到日本长崎，在日本创立了黄檗宗，制定了《黄檗清规。中国的"散茶瀹饮法"是隐元隆琦禅师 1654 年东渡时传入日本的。

5. 卖茶翁

日本煎茶道始祖"卖茶翁"高游外（1675—1763），原名柴山元昭，肥前国（今佐贺县）人。11 岁入当地黄檗宗寺院龙津寺学禅，经过 40 多年的禅僧历练，57 岁时放弃了接任龙津寺住持的机会，来到京都，以卖茶为生，人称"卖茶翁"。68 岁时还俗，改名为"高游外"。卖茶翁诗偈集《卖茶翁偈语》（1763）中有一首题为《试越溪新茶》的汉诗，咏茶说禅，堪称日本茶禅诗的

① 关剑平《茶文化传播模式研究（上)——以平安时代的日本茶文化为例》，《饮食文化研究》国际茶文化专号，第 58—59 页。.

佳作。为纠正茶禅界颓废而奢靡的不良之风，他积极提倡陆羽的精行俭德、卢仝的七碗清风、赵州的吃茶禅味，力图重振卢、陆茶风，回归茶禅精神。他在京都建“通仙”茶亭，挂“清风”茶旗，肩挑“仙窠”茶担，游走大街小巷，随处瀹茶说禅，教化民众。卖茶翁“从来孤贫，无地无锥”，过着“卖茶聊博饭”“饥饱任天然”的贫苦生活，却常常“堪叹时人论色香”，对过于追求物质享受的世风心怀忧虑，希望“一啜为君洗心腑”。卖茶翁一生没有催人泪下的事迹，也没有惊天动地的伟业，却有着“要遣人醒尘世眠”“洗尽人间胸里埃”的伟大抱负，他是“茶禅一味”的终生践行者，也是社会民众的教化者。

6. 一休和尚

法名一休宗纯 (1394—1481)，是日本室町时代的一位禅僧。

中国禅茶文化传入日本之后，自上而下逐渐普及到日本各地佛教寺院，与草庵茶渊源深厚的一休和尚，因自身的修养、品行和修行使得许多社会人物仰慕，他的弟子中有不少有才华的人，在和歌、连歌、茶道、和画等方面做出的重大贡献。其中弟子村田珠光开启日本禅茶学风，直接影响日本茶道的产生，后来称为日本茶道的开山鼻祖。

在各个历史时期特别是到日本茶道文化体系形成的早期，僧人在日本茶文化的发展传播中起了至关重要的作用，除了以上例举的，依然不胜枚举。

（三）茶与日本寺院

1. 佛教自奈良时代传入日本，一直作为皇族公家的享受。寺院除了参拜者的寄付外，还有很多皇家贵族、地方权豪的入主、皈依和资助。自古皇族贵族出家、剃度还俗的不在少数，到平安时代为止，寺院中的献茶只是仪式性质的，茶作为饮品没有广泛传播，也没有深入日本文化。

2. 战国武将织田信长甚至将自己京都的住宿安排在皈依的本能寺中，镰仓、室町时代的禅宗寺院集中了由留学唐宋的禅僧带回的中国文化元素，使得佛礼森严的寺院同时成为教育、音乐、书画、建筑等学问和艺术的活跃之处。草庵茶祖村田珠光就是寺院的常客。

寺院不仅是文人雅士的社交场所，也是权贵们聚会经常借用的雅地。禅寺在宣教之外还开始向民间布茶，在弘扬佛禅的侍奉精神的同时也是向施主的回报，在禅院顶戴禅茶成为了当时可望不可及的礼遇。

以寺院为中心的布茶使更多人有机会接触到茶。虽然没有严格说教，也会使信众在关顾到茶礼汤规，在茶味中品味到禅的精神，感受到佛的影响，达到净化的境界，彻悟人生的真谛。从此，茶由寺院渐渐影响到民间。

3. 径山茶宴与四头茶礼。宋代中国的径山寺是中日禅茶文化交流的中心，径山寺除了种茶、产茶，还是临济宗重要的道场，根据临济宗禅法的特色，发展出一套茶仪茶礼，作为禅宗道场习禅的一部分。

径山寺种茶，初为供佛，后用以待客，径山寺运用《禅苑清规》中的茶礼形式，经过改进用于宴请来寺访谈的上宾贵客，称为茶宴。相传茶宴的专门仪式是：献茶、闻香、观色、尝味、论茶、交谈。

1241 年，日本僧人圆尔辨圆由南宋归国，带回内外典籍千余卷，其中有宋朝的《禅苑清规》，圆尔辨圆以此为蓝本制定了《东福寺清规》。《茶的文化史》记载，"'茶道'源于'茶礼'，'茶礼'源于大宋国的《禅苑清规》。《禅苑清规》源于《百丈清规》和陆羽所著《茶经》"。时至今日，一些日本寺院依然在践行着这些清规法则。

对于吃茶礼仪，日本的临济宗称之为茶礼，曹洞宗称之为行茶。

除了各教派清规中的茶礼外，建仁寺、建长寺、圆觉寺、东福寺等寺院在"开山忌"时仍举行四头茶礼（Yotsugashira）。其中以京都建仁寺为代表的庆祝开山鼻祖荣西的生日所设四头茶礼是至今日本禅院中格式规模最高、最典型的禅院茶礼。建仁寺的"四头茶会"，据说是室町时代延历寺的学僧玄慧法印，依照"吃茶往来"所记载的喝茶礼仪而制定的日本最古老的茶法。之所以称为"四头"，乃是遵照中国的禅寺待客规矩以四名正客（故称为"头"）为基本格式的原因。来临的每位客人可以各带八位相伴客一同入席。在焚香的茶室中，客人各自坐定在四个方位。此时在每人的面前会有四位僧人依次端上盛有沫茶粉的天目茶碗与点心盒，再有另外四位僧人带著茶筅（搅拌抹茶用的竹制工具）与执壶进入茶室，依序在茶碗内倒入开水并予以搅拌而饮之。

现在的建仁寺四头茶礼也有面对一般民众，可以自由报名参加体验①。

三、现代日本茶文化传播及对世界的影响

由中国农业文明中孕育出来的茶文化，与佛教相结合，在对外传播中扮演了重要的角色。茶文化传入日本之后，与日本传统文化相融合，在近现代显示出了旺盛的文化生命力，在世界范围内产生了相当大的影响，甚至反过来对中国茶文化带来了一定影响。

“道”在日语里蕴含了“体系”的意味，“茶道”作为“艺道”的一种，是关于茶的礼仪体系之集大成者②，关于这种体系在现代的巩固和传播，我们试从主体、受众和媒介三方面加以分析：

（一）主体

作为传播的主体，国家、社会组织、企业和个人分别在茶文化传播中担任着不同的角色、也发挥着不同的作用。

1. 国家

国家和政府对于茶文化传播起着引领作用。据《茶叶全书》记载，19 世纪末至 20 世纪初的几十年，除中国以外的主要茶叶生产和出口国都花费了巨额费用来宣传和普及本国茶叶以拓宽海外市场。其中日本在 1898 至 1934 年用于各国的宣传费用高达 279 万日元（139.5 万美元）。

2. 社会组织

社会组织也在日本茶文化传播中扮演者重要角色，这些组织包括日本茶叶组合中央会议所等产业协会，也包括表千家同门会、里千家淡交会等茶道组织。

19 世纪 80 年代，日本各郡及各大城市都成立了地方茶业协会，由各地方代表组成的联合会议所是各地方组织的联合机构，由“日本茶叶组合中央会议

---

① 建仁寺官网 https://.kenninji.jp。

② 张博《中国茶文化对日本茶道的影响》，《农业考古》2018 年第 2 期第 47 页。

所”统率，从事茶业——无论制造、栽培和贸易，各方面人士都必须参加成为会员。中央会议所先后十几次参加世界博览会，每次都会展示日本茶和相关产品，并在展会中采用建造日式亭阁及园地的宣传方式招揽参观客人。

在日本，茶道爱好者要各自选择流派入门，跟随有教授资格的茶人长年修行，才能从家元得到证书，认可门第资格。其中“里千家”是最有影响力的茶道组织，全国有2/3左右的茶人参加，其组织成为“淡交会”，在国际上有63个同好会，有出版社“淡交社”，对日本的文化和经济产生了很大影响。

3. 企业

品牌在文化传播中有着不可估量的价值．“立顿”（LIPTON）品牌把英式下午茶文化带向了全世界，“星巴克”塑造了美国的咖啡文化。现代日本涌现出伊藤园、LUPICIA、三得利、福寿园、伊右卫门等享誉世界的茶业企业，这些企业各自以茶叶和相关产品为载体，传播茶文化，让消费者通过产品感知文化的内含和魅力，让其在获得产品需求的同时，对茶文化形成了情感认同。

4. 个人

个人是文化传播中非常重要的主体。冈仓天心是明治时期的思想家、美术家和评论家，是近代日本文明启蒙的重要人物，1906年用英文写就《茶之书》体现了日本茶道精神，讲述茶道存在于生活中的作用和地位，涉及一碗见人情、茶的流派、道与禅、茶室、艺术鉴赏、花、茶人风范等内容。但是篇幅并不大，作者的语言精练，用最优美最简洁的语言，做了最完美的诠释。《茶之书》等三本著作意在向西方展示东方文化的与众不同之处以及日本的古典美学，是即使认同欧美的社会发展模式也仍然坚持守住自己文化内核的宣言。《茶之书》在世界范围内引起巨大反响，可以说在世界所有关于茶的书籍中地位仅次于陆羽的《茶经》。由于《茶之书》，“在西方世界，茶道成为理解日本文化的必由之路”。

茶是供人饮用的饮料，茶文化是综合了视觉、听觉、嗅觉、味觉的综合艺术，所以对于茶文化来说人与人的传播是最直观有效的。在现代日本，许多官员、公众人物、意见领袖等都在各自领域里担任了传播茶文化的任务，特别是由于女性接受茶道普及和训练的比率较高，在外交领域时常可见日本女性的茶道演示、表演和品饮交流。

（二）受众

以下简单梳理日本人和外国人分别作为日本茶文化传播的受众：

1. 日本人，男性与女性——综观日本茶道形成的背景及发展，男性在茶道中占绝对主导地位。然而到 20 世纪 90 年代，据日本总统厅统计局的统计调查显示，女性已经占茶道人口的 90% 以上。江户时代以前，女性只有权贵的配偶或女儿才能出席茶事活动，在茶道活动中处于边缘地位；江户中期，井伊直弼提出了茶道对培养女性教养及趣味的作用；明治时代开始，茶道教育真正在女性中普及开来，日本第一所私立女子学校（迹见花蹊）开设点茶科目，各地女子学校纷纷开设茶礼课，明治中后期，规矩女子学校也开始将茶道作为选修科目。

日本茶道是日本部分中小学的必修内容，而且几乎每所大学都有茶道部一类的学生组织。

2. 外国人在日本体验茶文化可以说十分轻松便捷，各角度、各深度的体验都比较完备，不但可以参加各种茶园参观，进行单次、多次的茶道体验，还可以接受专业茶人的指导，取得认证资格。在京都的茶室“龙翔庵”，定期会有上下午两次英语茶会，对象是想要体验日本茶而不会说日语的外国人，还有想向外国人讲述交流茶文化的日本人。

（三）媒介

现在日本的茶文化正通过不同媒介对内对外进行传播，以下以出版、教育机构和实物为例：

1. 出版

日本重视保存和学习茶古籍文献。宫内厅书陵部藏有《茶经》百川学海本，另外约有 22 种版本。而且日本学界对中国古代茶书，特别是陆羽《茶经》也极为重视，发表了很多研究报告。再比如中国佛教现存最早的清规典籍《禅苑清规》，国内研究大都以《大日本续藏经》中所收版本为底本；而在日本，还另保存有旧岩崎文库本、金泽文库本、五山版本、宽政版本、高丽版本等 6 种不同版本，而且早在 1972 年由镜岛元隆、佐藤达玄、小坂机融，综合这 6

种版本点校并翻译的《译注<禅苑清规>》就由曹洞宗宗务厅出版。建仁寺收集了大量有关南宋径山寺古茶道的有关史料，编成《南宋径山万寿寺茶礼的具体形式与复原》，试图尽可能地还原当年径山万寿寺茶礼的本来面目，而且史料详实，且图文并茂。[①]

2. 教育机构

上文提到，日本的大中小学均有将茶道作为选修课程供学生学习。各茶道流派也提供教育培训和资格认定。另外值得注意的是，根据日本总务省统计局的统计数据，2017 年，由日本政府向城乡居民提供的公开茶道讲座就有 1400 多场。[②]

3. 实物

现代日本生活有了巨大的变迁，一般家庭中饮食习惯也有了不同。1979 年，伊藤园公司从中国进口乌龙茶，向日本人推出了茶制品，引起一阵乌龙茶的热潮。随后，为适应快节奏现代生活，伊藤园又开发出了全新的茶饮料。1985 年，世界首次诞生了罐装的绿茶饮料，从罐装到瓶装，纸盒装的商品风靡不衰，引领饮料界争竞相追随的风潮。茶自诞生以来的形式格律被一一打破，成为随时随地皆可享用的饮料。

日本茶是日常生活中最为亲近的茶品之一，从讲究精致的茶室空间、茶道具，到艺术品、怀石料理等，更是渗透到了广泛的领域，融汇日本审美意识以及文化、行为和艺术，成为身心都能体会的享受。

四、日本茶文化传播对中国借鉴意义的思考

中国的饮茶习惯出现时间早于日本，普及率高于日本。中国的茶文化是从农业传统中孕育出来的，虽然中国、日本两国茶叶品类、饮茶方式、茶道精神等诸多方面多有相异，然而日本把茶文化渗透到了更广泛的领域，也向世界递

---

① 棚桥篁峰、巨涛．《南宋径山万寿寺茶礼的具体形式与复原》，《农业考古》2013 年第 2 期。

② http://.stat.go.jp/ 日本总务省统计局。

上了一张特色鲜明的文化名片，这是值得中国思考和借鉴的，试总结为以下几个方面：

1. 整理茶文化经典、专著、学术成果，正本清源。

和日本相比，目前中国的茶文化出版行业显得芜杂而缺乏实用性。大量的茶书出版，真正有学术价值和实用价值的作品比例不高。

2. 加强对外教育，依托国内外教育机构和研究机构，加强中国茶文化对外传播。

孔子学院已经成为中国和世界各国交流合作的重要平台，截至2017年年底已经在146个国家建立525座孔子学院1113个孔子学院课堂。2010年开始，国家汉办与中国茶文化国际交流协会合作，在90余个国家和地区的孔子学院开设茶文化课程，将中国茶文化融入孔子学院的办学内容。全球首家以中国茶文化传播为特色的孔子学院塞尔维亚诺维萨德大学孔子学院也于2014年成立。

随着中国国际影响力的不断提升，中国茶文化课程当前已进入美国部分高校。

但是与此同时我们不得不注意到一些存在的问题：

首先是专业茶文化师资队伍的欠缺；其次，由于不够正规化，很多国家茶文化课堂存在茶具茶叶欠缺的问题；再次，中国缺乏茶文化国际标准制定和面向海外的茶文化教材。

3. 品牌在文化传播中有着不可估量的价值。

企业是中国茶文化传播的重要主体，在全球化背景下，尤其是经济全球化下，企业应该以振兴中国茶业为己任，立足茶叶品质，适应市场需求、注重科技创新和文化建设，积极打造中国茶叶品牌，结束中国“没有茶叶品牌的产茶大国”的历史。

参考资料：

1. 村井康彦：《茶の文化史》日本，岩波新書，2017年。

2. 威廉·乌克斯：《茶叶全书》北京，东方出版社，2011年。

3. 滕军：《中日茶文化交流史》，北京，人民出版社，2004年。

4. 铃木大拙：《禅与日本文化》，陶刚译，北京，三联书店。

5. 安迪：《一味千秋——日本茶道的源与流》，北京：新华出版社，2015 年。

6. 刘丽芳：《中日茶文化比较研究》，《福建茶叶》，2017 年 06 期。

7. 陈永华：《禅文化：中日文化交流的一种载体——从中日茶道的渊源、特点谈起》，《西北师大学报》社会科学版，2003 年 9 月。

8. 盛敏：《中国茶文化对外传播与出口贸易发展研究》。

9. hanban.edu.cn 国家汉办。

10. ocha.tv 伊藤园茶百科。

11. http://.stat.go.jp/ 日本总务省统计局。

（吉木　吉木工作室）

禅茶文化与中国的哲学观略窥

韩冬

禅，是梵文“禅那”的略称，意译为静虑、静思。从印度佛教的“禅那”修行到中国的禅宗，其间经历了复杂的发展过程。关于禅宗的起源，有一个广为人知的典故，那就是“拈花微笑”。

《大梵王问佛决疑经》中记载：

大梵王至灵山，以金色优钵罗花献佛，舍身为床座，而请佛说最上禅法。世尊登座，拈花示众。人天百万皆不知佛旨所在，唯摩诃迦叶破颜微笑。世尊云：“吾有正法眼藏、涅槃妙心，实相无相微妙法门，咐嘱摩诃迦叶！”

从这段文字记载中，可以感受到禅宗文化中“不立文字、教外别传；直指人心、见性成佛”的禅宗格言。

拈花微笑的公案成为禅在印度的起源，摩诃迦叶成为西天禅的第一祖。历代相传到菩提达摩祖师第二十八祖。

二十八祖也就是中国禅宗的一祖。达摩祖师来中国传法，当时的佛教环境让“教外不传、不立文字”的禅宗理念非常地困难。

大家熟知的达摩祖师到中国后与梁武帝的一席不愉快的问答，让禅宗文化的传播变得更加困难。九年面壁，达摩祖师方等到了慧可（神光）祖师到嵩山求“安心之法”。慧可求得了安心之法，这才开始了中国禅宗的真正发展。

在后期的发展中，产生了著名的“德山棒、临济喝、赵州茶”等看似匪夷所思，但背后却寓意深厚的禅文化，在中国哲学文化中产生了极为重要的影响。

中国茶文化的最鲜明特点是茶的利用与起源是和中华文明的起源是同步的。在一些考古发现公布之前，我们说中国茶文化的起源是神农时代，“神农尝白菜，路遇七十二毒，得茶而解之”。而在跨湖桥、河姆渡等考古遗址中发现，茶的种植与利用在中国已经有了6000—8000年的历史。

而《华阳国志》《荈赋》《僮约》等文献分别记述了茶在各个时期品饮与应用的特点。

到了唐代，中华茶文化与茶经济的发展进入鼎盛时期。煮茶法开始流行。唐代煮茶的方法得益于陆羽《茶经》，《茶经》之后王公朝士无不饮者。煮茶的方案在唐朝的南北大地流传开来，并流传到朝鲜半岛、日本列岛。这与禅宗文化的发展与传播产生了密切的联系。

一禅、一茶两种文化，有同有别，非一非异。两种文化同时兴于唐，而使两种文化融为一味的，我想还是始于圣僧抚养、禅寺成长的茶圣陆羽。佛教寺庙多在高山丛林，得天独厚，高山云雾，最宜茶树生长。农禅并重的佛教传统，使得神僧务农、制茶饮茶的习惯在寺庙中相续成习。

陆羽《茶经》云：

茶者南方之嘉木也。一尺、二尺、乃至数十尺；其巴山峡川有两人合抱者，伐而掇之，其树如瓜芦，叶如栀子，花如白蔷薇，实如栟榈，蒂如丁香，根如胡桃。

这段文字的描述彰显了茶出自南方嘉木，为天地万物精灵，自然之美的荟萃。“茶之为用，味至寒，为饮最宜精行俭德之人。”更是将饮茶文化与文人雅士的生活紧密联系在一起。李白、杜甫、王维、白居易、苏东坡、陆游等名家无不受益于禅宗，也无不爱茶。唐宋的寺院中也专门设立了“茶堂”、“茶寮”、作为以茶礼宾的场所，并专门配置“茶头”，施茶僧职位，用以接待礼敬宾客。很多寺院也以茶供养三宝，并在寺院的职事变更上，举行饮茶仪式，其规则极为周详。至此禅茶文化蔚然成型。

侠义的禅茶文化的彰显便是寺院僧人自己种植、采制、加工、品饮的修行生活方式。广义的禅茶文化更是在整个与茶相关的过程中体悟禅法，以致福慧双修、明心见性的法门。

唐代刘贞亮归纳《饮茶十德》：以茶散郁气；以茶驱睡气；以茶养生气；以茶除病气；以茶利礼仁；以茶表敬意；以茶尝滋味；以茶养身体；以茶可行道；以茶可雅志。日僧惠明上人更是将茶德扩大到十条：诸天加护、父母孝养、恶魔降伏、睡眠自除、五脏调和、无病无灾、朋友和合、正心修身、烦恼消除、临终不乱。禅茶不仅有三德，“坐禅时通夜不眠，满腹时帮助消化，茶且不发”，而且祛肺痈，保健康，护齿明目，解渴生津，增长善根。因此饮茶便成为禅门修道的最好辅助。

茶与禅之间有许多共同的思想也形成了中国禅茶文化的内涵，臻于柏林禅寺所提出“正、清、和、雅”。在禅茶文化中，禅与茶的关系是相辅相成的。禅是领悟人生的内在，而茶则是辅助领悟人生的外在因素。茶可提神、安心、静脑，在禅坐静虑时都能起到辅助的效果。大德让弟子参禅时饮茶，不仅仅是饮茶，更是平凡生活的代表，喝茶使心平静，这是茶和禅文化的交点。皎然和尚《饮茶歌诮崔石使君》：

越人遗我剡溪茗，采得金芽爨金鼎。
素瓷雪色缥沫香，何似诸仙琼蕊浆。
一饮涤昏寐，情思爽朗满天地。
再饮清我神，忽如飞雨洒轻尘。
三饮便得道，何须苦心破烦恼。
此物清高世莫知，世人饮酒多自欺。
愁看毕卓瓮间夜，笑向陶潜篱下时。
崔侯啜之意不已，狂歌一曲惊人耳。
孰知茶道全尔真，唯有丹丘得如此。

我想这首诗已经把禅境描绘到极高的境界。不仅是一杯茶的过程，也不是静坐的形式，更是对生活的真实理解，是生命的真谛，是人生与自然融合的境界。品茶是领悟人生的契点，抚平浮躁的琼浆。禅是指引的灯塔，是消除浮躁的启明。茶与禅在一起品鉴了生命的真谛。

庄子和惠子的濠上之辩，是《庄子》中最为引人深思的故事之一。

庄子和惠子在濠梁上游玩，庄子说：“鱼，从容游动，真是快乐啊。”惠子说："你不是鱼，怎么知道鱼的快乐？"庄子说："你不是我，怎么知道我不知道鱼的快乐？"惠子说："我不是你，本来不知道你的快乐，你本来也不是鱼，你也不知道鱼的快乐，这其中的道理是一样的。"庄子说："把话题转到开头，你说'你怎么知道鱼的快乐'的话，就已经知道我知道鱼的快乐而来问我的。我是在濠河的桥上知道鱼的快乐的。"这段对话充分地说明了两位哲学家不同的世界观。[①]

庄子是感性的，是哲学的，是"同"与"通"的美感情怀。用《庄子》中的话来概括叫作"物物而不物于物"。庄子将天地、自然、万物作为了一个完整的物品，构建一个真实的世界。庄子所构建的这个世界是关乎于辩证哲学的，达到这个世界的唯一途径就是纯粹体验，这纯粹的体验是一种辩证的智慧。

庄子说："天地与我并生，万物与我为一。"如果站在人与天的角度来看，天是天，物是物，我是我，可是站在庄子的角度上，天地物我的界限打破了。天地物我完全融为了一体。濠梁上的快乐，并非独立化的境界。如苏轼评文同的竹画：

与可画竹时，见竹不见人。
岂独不见人，嗒然遗其身。
其身与竹化，无穷出清新。
庄周世无有，谁知此凝神。

在苏轼眼中，文同的竹之所以难以言表，就在于他解除了人与竹间物质的联系，不在于人与竹之间看竹，而是在于物我的世界中，与竹相悠游。

庄子的哲学世界充满了"会通物我"的智慧，就是把一切非自然、非本真、非本初的尘埃荡涤干净，将人从物我中解脱出来。庄子的哲学着眼于"通"，"喜怒通四时，与物有宜"，"堕肢体，黜聪明，离形去知，同于大通，此谓坐忘"，"通于天地"，"虚静推于天地，通于万物，此之谓天乐"。在生命的眼光中，人于天地与万物都打开了生命的窗户，皆相通。无所不通，即"与物有宜"。

---

① 《庄子·秋水》

李白说："相看两不厌，唯有敬亭山"；李清照说："水光山色与人亲"；沈周说："鱼鸟相友于，物物无不堪"。世界中的人与万物都是亲近的朋友。谢灵运诗云："白云抱幽石，绿筱媚清涟。"李白诗云："当其得意时，心与天壤俱。闲云随书卷，安时身有无。"王维诗云："流水如有意，暮禽相与还。"刘长卿诗云："过于看松色，随山到水源。溪花与禅意，相对亦忘言。"这是如此的悠游。这时的诗人就是一条悠游的白鱼，在诗意的氤氲中，白云拥抱着山石，清风荡漾着绿林，山月与弹琴人相与悠游。所以在认识世界的两条路中，一条是外在的知识和世界"分离"的状态，一条是物我两相忘的纯粹的体验，物我相乘、相随的状态。在这个融合的世界中，实现与世界的"大同、大通"。[①]

游鱼之乐反映了庄子大全之美的思想，庄子的大全并非大而全，而是即物即全。一花一世界，一草一天国，物即体验即圆融即世界。庄子游鱼之乐的境界，就是人与世界浑然一体，物我不分别的状态。

庄子会通物我、忘情于物的哲学精神，我认为与禅茶文化构建思想有着非常紧密的关系，在哲学体系的建立过程中是相互影响、互为促进的。

吃茶去是大家耳熟能详的禅宗公案。唐代有一位高僧叫从谂，他的师父是南泉禅师，师祖是马祖禅师。相传从谂禅师住世达120岁，是历史上最高寿的僧人之一。因为他居住在赵州的观音院中，所以世人称他为赵州。

有一次，他问一个僧人，"你以前到过这儿吗？"僧人回答说，"来过。"从谂禅师说道，"吃茶去。"

他又问另外一个僧人同样的问题，"你以前到过这儿吗？"僧人回答说，"我是第一次来。"从谂禅师说道，"吃茶去。"

在旁边的院主听了后很奇怪，就问道，"来过的要吃茶去，没来的也要吃茶去，这是什么意思呢？"从谂禅师大喊一声，"院主。"院主应声而答。从谂禅师接着又说了一句"吃茶去"。

吃茶去、禅茶一味的历史原由我想除了以上论及的禅、茶之间的关系之外，更与佛教的不二法门有关。

---

① 朱良志《中国美学十五讲》，北京大学出版社，2006年，第9页。

维摩诘与诸菩萨坐而论道，维摩诘问道："什么是不二法门？"32位菩萨根据自己的理解一一做了回答，回答的内容包含了超越分别智的若干方面。诸菩萨都说完了，维摩诘请文殊回答，文殊回答："一切应该无言无说，说不二，就已经是二了。老师能不能为我们说说怎样才是真正的不二法门呢？"维摩大士一言不发，这就是著名的维摩一默。文殊菩萨赞叹说："维摩大士已经把不二法门说了，因为说一必定有二，不说恰恰是不二法门的最高注解。"不二之法超越了主客一二之分，超越有无，超越色空，不二法门就是建立一种超越分别的大智慧。不二法门超越有，也超越了无，进入了不有不无的哲学思维，这种状态即为一，而一是无可超越，无可对立的。一是绝对平等的，禅门所谓的平常的哲学精神，都是不二法门的体现。[①]不二法门的哲学观念有几个要点：第一，它是超越逻辑的，无法通过语言来表达，是超越理性的一种独特智慧；二，它是绝对平等的，既是无差别的，禅的平等是绝对的平等，没有主体与个体，没有现象与本质的区别，没有你我他的差异；三，他是无生无灭的。惠能关于风没动、幡没动而是心动的体会就是这样的表达。[②]

禅茶一味的表述就是不二法门的映射，禅即茶，茶即禅，禅与茶的交融，最终归为一味，非茶非禅整体构筑的完满世界。

而这与庄子哲学中会通物我，融情于物的哲学精神有着共同的思考。

（韩冬　独立学者）

---

① 周裕锴《禅宗语言》，浙江人民出版社，1999年，第98页。

② 朱良志《中国美学十五讲》，北京大学出版社，2006年，第29、30页。

第八届禅茶论坛大会总结发言（代跋）

李萍

各位参会的同仁，大家下午好！

凭借灵隐寺的风水宝地，依靠沈冬梅老师的广泛人脉和深厚学识，我们得以相聚于此，共话禅茶的内蕴，同叙中华茶文化和茶道的前世今生。

经过两天的深入讨论和思想交锋，我们初步取得了如下几个方面的重要成果，可以说这些成果也构成了我们全体参会者的基本共识。

第一，在禅茶的研究上，多学科的交流是非常必要的，也是很有助益的。本次论坛就有不同的学者分别从历史学、社会学、哲学、管理学、传播学等多个学科切入，所阐释的主题和提出的观点都令人脑洞大开，大家的讲述、聆听、点评和交流都提供了富有建设性的思想。

第二，禅茶文化的实质是禅，只有落脚到禅上，才是对其本质的揭示，因此，所谓禅茶一味无非是禅意。

第三，禅茶文化或者说禅茶一味是多种文化的结晶，它不仅包含了中华自身多种思想传统源流，例如儒释道等的融合，而且也吸收了包括日本、韩国在内的其他禅宗发达地区的思想影响，禅茶文化是一种复合的文化产物。

第四，禅茶文化并非静止、僵化的故纸堆，而是流动的传统，是不断生成、不断被诠释的新传统。

第五，禅茶文化之所以在今天受到高度的关注，这反映了现代中国人生活方式的巨大变迁，现代中国人在休闲模式、心智模式、社会交往模式等各个方面都有了天翻地覆、迥异于古代的革新。我们在座的各位正在经历着这样一个变革的时代，我们既是这个变革时代的亲历者，同时也是时代变革的推动者，从这个意义上说，我们所做的研究、我们所提出的观点、我们所进行的活动等都在事实上构成了推动社会变革的力量。我们今天坐而论道，绝对不是空谈，而是切实的社会行动，并构成了社会文化发展的因素之一。

短暂的两天所取得的上述理论共识确实是沉甸甸的，也是令人骄傲的，但我们并不满足于此。我们清醒地看到，还是存在一些待决的问题，我们可以在今后的研究中进一步深化和厘清。例如，禅茶的提法究竟起于何时、何人，它的原初含义和引申含义又是什么，这些都还处于未明的状态。此外，在禅茶研究方面的合作还需要再深化，例如与韩国学者、日本学者的对话和交流，与藏传佛教、佛教其他教派的横向比较，若能够深入展开，将取得更加丰富的成果。

在会议期间，有不少学者表达了对论坛的殷切期待。论坛在号称东南第一名刹的灵隐寺举办，谈的话题又是禅茶，如果能够听听灵隐寺高僧们的观点，能够设置与寺内僧人们的直接对话交流环节，请他们答疑解惑，可以相信，这将会带来更积极的思想成果，令参会者收获满满。我们也注意到，特别是从提交的会议论文和多位学者的发言可以看出，大家都非常重视对古人观点的总结、对历史文献的考察以及对前人研究成果的吸收，但对当下的、同时代学者们的研究却重视不够，今人学者间的对话、交锋都还不充分。

一场论坛结束了，我们参会者的友谊却开启了，我们在返程回到各自的城市后仍然可以相互约茶、约稿、约讲座，让禅茶研究在各位的学术生涯中薪火相传、绵延不绝。

最后，再次感谢主办方灵隐寺！再次感谢沈冬梅老师为本次论坛的的筹备联络、顺利召开所做出的大量艰苦的工作！感谢默默工作的各位工作人员！

各位同仁、朋友们，再会！

